残疾大学生体育与健康教材

U0749586

残疾人体育与康复

刘海群　唐　艳　主编

浙江工商大学出版社
ZHEJIANG GONGSHANG UNIVERSITY PRESS

图书在版编目(CIP)数据

残疾人体育与康复 / 刘海群,唐艳主编. —杭州 : 浙江工商大学出版社,2017.11(2024.8重印)
ISBN 978-7-5178-2420-6

Ⅰ. ①残… Ⅱ. ①刘… ②唐… Ⅲ. ①残疾人体育－健身运动－职业教育－教材②残疾人－康复训练－职业教育－教材 Ⅳ. ①G812.49②R493

中国版本图书馆 CIP 数据核字(2017)第 266002 号

残疾人体育与康复

刘海群　唐　艳 主编

责任编辑	张婷婷	
封面设计	林朦朦	
责任印制	包建辉	
出版发行	浙江工商大学出版社	
	(杭州市教工路 198 号　邮政编码 310012)	
	(E-mail:zjgsupress@163.com)	
	(网址:http://www.zjgsupress.com)	
	电话:0571－88904927,88831806(传真)	
排　　版	杭州朝曦图文设计有限公司	
印　　刷	广东虎彩云印刷有限公司绍兴分公司	
开　　本	787mm×1092mm　1/16	
印　　张	19	
字　　数	416 千	
版 印 次	2017 年 11 月第 1 版　2024 年 8 月第 9 次印刷	
书　　号	ISBN 978-7-5178-2420-6	
定　　价	49.00 元	

编委会

主　编：刘海群　唐　艳

副主编：阮小宝　古　鸿　邱建维

　　　　刘　雨　阮　力

前　言

这是一本针对高职院校中就读的残疾大学生的教学用书。

这是一本残疾人日常锻炼学习的参考用书。

这是一本在特殊教育残疾人体育教学长期实践中孕育成长的书。

特殊教育近年来在国家高度重视下蓬勃发展，尤其是特殊高职院校的数量有了较大的增长。2008 年北京残奥会中，中国残疾人运动员的出色表现，备受世人瞩目。残疾人体育事业迎来了后奥运时代，各地纷纷建立残疾人专门的体育训练指导中心，以此来发展残疾人体育事业。然而，与残疾人竞技体育的蓬勃发展相比，残疾人群众体育发展稍显滞后，尤其是残疾人学校体育教育。基于此，本教材编写组邀请部分特殊教育职业院校的体育与康复教师，在多年从事特殊教育教学经验基础上，撰写本教材，希望能为丰富残疾人体育事业献上一份绵薄之力。

本书分为理论部分和实践部分，共七章。理论部分分为三章：残疾人体育概述、残疾人体育康复运动处方、残疾人运动分类分级。实践部分分为四章：听力残疾人体育教育、视力残疾人体育教育、肢体残疾人体育教育、智力残疾人体育教育。本书注重实践项目开发，结合各类残疾人生理、心理特点，以及教学实际需要，将部分残疾人竞技体育项目纳入残疾人学校体育教学中，并将部分健全人项目进行改编和创编，形成具有各类残疾人特色的体育教学用书。

本书由主编拟订编写纲目，征求编写人员的意见，商讨后确定负责人撰写各个章节。各章初稿完成后，由主编对全书做了统一的修改和定稿。本书编写成员由长沙职业技术学院的唐艳（第四章）、古鸿（第四章），浙江特殊教育职业学院的刘海群（第一章、第七章）、邱建维（第三章）、阮小宝（第五章）、阮力（第二章）、刘雨（第六章）组成。本书的编写人员全部为特殊教育院校从事体育教学与康复教学的一线专职教师，具有多年的特殊教育教学经历和丰富的实践教学经验。由于编者水平有限，加之残疾人体育教学相关资料严重匮乏，本书难免存有疏漏不当之处，恳请读者、专家批评指正。

本教材在编写过程中获得了各方支持，感谢中国残疾人联合会体育部体育专业手语编写组提供的体育专业手语电子版图解；感谢浙江省残疾人体训中心提供场地、运动员作为教学拍摄场地与对象;感谢杭州市残疾人联合会提供盲人门球技术动作示范;感谢浙江特殊教育职业学院电子商务专业教师、学生的辅助拍摄等。本书编写过程中参阅了大量的文献资料,在此对这些资料的原作者表示极大的感谢。本书中的动作示范均由在校残疾学生担任。

刘海群

写于浙江特殊教育职业学院小和山校区

2017 年 7 月

目　录

第一章　残疾人体育概述 ……………………………………………………… 001

　第一节　残疾人体育运动的发展 ……………………………………… 001

　第二节　残疾人体育的意义 …………………………………………… 004

　第三节　残疾人体育的目的与任务 …………………………………… 008

第二章　残疾人体育康复运动处方 …………………………………………… 013

　第一节　概述 …………………………………………………………… 013

　第二节　听力残疾人体育康复运动处方 ……………………………… 016

　第三节　视力残疾人体育康复运动处方 ……………………………… 018

　第四节　肢体残疾人体育康复运动处方 ……………………………… 021

　第五节　智力残疾人体育康复运动处方 ……………………………… 024

第三章　残疾人运动分类分级 ………………………………………………… 027

　第一节　概述 …………………………………………………………… 027

　第二节　残疾的分类 …………………………………………………… 028

　第三节　残疾的分级 …………………………………………………… 029

第四章　听力残疾人体育教育 ………………………………………………… 034

　第一节　概述 …………………………………………………………… 034

　第二节　聋人篮球 ……………………………………………………… 047

　第三节　聋人排球 ……………………………………………………… 069

　第四节　聋人足球 ……………………………………………………… 086

　第五节　聋人羽毛球 …………………………………………………… 110

第六节　聋人乒乓球 ⋯⋯⋯⋯⋯⋯⋯⋯⋯⋯⋯⋯⋯⋯⋯⋯⋯ 121

第七节　聋人网球 ⋯⋯⋯⋯⋯⋯⋯⋯⋯⋯⋯⋯⋯⋯⋯⋯⋯⋯ 136

第五章　视力残疾人体育教育 ⋯⋯⋯⋯⋯⋯⋯⋯⋯⋯⋯⋯ 153

第一节　概述 ⋯⋯⋯⋯⋯⋯⋯⋯⋯⋯⋯⋯⋯⋯⋯⋯⋯⋯⋯⋯ 153

第二节　盲人田径 ⋯⋯⋯⋯⋯⋯⋯⋯⋯⋯⋯⋯⋯⋯⋯⋯⋯⋯ 153

第三节　盲人足球 ⋯⋯⋯⋯⋯⋯⋯⋯⋯⋯⋯⋯⋯⋯⋯⋯⋯⋯ 158

第四节　盲人门球 ⋯⋯⋯⋯⋯⋯⋯⋯⋯⋯⋯⋯⋯⋯⋯⋯⋯⋯ 168

第五节　盲人瑜伽 ⋯⋯⋯⋯⋯⋯⋯⋯⋯⋯⋯⋯⋯⋯⋯⋯⋯⋯ 176

第六节　传统功法易筋经 ⋯⋯⋯⋯⋯⋯⋯⋯⋯⋯⋯⋯⋯⋯⋯ 182

第七节　盲人定向行走 ⋯⋯⋯⋯⋯⋯⋯⋯⋯⋯⋯⋯⋯⋯⋯⋯ 194

第六章　肢体残疾人体育教育 ⋯⋯⋯⋯⋯⋯⋯⋯⋯⋯⋯⋯ 204

第一节　概述 ⋯⋯⋯⋯⋯⋯⋯⋯⋯⋯⋯⋯⋯⋯⋯⋯⋯⋯⋯⋯ 204

第二节　田径 ⋯⋯⋯⋯⋯⋯⋯⋯⋯⋯⋯⋯⋯⋯⋯⋯⋯⋯⋯⋯ 204

第三节　体操 ⋯⋯⋯⋯⋯⋯⋯⋯⋯⋯⋯⋯⋯⋯⋯⋯⋯⋯⋯⋯ 217

第四节　轮椅篮球 ⋯⋯⋯⋯⋯⋯⋯⋯⋯⋯⋯⋯⋯⋯⋯⋯⋯⋯ 223

第五节　坐式排球 ⋯⋯⋯⋯⋯⋯⋯⋯⋯⋯⋯⋯⋯⋯⋯⋯⋯⋯ 235

第六节　轮椅太极拳 ⋯⋯⋯⋯⋯⋯⋯⋯⋯⋯⋯⋯⋯⋯⋯⋯⋯ 245

第七节　游泳 ⋯⋯⋯⋯⋯⋯⋯⋯⋯⋯⋯⋯⋯⋯⋯⋯⋯⋯⋯⋯ 256

第七章　智力残疾人体育教育 ⋯⋯⋯⋯⋯⋯⋯⋯⋯⋯⋯⋯ 265

第一节　概述 ⋯⋯⋯⋯⋯⋯⋯⋯⋯⋯⋯⋯⋯⋯⋯⋯⋯⋯⋯⋯ 265

第二节　身体功能康复训练 ⋯⋯⋯⋯⋯⋯⋯⋯⋯⋯⋯⋯⋯⋯ 266

第三节　田径 ⋯⋯⋯⋯⋯⋯⋯⋯⋯⋯⋯⋯⋯⋯⋯⋯⋯⋯⋯⋯ 276

第四节　软球操 ⋯⋯⋯⋯⋯⋯⋯⋯⋯⋯⋯⋯⋯⋯⋯⋯⋯⋯⋯ 280

第五节　排舞 ⋯⋯⋯⋯⋯⋯⋯⋯⋯⋯⋯⋯⋯⋯⋯⋯⋯⋯⋯⋯ 288

第一章　残疾人体育概述

第一节　残疾人体育运动的发展

我国残疾人事业是以救济、帮困为主的社会福利事业,逐步发展成为包括康复、教育、就业、扶贫、社会保障、维权、文化、体育、无障碍环境建设、残疾预防等领域广阔的综合性社会事业,初步形成了比较完善的组织体系、服务体系、政策法规体系,在我国的经济建设、政治建设、文化建设和社会建设中发挥着越来越重要的作用。广大残疾人发扬自尊、自强、自立的精神,乐观进取,积极融入社会,参与社会发展,残疾人地位逐步提高,由被动的受助对象逐渐变为平等参与的主体,成为经济社会发展的一支重要力量。

随着国民经济不断发展,社会不断进步,党和国家重视残疾人事业,残疾人参与社会生活的环境已大为改善。人道主义精神得以弘扬,"平等·参与·共享"的现代文明社会观念日益深入人心,社会对残疾人的观念发生深刻变化,理解、尊重、关心、帮助残疾人的良好社会风尚进一步形成,残疾人的政治、经济、文化和社会权利受到尊重和保障,参与和创造能力得到肯定。发展残疾人事业的社会资源日益丰富,为残疾人提供的公共服务逐步增多。党和国家加大举措全力保障残疾人事业:出台《中共中央国务院关于促进残疾人事业发展的意见》,颁布实施《残疾人保障法》,从法律上保障残疾人权益。针对残疾人的特殊性,设立政府残疾人工作机构,健全残疾人工作管理体制;实施六个发展残疾人事业的国家规划,全面推进各项残疾人事业;建立新型、统一的残疾人组织,逐步系统化;大力开展扶残助残活动,营造文明进步的社会环境;激励残疾人自强自立,促进残疾人充分平等地参与社会生活。

体育是社会发展和人类文明进步的重要标志,是综合国力和社会文明程度的重要体现。成功举办的上海世界特奥会、北京残奥会和亚洲残运会,极大激发了广大残疾人的体育热情,也使得残疾人体育逐步走进健全人世界,融入、融合在一起,后奥运时代来临。近年来,我国推进基本公共服务均等化,加强残疾人"两个体系"建设,2011年2月国务院发布的《全民健身计划(2011—2015年)》提出"大力推进残疾人体育",为发展残疾人体育工作提供了强大的政策支持。

一、我国残疾人体育的发展历史过程

在过去的半个世纪里,残疾人体育的发展伴随着我国社会的发展而演进。作为社

会文化活动的一部分,它承载着不同历史时期中国社会、政治、文化的价值取向。尤其是 20 世纪 80 年代以来,残疾人体育作为中国残疾人事业和体育事业的重要组成部分,受到政府的重视而得以快速发展。残疾人体育就像一个窗口,向世界展示了中国社会的发展变化和风貌,传递着中国社会文化生活中尊重人权,构筑平等、关爱、和谐的社会发展理念。回顾我国残疾人体育发展的历史,通过标志性事件可以发现其基本脉络和阶段性特征。

(一)起始阶段

中华人民共和国成立后,残疾人体育事业与残疾人教育和社会福利事业同步发展。1951 年 11 月,原中央人民政府政务院在《关于改革学制的决定》中规定,"各级人民政府应设聋哑人、盲人的特殊学校,对残疾儿童和青少年实施教育",从而将残疾人教育纳入整个社会教育的轨道。随着残疾人教育事业的发展,残疾人体育事业也得到了相应的发展。在 20 世纪 50 年代,教育、民政等有关部门协助中国聋哑人协会、中国盲人福利会,多次举办盲人聋哑人体育比赛。1957 年,在北京举办了首届全国聋哑人田径、乒乓球、游泳比赛;1959 年又举行了首届全国聋哑人篮球赛;1957 年 6 月,上海还举办了全国青年盲人田径运动会。这些比赛不仅提高了残疾人的运动技术水平和参与竞争意识,而且在社会上大力宣传了残疾人顽强拼搏、自强不息的精神,影响力极大。从 20 世纪 60 年代到 70 年代末改革开放之前,由于频繁的政治运动,特别是"文革",使刚刚起步的残疾人体育事业遭受重创。这一时期,无论是残疾人社会体育还是竞技体育都基本处于停滞状态。

(二)竞技体育发展阶段

1. 组织与制度建设

1993 年,中国残疾人联合会宣文部体育处的宣布成立,是残疾人体育的一个重要转折点。其主要职能是逐步将残疾人体育协会、弱智人体育协会和聋人体育协会整合统一管理,组建中国残疾人体育协会,全面负责全国残疾人体育的管理工作。2008 年北京残奥会又催生了中国残疾人奥林匹克运动管理中心,以及相应的省市级独立建制的残疾人体育协会,陆续建立了一批国家及省级训练基地,如省级残疾人体育训练指导中心,大力发展残疾人竞技体育。

随着我国残疾人体育竞赛的发展,制定相应的规章制度也顺应发展需要。目前,我国已经翻译编订了完整的《残奥运动项目竞赛规则》《特奥运动项目规则》;制定了《残疾人体育裁判员等级制度》和《残疾人运动员医学和功能分级指导手册》;培训、考核和批准了一批残疾人体育裁判员和医学分级人员,逐步开展残疾人社会人体育指导员队伍建设;同时也制定了《残疾运动员登记注册条例》,充分调动各地选拔、输送、培养运动员的积极性,规范残疾人体育裁判员的注册工作;逐步推动国家残疾人体育管理的规范化进程。

2. 完善残疾人体育赛事

全国残运会被正式列入由国务院审批的大型运动会系列,形成每四年举办一次的制度。1992年3月,在广州举行第三届全国残疾人运动会。全国各省、市、自治区的残疾人运动会每三到四年举行一次;部分省、市、自治区定期举行特殊教育学校运动会;有的省、市、自治区还将残疾人运动会纳入全民运动会。

3. 发展残疾人竞技体育,提高社会认知度和国际影响力

20世纪50年代初期到"文革"前,是我国残疾人体育事业的起步阶段。在这一阶段,残疾人体育事业是与新中国的社会福利事业同步发展的。中华人民共和国成立后百废待兴,兴建社会福利单位,安置和稳定残疾人,是基本国策之一。这一时期,沿海地区和内地经济发达城市办起了盲校、聋校等特殊教育学校及社会福利工厂,体育竞赛活动作为残疾人的娱乐康复活动出现,但比赛活动很有限,缺乏有效组织和管理。从1949年到1966年的近20年间,举办的赛事可谓凤毛麟角;1967年到1977年,由于"文革"的缘故,全国的残疾人体育赛事处于停滞状态;1987年以后逐步恢复进而快速发展,仅2001年到2005年,我国举办的全国性比赛已达99项次。随着我国改革开放和国家经济政治环境的改善,尤其是重返奥林匹克竞技舞台,各级政府加强了对残疾人运动员的培养力度。"十五"期间,尽管各省市发展不均衡,但是都在进行选拔和训练残疾人运动员的工作,一方面为增强中国运动员在国际赛场上的竞争力进行人力资源的储备,另一方面有助于扩大残疾人体育的影响力,使社会各界增进对残疾人和残疾人体育事业的认识和理解。我国派出代表团参加了各届残奥会,在希腊雅典举行的第十二届残奥会上,中国代表团取得63块金牌,金牌总数和奖牌总数两个第一,为世人所瞩目。在北京2008年第十三届残奥会上,中国代表团更是以89枚金牌的绝对优势,蝉联金牌和奖牌总数第一;2012年伦敦残奥会,中国代表团夺得了创纪录的95金71银65铜,在金牌榜和奖牌榜上双双占据榜首;2016年巴西里约残奥会,中国军团共斩获107金81银51铜,稳居金牌榜和奖牌榜首位!

（三）全面健身阶段

从1984年开始比赛,到2004年、2008年、2012年、2016年连续四届残奥会取得了金牌和奖牌第一名,中国残疾人竞技体育水平世界领先。能够取得如此好的成绩,与我国当初发展残疾人体育事业的定位有很大关系。

北京残奥会之前,我国残疾人体育的重心是竞技体育。从残疾人竞技体育的实践来看,无论是比赛成绩还是参赛项目范围,我国已经毫无疑问地成为世界残疾人体育竞技强国。这一点也符合我国竞技体育先行一步的政策。

在2008年北京奥运会、残奥会上,我国的残疾人竞技体育取得了举世瞩目的成绩,这对我国残疾人事业的发展也起到了重要作用。随着奥运圣火的缓缓熄灭,我国进入后奥运时期。我国充分利用承办奥运会、残奥会的历史契机,紧紧围绕建设和谐社会的时代主旋律,进一步提高残疾人的生活质量,这是后奥运时期残疾人体育的目标之一。在这样的大环境下,我国残疾人体育回归本身的转变势在必行,就是将体育健身普及到残疾人群体中去,让越来越多的残疾人走出家门,进行体育健身。

二、我国残疾人体育发展的总趋势

在后奥运时代的很长一段时间里,我国残疾人体育将在新的体育理念的带领下,保持一个持续、快速、健康发展的态势。随着《全民健身计划》的推进以及社区建设和社区服务的加强和完善,残疾人体育锻炼的环境和条件将会逐步改善;新的更加科学、合理、适用的体育项目和体育健身方法将会不断开发出来,体育活动将会更加丰富多彩;体育信息化、科学化水平将会不断提高,会有更多的人加入残疾人体育事业的研究、开发和组织工作中来;体育服务和管理机构将会逐步完善,体育网络的覆盖面将会不断扩大;残疾人体育将会形成国家、社会、社团、社区、家庭、个人等多方构成的完善的网络体系;体育在残疾人的生活中的地位将大大提高,体育将会成为更多残疾人的一种基本生活方式,体育人口将会不断增加。

在今后一段时期内,我国残疾人体育事业的总目标是,进一步加强残疾人体育健身服务,进一步丰富残疾人精神文化生活。主要任务是,加强残疾人社会体育工作,促进残疾人康复健身,提高其社会参与能力;提高残疾人竞技体育水平,在重大残疾人国际赛事中争取优异成绩。

第二节　残疾人体育的意义

残疾问题是全球性的社会问题,全世界每十个人中有一人为残疾人,有五分之四生活在发展中国家;约三分之一为儿童、青少年。而随着人口的增长和老年人比例的增加,残疾问题更为突出。

各类残疾人参加适合自己特点的体育活动,具有多种作用和深远的社会文化意义。残疾人通过参加体育运动,不仅能够增强体质,改善身体机能,促进康复,还能增添其生活情趣,陶冶情操,促进心理健康,扩大生活领域,增强生活信心和勇气,推动实现"平等、参与、共享"的宏愿;同时还能超越缺陷,通过意志、技能、体能的较量,向生命的潜能挑战,展示人的创造力和价值。残疾人体育运动具有极强的感染力和视觉震撼力,给观众以体育之外的深刻启迪。中国残联主席邓朴方说:"残疾人体育是一种富有感染力的特殊体育运动。"不论在世界其他国家还是在我国,残疾人体育竞赛都以其不畏艰难、百折不挠、乐观进取、顽强拼搏的精神和对人生的深刻理解及人道主义的深邃内涵为世人瞩目。

一、残疾人体育的社会意义

(一)体育运动可以增强残疾人的体质,促进身心健康和促进疾病的康复

残疾人身体功能障碍,大大减少了进行身体活动的愿望和可能。运动的减少,更不利于机体的健康。在社会活动中,有意或无意地去回避社会,都会造成与他人接触和交

往机会的大大减少,容易产生各种心理问题和情绪障碍,进而影响其精神世界。残疾人参加体育活动,有助于其走出狭小的生活圈子,更多地与他人打交道,扩大其生活的半径,开阔视野,给心灵注入更多的活力,有助于身心健康,尽早融入主流社会。

发展残疾人体育具有较强的康复与保健意义。通过科学、系统、适量的体育运动,可以有效地增进机体各器官系统的功能,加强和发展机体较好部分的功能。残疾人因不同的病症表现为肌肉麻痹、萎缩、无力等生理上的缺陷,体育运动有助于残疾人生理缺陷的克服和缓解,扩展健肢的代偿功能,增强残疾人体质,改善健康水平,促进身体的发展。

(二)增强残疾人的自信心

残疾人由于生理缺陷和机能障碍,给生活、学习和工作带来许多困难。与健全人相比,他们在社会生活中往往处于弱势地位,在学习、就业、家庭等问题上比健全人困难得多,这种不公平的现实往往使残疾人产生自卑感和焦虑心情,容易对生活丧失信心和勇气。他们心理上的缺陷往往超过身体上的缺陷,从而导致他们敌对、自卑、敏感,进而对社会产生不满情绪。体育活动是现代社会生活的重要内容之一,是人们娱乐、健康、交往的一种手段。竞技体育又可以充分挖掘和显示人的体能、智能和意志。残疾人参加体育活动,不论是戴上假肢或者是乘坐轮椅进行活动,都可以感到生活的美好;也可以自豪地感到自己像正常人一样参加体育活动;更能对自己的进步与成功感到惊异和振奋。因此,参加体育活动就是增强生活信心的一种积极有效的途径。

(三)培养残疾人的合作与竞争意识

体育运动是培养残疾人竞争意识的最佳方式,残疾人参加体育竞赛,不仅是战胜对方,从某种意义上说更是战胜自己,对自身的不断超越和创造。在体育活动中合理安排合作、竞争内容,使残疾人体验成功的喜悦和失败的教训。现代体育活动高度重视参与者自身的内在需要。在体育活动及比赛中,人的自由和个性得到了充分体现,残疾人的价值和尊严得到了充分尊重。这种经过体育活动强化的主体意识不仅可以改变残疾人的弱势地位,还有利于发挥残疾人的积极性、主动性、创造性,从而使残疾人能自觉、自愿、自如地履行其社会责任与义务,创造健康丰满的人格。获得自身更完整的生活方式,以此适应竞争日趋激烈的现代社会。

(四)促进残疾人个性发展

残疾人由于其自身的缺陷容易过多地注意自己。如听力残疾人,由于听不到别人在说什么,更不能知道别人是怎么评价自己的,所以就更容易产生多疑的心理,对别人的态度和评价都特别敏感。残疾人由于自身的个体特点及所处环境的差异性,在一定程度上自然形成了特殊的个性特征。

体育活动对于培养残疾人的个性发展是其他活动形式所无法替代的。体育运动为残疾人提供了一个较为广泛的、多边的社会交流的机会,有利于他们建立良好的人际关系。个性是社会关系的产物,在体育运动中,有着频繁的社会流动、社会交往,具有良好的体能、技能、机智、勇敢的品质,会受到群体的赞赏和激励,为了与群体保持一致,人们会接受来自群体的约束,这些约束迫使残疾人改变自己的某些特性,使个性得到了充分的调整和发展。体育运动是可以伴随残疾人终身的一项活动,除了职业以外,体育运动与人的密切程度往往超过其他活动。体育运动为残疾人提供了较多的选择机会,又可以进行自我意识的调整。残疾人通过反复持续的努力,克服困难,战胜极限,从而提高主体的积极性,培养他们顽强的意志,坚韧不拔和吃苦耐劳的精神,培养自觉性、自制力和耐挫力,从而形成自己独特的个性。

（五）体育活动促进残疾人的社会化与再社会化

社会化是每个人都必须经历的,它是由个体的生物人成长为社会人,并逐步适应社会生活的过程。残疾人又可以分为两类:先天性残疾与后天性残疾。这两类残疾人有着不同的社会化的历程。患有先天性残疾的人由于经历了不同于健全儿童的初级社会化过程,而承受着适应竞争激烈的社会的压力;因后天性疾病或意外事件导致残疾的人则由于角色中断的发生,面临着再社会化的困境。残疾人通过体育的社会化和再社会化,不仅可以获得社会生活所需求的行为能力、行为方式、行为规范等,还可以学到许多社会生活中的规则。

（六）体育活动增进残疾人与社会的交流与互动

残疾人在行动和生活上与健全人之间存在的差异,造成了残疾人与正常社会生活在某种程度上的隔离。这种隔离对残疾人的身体和精神都产生着严重的不良后果。社会交往理论认为:体育锻炼中与同学、朋友等进行的社会交往是令人愉快的,具有改善心理健康的作用。强烈的自身参与,激烈的对抗竞争和频繁的人际交往,各种形式的群体活动,要求人们必须树立明确的行为规范和道德准则。如奥林匹克精神、体育道德、比赛规则、竞赛规程,并通过裁判、仲裁、公众舆论、大众媒介等进行监督和实施。

体育活动总是在一定的社会环境中进行,它总是与人群发生着联系和交往,呈现群体多样性。残疾人之间通过体育活动加强互相交往,而且也加强了与非残疾人的关系,加强健全人对残疾人的同情和尊重。通过体育竞赛,残疾人可以向社会展示自己顽强的生命活力,显示自己克服身体和精神残障的决心和勇气,从而赢得社会的理解、尊重和支持,加强其社会的归属感,使他们以平等的地位和均等的机会参与社会生活,共享社会主义现代化建设的文明成果。

（七）缓解社会转型给残疾人带来的冲击

21世纪初,我国已经基本建立市场经济体制,资源配置由过去的计划配置转为市场配置,配置手段由行政命令向市场竞争转变,劳动用工制度也由过去的政府负责安排劳动就业转变为单位自主招工。残疾人作为社会弱势群体,受到的冲击比其他社会群体更大。他们由于自身资源如资金、能力、权利等缺乏,在竞争激烈的经济市场中经常处于不利地位。而多数残疾人赖以生存的福利企业由于技术落后、产品单一、劳动生产率低等原因,不得不停产或半停产,加上竞争市场"强者更强、弱者更弱""马太效应",使得残疾人的处境进一步恶化。

体育运动的基本手段是身体练习,各种身体练习和身体动作,都是人类生活技术、劳动技术、军事技术的提炼和综合,它们源于生活,高于生活。体育活动便是人们生产劳动为满足其生活需要而产生的。特殊学校在体育活动的安排过程中,培养学生积极的生活态度,教育他们如何在社会环境中生活,即教育他们生活自理、自立于社会的实际本领。生活教育与职业教育密不可分,特殊学校不但要通过各种教育使残疾学生做好参加工作的文化和心理准备,还要安排专门教学,训练他们掌握一定的职业劳动技能。因此身体有残疾的学生尤其应加强体育锻炼,科学合理地运用各种体育手段,最大限度地矫正和平衡自身身心的缺陷,掌握日常生活技能,提高生活、学习和工作的技能和效率,尽可能地成为社会生产的合格劳动力,直接或间接地提高就业的稳定性与适应性,从而缓解社会转型带来的冲击。

(八)减轻社会医疗保障和社会服务的压力

随着现代社会的发展,人口结构逐渐向老龄化转变,家庭规模也日益缩小,这使得残疾人依靠家庭供养的难度加大,也增加了社会医疗保障和社会服务的难度。体育活动有节省医疗保健费用预算的潜能,通过适当的运动项目以及专门设计的康复活动,很多残疾可以得到一定程度的矫治,并可以有效预防其他继发性残疾的发生,可以减轻社会的压力。

(九)推动残疾人的权益保障,促进社会稳定发展

处于主流社会边缘地位的残疾人,参与体育活动更多地包含了人权、尊严的意义。从人权的角度来讲,人权的基本价值就是要求对所有人予以普遍的尊重和保障,对残疾人更要给以特别的关注、尊重和保护。如果残疾人群体长期被排斥在社会主流之外,心理上会产生被剥夺的感觉,他们就不会认同这个社会,甚至敌视这个社会.成为潜在的社会不稳定因素。体育由于其较易理解的亲和性和强大的包容性,可以成为推动残疾人权益保障的理想媒介。

(十)促进社会的进步和文明程度的提高,推动残疾人事业的全面发展

残疾人事业发展规模与水平反映社会文明与进步的程度。改革开放 20 多年来,我国物质文明和精神文明建设有了较大发展,社会文明程度不断提高,尊重、理解、关心、帮助残疾人日益成为一种新风尚。在党和政府的关心和重视下,在社会各界的大力支持与热心参与下,我国残疾人事业取得了显著成就,残疾人生存生活状况明显改善,自身素质明显提高,参与社会事务的范围日益扩大。

社会文明程度的不断提高,是开展残疾人体育运动的重要基础。开展残疾人体育活动,需要投入大量的人力、物力和财力,需要克服许多困难,需要解决许多问题。社会

越进步,文明程度越高,越有利于残疾人体育的发展。通过开展残疾人体育活动,动员更多的人来关心和支持残疾人事业,进一步发扬社会主义人道主义精神,增强中华民族的凝聚力。

二、残疾人体育的文化意义

(一)增进了体育文化的公平性与包容性

体育运动是属于全人类的,亦是人类生来具有的权利。体育只有在每一个人都能参与时才具有真正的价值和意义。与健全人相比,残疾人在体育运动中无疑处于不利地位,体育文化作为一个其他文化形式无法与之相比的显示社会平等的舞台,它可通过相应的形式最大限度地缩小残疾人与健全人之间的差距,为残疾人提供了走出不利社会背景和摆脱自卑心理的有效途径,从而增进了体育文化无与伦比的公平性与包容性。

(二)体现了体育文化的人文精神

所谓体育的人文精神,其核心就是要实现以人为本。体育文化要以群体利益为重,实现对个体和人类生存意义及价值的终极关怀,满足人的深层次需要。通过体育活动,残疾人可以不断探索自身身体能力的极限,将在体育活动中学到的技能转化为生活技能,帮助他们轻松地对付生活中的难题。更重要的是,通过参与适当的体育活动项目,残疾人可以获得自信、自尊以及自控能力,从而有机会把握自己的生活,获得实现自我价值的成就感。

总之,残疾人是社会的组成部分,残疾人通过体育锻炼可以最大限度地矫正和补偿身心缺陷,提高生活的勇气和信心,成为自食其力的人。全社会都要关心爱护残疾人,让残疾人生活在一个健康、美好、充满爱心的环境中。

第三节 残疾人体育的目的与任务

残疾人体育的目的是残疾人体育工作的目标和方向。因而,残疾人体育的目的既是残疾人体育工作的出发点和依据,也是残疾人体育工作的落脚点和归宿。残疾人体育的目的对残疾人体育制度的建立,方针、政策的确定和内容、方法的选择等都具有决定性的意义。残疾人体育的任务则是目的的具体体现。每一个残疾人体育的工作者和参与者,都必须正确认识体育的目的和任务,从而提高残疾人参与体育锻炼的自觉性、主动性和实效性。

残疾人体育的目的与任务不是个人主观臆造,而是根据残疾人体育本身的特点、作用、社会的需要与可能提出来的。首先,残疾人体育的目的与任务是根据残疾人体育本身的特点和作用来决定的。残疾人体育具有健身性、竞争性、娱乐性和国际性等特点,能增强残疾人体质、丰富生活，促进各国文化交流；有组织的残疾人体育教学、训练和竞赛，能培养人们良好的道德意志品质。其次，残疾人体育的目的与任务受一定社会政治经济制度的制约，属于一定社会意识形态的范畴，它反映一定社会统治阶级的利益和要求。最后，残疾人体育的目的任务要反映社会生产和科学文化的发展以及一定人群日益增长的文化生活的需要。社会思想和社会理论产生的源泉，不应从思想和理论本身去寻找，而要从社会物质生活条件中去寻找。随着人们生产和生活方式的改变，体育作为一种社会现象，已成为人们丰富业余生活，提高健康水平的重要手段而越来越受到人们的重视。随着我国人民物质文化生活的日益改善和提高，对体育运动的需求也越来越高，参加体育运动的人数不断增加。残疾人体育内容也从早期的近乎空白渐变成现今的丰富多彩。

一、残疾人体育的目的

目的是指要达到的地点和境地，想要得到的结果。目的是人的自觉活动和行动的基本要素之一。在实践活动前，实践主体总会先在头脑里形成目的，而后再根据目的去确定措施、选择途径和方法，进而去实现目的。目的既是实践活动的起点和终点，又表现在实践活动的全过程中。

体育目的是在体育过程中抽象的、远期要实现的结果。体育目的是我国体育界长期争论的体育核心问题之一。我国的体育目的是：增强体质、增进健康，改善人们生活方式，提高生活质量，促进社会经济健康、文明发展。作为文化、教育组成部分的体育，归根结底在于满足人们的健康和文化需要，从而促进社会健康、文明的发展。

根据残疾人体育本身的特点与作用及我国社会主义制度的要求，我国残疾人体育的目的是：通过体育手段，最大限度地矫正和补偿残疾人的身心缺陷，以恢复、保持和提高他们生活、学习和工作的能力，成为自食其力的社会大家庭中平等的成员，使他们更好地融入社会。

二、残疾人体育的任务

体育目的只指明体育发展的大方向，往往不具备明显的操作层面的意义。我们依照体育目的进行实际工作时，必须将抽象转化为具体，并按层次逐步分解，直到能够操作为止。任务就是将目的具体化，使得目的得到具体落实和实现。要实现残疾人体育的目的，必须完成以下几方面的任务。

（一）加强现存功能的保护，提高生存质量

机体的功能在个体发育过程中，受到先天的遗传和后天的环境以及生命规律的影响和制约，体育锻炼是保护和提高机体功能的积极有效的方法。保护其现有的功能，并使其机体潜在的功能（包括残存的功能）得到充分的提高，尽量缩小与一般健康人之间的差距。体育锻炼能使人由弱变强，工作效率提高，衰老过程延缓。但是，利用体育手段来保护和提高机体功能必须因人而异,根据实际情况和需要,选择相应的内容、方法和手段,采用适宜的负荷,循序渐进,持之以恒,最终达到预期的效果。适宜的体育活动可以培养独立处理个人日常生活事务的能力,增进健康,提高生活适应能力。

（二）丰富社会文化生活,增加社会阅历

丰富社会文化生活是人的需要,也是社会进一步发展的需要。随着我国物质文明和精神文明建设的协调发展,残疾人物质生活水平的提高,要求有丰富的文化生活。这种文化生活,包含了运用各种体育活动的方法和手段来锻炼身体,参加各种竞赛和游戏,还包含欣赏各种体育比赛和竞赛,这些丰富多彩的体育活动是文化生活的重要内容。残疾人由于自身生理的缺陷和心理障碍,除了家庭成员之外很少与社会接触,固守、封闭,脱离社会,参与活动少,生活方式单一。参加体育活动不仅对残疾人个人起到保护和提高机体功能,愉悦身心,丰富生活内容,增添生活情趣,增加知识,陶冶情操,锻炼意志,培养性格,树立信心的作用;还可以扩大残疾人生活领域,增加与人的接触和交往,使之回到社会生活主流之中,体会社会大家庭的温暖,建立良好的人际关系,增强生活信心,这对整个社会而言起到扩大社会交流、密切人际关系、促进团体协作、建立良好社会风尚的作用。通过体育活动丰富社会文化生活,不仅能提高参加者自身的素质,也有助于提高整个社会的精神文明建设,促进和谐社会的建立。

（三）提高身体素质,增进健康

残疾人因某些器官功能存在障碍,人体的基本身体素质发展不平衡和基本活动能力受到限制。体育运动可以发展人体的基本身体素质和基本活动能力,促进身体全面发展。世界卫生组织在1978年的《阿拉木图宣言》中就已提出"2000年人人享有健康"的全球卫生战略目标,1995年我国国务院颁布了旨在全面提高国民体质和健康水平的《全民健身计划纲要》。使体育同样成为残疾人生活中不可缺少的内容,提高残疾人体育文化素养,加强参与体育锻炼的自觉性,增进健康,为提高其生活质量服务。

（四）提高运动技术水平,为国争光

当前世界各国在重视人们身体健康的同时,也非常重视运动技术水平的提高。随着《奥运争光计划纲要》的颁布,随着2008年奥运会在我国的举行,国家对残奥会也越来越重视。提高残疾人运动技术水平,对发展我国体育事业（包括残疾人体育事业）具有积极的促进作用。在部分有较高运动能力残疾人中开展运动训练与竞赛,努力发掘其身体的和精神的潜力,实现自我价值,提高运动技术水平,攀登世界体育高峰。残疾人在国际体育竞赛中不仅可以为国争光,提高我国的国际地位与威望,还可以激发人民的爱国热情,振奋民族精神,鼓舞人们建设社会主义的信心和斗志。体育还是世界各国人民进行文化交流的良好手段之一,通过国际体育竞赛的开展及各国运动员之间的互访,可以增进世界各国人民的友谊和了解,为维护世界和平做出贡献。

三、各类残疾人体育的目的与任务

上述残疾人体育的目的与任务，是针对所有残疾人而言的，属于一般性的目的和任务，而不同类型的残疾人具有不同的特点和需要，所以还具有各自特殊的目的与任务。各类视力、听力、肢体和智力残疾人体育有其各自的目的和任务。

（一）视力残疾人体育的目的与任务

视力残疾人由于视力障碍，尤其先天视力残疾，缺乏甚至没有视觉空间概念，没有视觉形象，没有周围事物的完整图像。而另一方面由于没有视觉信息的干扰，他们形成了爱思考、善思考的习惯，相应地抽象思维和逻辑思维就比较发达；同时由于他们的语言听觉能力较发达，而且记忆力比较好，所记的词汇比较丰富，也形成盲人语言能力强的特点。由于视力残疾人具有特殊的生理、心理特点，所以其体育的目的与任务也具有一定的特殊性。我国视力残疾人体育的目的是增进健康，提高与他人交往和适应社会生活的能力，为其独立生活创造条件。视力残疾人因为视觉缺陷，较正常人更喜欢坐着，缺乏必要的运动。所以，视力残疾人体育的首要任务是使他们动起来。具体任务如下：

（1）矫正盲态，发展身体机能，使身体各个器官得到统一协调的发展，增强体质。

（2）端正对体育的态度，培养顽强拼搏精神，激发独立进行运动的动机。

（3）丰富业余生活，增加生活的情趣，消除孤独感，陶冶情操，增加知识，磨炼意志，加深对周围世界的理解。

（4）参加体育竞赛，发挥潜能，并使他们学会遵守体育规则和尊重他人，养成良好的体育作风和道德，合理地参加社会大家庭的生活。

（5）掌握有关保持自身健康的知识和体育锻炼的方法，培养他们锻炼身体的良好行为与习惯，提高体育文化素养。

（二）听力残疾人体育的目的与任务

听力残疾人的听力完全丧失或有残留听力但辨音不清，不能进行听说交往。因缺乏或丧失听力，他们和别人交往不是靠听觉器官和有声语言，而是靠手势。他们的形象思维非常发达，逻辑思维和抽象思维就相对较差，特别是先天失聪者。他们的视觉十分敏锐，对事物形象方面的想象力极为丰富。听力残疾人体育的目的是保护并运用好补偿器官以达到社会功能的部分（甚至大部分）恢复，增强体质，实现真正意义上的回归社会。其具体任务有：

（1）刺激听力残疾人的触觉和听觉以及综合感知能力，培养他们与人交往和适应的能力。训练听力残疾人的各种器官，以补偿听觉器官的缺陷；发展和巩固他们的语言能力及剩余听力；还可以侧重发展他们的节奏感，提高动作的协调性等。

（2）增强体质，发展智力。通过体育锻炼，听力残疾人可提高身体素质，并可以获得许多知识、技能，开发其智力，促进智力的发展。

（3）形成良好的思想品质和行为作风。

（4）掌握健康知识和健身方法，养成锻炼身体的习惯。

（三）肢体残疾人体育的目的与任务

肢体残疾人的肢体残疾导致其运动功能障碍。肢体残疾人的性格主要表现为倔强和自我克制，他们具有极大的耐心和忍辱精神。体育对肢体残疾人肢体的功能保护、补偿和康复起着积极的作用。肢体残疾人体育的目的是改善与提高其残肢的功能，促进健肢的补偿功能，增强体质，增添生活情趣，陶冶情操，为回归社会主流生活、学习和工作服务。具体任务是：

（1）使残肢受到一定的锻炼，保持或提高残肢功能。

（2）扩展健肢的代偿功能，补偿残肢一部分失去的功能，提高机体的整体功能及健康水平。

（3）扩大生活领域，丰富生活内容，提高生活的信心、屏气和力量，提高个体社会化的程度。

（4）掌握一定的体育卫生保健知识和锻炼身体的方法。

（5）培养顽强勇敢、坚韧不拔、百折不挠的优秀品质。

（四）智力残疾人体育的目的与任务

人的发展是在生物的和文化的两个层次上进行的。智力残疾人在两者的发展往往是不协调的，他们本能的需要强烈，而高级文化的需要较少、发展水平较低。智力残疾人在心理上一般不是某一心理过程水平低下，而是整个心理活动各方面的水平都很低下，难以形成较完整的性格特征。所以，智力残疾人体育的目的是矫正和补偿他们的身心缺陷，促进康复，增强体质，适应社会生活。具体任务：

（1）矫正不良体态和行为，促进身体正常发展。

（2）发展人类基本活动能力和各项身体素质，提高各器官系统的机能，增进健康，保护和发展尚存的功能。

（3）掌握体育和卫生保健方面的知识，锻炼身体的方法与能力，开发智力。通过体育锻炼，可以增强智力残疾人对事物反应的灵敏性，掌握运动技能和协调肢体运动功能，促进其大脑功能和智力的发育。

（4）加强人际交往，培养正常的情感和生活情趣，提高心理健康水平和生活的信心。

（5）进行社会主义精神文明教育，培养良好的思想、行为、作风、情操等。

（6）参加运动竞赛，国际特奥会的使命是为弱智人士提供各类奥运式的体育训练及比赛，目的是给予他们机会，使他们能不断地在各类比赛及训练中发挥潜能，显示勇气及享受其中的乐趣。同时，还使他们在参与运动时与家人、朋友及其他运动员，互相分享乐趣、技能及友谊，融合于社群之中。弱智人士参加训练和竞赛，不仅仅在于提高运动成绩，而且更重要的在于开发潜在的体力、智力，回归社会主流。

第二章 残疾人体育康复运动处方

第一节 概　述

一、康复的概念

1981 年 WHO 对康复进行定义："康复是指运用各种有用的措施以减轻残疾人的影响和使残疾人重返社会,康复不仅仅是指训练残疾人使他们适应周围的环境,而且也需要调节他们周边的环境和社会条件以利于他们重返社会,在拟定康复实施计划时应有残疾人本人和他们的家属以及他们所在的社区参与。"康复是一个帮助病员和残疾人在其生理或者解剖缺陷的限度内和环境条件允许的范围内,根据其愿望和生活计划,促进其在身体上、心理上、社会生活上、职业上、业余消遣上和教育上的潜能得到最充分的发展过程。从社会发展的角度看,"康复"概念和内涵是随着社会进步和发展而不断充实和完善的,由单一的医疗康复向"全面康复"的方向发展,是精神文明与物质文明不断发展进步的体现。

1998 年,国际著名康复医学家 J. A. 德利沙提出的康复的新概念:"康复是一个帮助伤病员和残疾人在其生理解剖缺陷和环境条件许可的范围内,根据其愿望和生活计划,促进其在身体、心理、社会生活、职业、业余消遣、教育方面的潜能得到最充分发展的过程。"

为此,可以把康复从以下五个方面进行理解:

康复对象:是指功能缺失或者障碍以致影响日常生活、学习、工作和社会活动的残疾人和病员。

康复领域:包括医疗康复(身心功能康复)、教育康复、职业康复、社会康复以及在业余消遣上帮助患者发展潜能等方面,以便促进残疾人全面康复。

康复措施:包括所有能消除和减轻身心功能障碍的措施,以及有利于教育康复、职业康复和社会康复的措施,不但使用医学技术,而且也使用社会学、心理学、教育学、工程学、信息学等方面的方法和技术,并包括政府政策和立法措施等举措。

康复目标:康复目标应该同时考虑到可能性和可行性。在患者身体缺陷和环境条件许可的范围内,实事求是地拟订康复目标,积极运用各种手段,尽可能使残疾人或者患者各方面的潜能得到最充分的发展。

康复的提供者:提供康复医疗、训练和服务的不仅有专业的康复工作者,而且也包括了社区的力量,而残疾人及其家属也参与康复工作的计划与实施。

二、体育康复运动处方

运动处方的概念最早是美国生理学家卡波维奇在 20 世纪 50 年代提出的。20 世纪 60 年代以来,随着康复医学的发展及对冠心病等的康复训练的开展,运动处方开始受到重视。

1969 年世界卫生组织开始使用运动处方术语,从而在国际上得到认可。运动处方的完整概念是:康复医师或体疗师,对从事体育锻炼者或病人,根据医学检查资料(包括运动试验和体力测验),按其健康、体力以及心血管功能状况,用处方的形式规定运动种类、运动强度、运动时间及运动频率,提出运动中的注意事项。运动处方是指导人们有目的、有计划和科学地锻炼的一种方法。

运动处方是指针对个人的身体状况,采用处方的形式规定健身者锻炼的内容和运动量的方法。其特点是因人而异,对"症"下药。20 世纪 50 年代,美国生理学家卡波维奇提出了运动处方的概念,1960 年日本的猪饲道夫教授先用了运动处方术语,1969 年世界卫生组织使用了运动处方术语,在国际上得到确认。

(一)运动处方制订的基本原则

1.因人而异的原则

运动处方必须因人而异,切忌千篇一律。要根据每一个参加锻炼者或病人的具体情况制订出符合个人身体客观条件及要求的运动处方。不同的疾病,运动处方不同;同一疾病在不同的病期,运动处方不同;同一个人在不同的功能状态下,运动处方也应有所不同。

2.有效的原则

运动处方的制订和实施应使参加锻炼者或病人的功能状态有所改善。在制订运动处方时,要科学、合理地安排各项内容;在运动处方的实施过程中,要按质、按量认真完成训练。

3.安全的原则

按运动处方运动,应保证在安全的范围内进行,若超出安全的界限,则可能发生危险。在制订和实施运动处方时,应严格遵循各项规定和要求,以确保安全。

4.全面的原则

运动处方应遵循全面身心健康的原则,在运动处方的制订和实施中,应注意维持人体生理和心理的平衡,以达到"全面身心健康"的目的。

（二）运动处方的特点

1. 目的性强

运动处方有明确的远期目标和近期目标，运动处方的制订和实施都是围绕运动处方的目的进行的。

2. 计划性强

运动处方中运动的安排有较强的计划性，在实施运动处方的过程中容易坚持。

3. 科学性强

运动处方的制订和实施过程是严格按照康复体育、临床医学、运动学等学科的要求进行的，有较强的科学性。按运动处方进行锻炼，能在较短的时间内取得较明显的健身和康复效果。

4. 针对性强

运动处方是根据每一个参加锻炼者的具体情况来进行制订和实施的，有很强的针对性，康复效果较好。

5. 普及面广

运动处方简明易懂，容易被大众所接受，收效快，是进行大众健身和康复的理想方法。

（三）运动处方的作用

运动处方与普通的体育锻炼、一般的治疗方法不同，运动处方是有很强的针对性，有明确的目的，有选择、有控制的运动疗法。运动处方的生理作用主要有以下几个方面。

1. 运动处方对心血管系统的作用

运动处方主要是采用中等强度的有氧代谢为主的耐力运动，即有氧运动。正常情况下，有氧运动对增强心血管系统的输氧能力、代谢产物的清除，调节做功肌肉的摄氧能力、组织利用氧的能力等有明显的作用。按运动处方锻炼可使心率减慢，血压平稳，心输出量增加，心血管系统的代偿能力增强等。但注意在有心脏疾病的情况下要慎重，如：在儿童中常见的先天性主动脉瓣狭窄，运动后易出现疲劳，有氧运动能力降低。若勉强运动可发生昏厥、胸痛，少数甚至发生猝死。

2. 运动处方对呼吸系统的作用

实施运动处方可增强呼吸系统的通气量、摄氧能力，改善呼吸系统的功能状态。

3. 运动处方对运动系统的作用

实施运动处方可增强肌肉力量、保持肌肉耐力和肌肉协调性及恢复关节的活动幅度，促进骨骼的生长，刺激本体感受器，保存运动条件反射，促进运动系统的血液和淋巴循环，消除肿胀和疼痛等。

4.运动处方对消化系统的作用

实施运动处方能促进消化系统的机能,加强营养素的吸收和利用,增进食欲,促进胆汁合成和排出,减少胆石症的发生,促进胃肠蠕动,防治便秘等疾病。

5.运动处方对神经系统的作用

实施运动处方能提高中枢神经系统的兴奋或抑制能力,改善大脑皮质和神经—体液的调节功能,提高神经系统对各器官、系统的机能调节。

6.对体脂的作用

实施运动时间长、运动强度中等的运动处方能有效地减少脂肪组织,达到预防疾病和健美的目的。

7.运动处方对代偿功能的作用

因各种伤病导致肢体功能丧失时,人体产生各种代偿功能来弥补丧失的功能。有的代偿功能可以自发形成,如一侧肾切除后,身体的排泄功能由对侧肾负担。而有的代偿功能则需要有指导地进行训练或刻苦训练,才能产生所需要的功能。如肢体残缺后,用健侧肢体代替患侧肢体的功能。运动处方对代偿功能的建立有重要的促进作用。

8.运动处方对人的心理作用

运动能有效地释放被压抑的情感,增强心理承受能力,保持心理的平衡。在疾病的治疗和康复过程中,能增强患者治疗和康复的信心,有助疾病的恢复;按预防、健身、健美的运动处方运动,可保持良好的情绪,使工作、学习更积极、更轻松。

第二节　听力残疾人体育康复运动处方

一、听力残疾人体育运动的基本要求

根据听力残疾者的身心特点、兴趣爱好、状态差异等,因人而异地开展内容丰富、形式多样、效果明显的运动项目,以达到促进听力残疾者康复身心、增强体质、调节情绪、融入社会的目的。

听力残疾者身体形态发育没有明显异常,在身高、体重、BMI值方面与健全人没有明显区别,在指导听力残疾人体育运动时,与健全人并无差别,唯一要注意的就是避免倒立、快速旋转这类增加颅内压的运动。他们不宜做过度屈体和妨碍视觉的活动;不建议他们参加蒙眼和闭眼的体育活动。

二、听力残疾人体育康复运动处方的制订原则

听力残疾者肢体无残缺,运动不受影响,能正常参加任何健全人的运动。参与体育

运动原则与普通人群类似,主要有适应性原则、经常性锻炼原则、全面锻炼原则、循序渐进原则、准备与整理性原则。

(一)适应性原则

听力残疾人体育锻炼在制订康复运动计划时,具体方法与健全人体育锻炼方法较接近。开展体育锻炼时,应逐步加大训练量和时间,身体适应项目,还要适应运动的量后,再增加运动量和延长练习时间。需要注意的是尽量不要开展倒立、旋转等增加颅内压或影响视觉的活动。

(二)经常性锻炼原则

听力残疾人可以根据自身实际情况制订每周或每月的锻炼计划,如每周锻炼 3～5 天,每次锻炼一小时。运动项目以有氧运动、游泳、健身操、球类、力量等为主,需要经常性周而复始的持续锻炼。每次锻炼最高心率在 140～160 次/min,恢复到 120 次/min 可进行下一组练习,坚持一段时间才能保持锻炼效果。

(三)全面锻炼原则

全面锻炼原则是指体育锻炼提高身体的综合素质,全面发展身体的各个部位、各个器官系统、发展各种身体素质。听力残疾人是所有残疾人中身体最好的一类,更应该制订康复运动计划,坚持全面锻炼,增强体质,为职业生涯打好基础。

(四)循序渐进原则

循序渐进原则是指教学内容、教学方法和运动负荷等的顺序安排,由易到难,由简到繁,逐步深化提高,使学生系统地掌握基础知识、技术、技能和科学的锻炼方法。听力残疾人在进行体育锻炼时,应遵循循序渐进原则。指导者应不断地与听力残疾人进行运动中的感受交流,根据听力残疾人的反馈,进行运动量、时间长短、节奏的把控,严格注意运动量的增加过快,或运动过急,实时监控他们的心率,以防运动损伤。

(五)准备与整理性原则

运动前做充分准备活动时,每次准备活动需要在 15 分钟以上,以身体微微出汗、发热为原则。准备活动的充分,是机体尽快进入运动状态的有力保障,是预防运动损伤的有效屏障。在运动前,需要及时与听力残疾人沟通准备活动的重要性,将运动安排具体化、条目化。运动后的整理与运动前的准备活动同样重要,花一点时间进行适当的慢跑、拉伸、按摩等都是使身体消除运动疲劳,快速恢复原来状态,预防运动性损伤的有效手段。

三、制订听力残疾人体育康复运动处方的注意事项

第一,听力残疾人可以参加多种体育活动,但是应尽量避免强烈旋转、增大头颅内

压的运动。

第二,聋人不宜做过度屈体和妨碍视觉的活动;闭眼和蒙眼的体育活动不建议聋人参加。

第三,不允许聋人独自或群体进行标枪、铅球、铁饼等有可能伤害他人的器械活动。在辅导武术运动时,宜选择长拳、太极拳和软器械为主的项目。

第四,聋人运动处方制订和健全人基本相似,运动负荷量的控制遵循聋人能承受,最大心率的 60%～70%即可。

第三节　视力残疾人体育康复运动处方

一、视力残疾人体育运动的基本要求

体育能增进人体健康,对人的情绪、情感、智力、思维发展起到积极作用。视力残疾人参加体育运动能增强体质,愉悦心情,缓解不良情绪,提高对外界的判断。但视力残疾者参与体育运动要结合身心特点、运动发展特点和不同残疾级别有选择、有针对性地锻炼。

(一)充分考虑视力残疾人身心特点的基本要求

视力残疾人身体特点:视力残疾人视力残疾,其活动范围、活动强度、活动方式、活动机能都受到很大限制,旺盛的精力难以发挥,不容易形成广泛的兴趣,机体的正常发育也受到限制。

视力残疾人心理特点:视力残疾人由于视觉障碍,处在灰暗的环境中,因此焦虑和挫折感是主要的情绪问题,他们对外界产生信任需要较长过程,他们喜爱交谈,但担心被他人鄙视,在陌生环境下会极度小心和担忧。

(二)充分考虑视力残疾人的运动发展特点的基本要求

视力残疾人的运动发展具备以下几个特点:动作发展迟缓、平衡能力差、精细动作比粗大动作发展好、盲态。动作发展迟缓特点告诉指导者在传授技术动作时要由简入繁,由浅入深,由慢到快循序渐进,讲解技术动作要准确、简练、清晰,保持耐心和积极的态度;平衡能力差的特点是由视力缺失造成,外界信息传导受限,神经系统指导肌肉工作的准确度受到影响。指导者可根据其特点,提高肌肉的稳定性和持续性,以提高视力残疾者的平衡感。

(三)充分考虑不同级别视力残疾人特点的基本要求

B1 级视力残疾者在参加体育锻炼时可以使用辅助器械,或用声音等信号帮助他们进行活动,如用手杖、绳、绑带等引导他们跑步或用声音帮助他们修正运动方向。B2 级听力残疾人可以用声音、光等信号感受外界环境的信息,他们使用的运动器械应当是颜色呈鲜明对比的。B3 级的视力残疾者因有残余视力,在体育锻炼中可不使用任何辅助设施,与正常人基本相同。

这三个等级的盲人中,B2 级视力残疾者出现的问题最多。他们有一点残余视力,但不能参加 B1 级的运动竞赛,又由于高度视残,参加 B3 级的运动竞赛又有困难或不受欢迎,他们是盲人中的"夹心层",比较容易产生心理障碍。高度视残者有一点视力,这就使他们往往过分自信,动作反应快,错误率高,在体育活动中发生危险的可能性就大。

二、视力残疾人体育康复运动处方的制订原则

有效的运动处方制订,是实施体育锻炼的有效途径和方法。遵循视力残疾人身体特点和运动特点,由浅入深,由慢到快循序渐进,制订运动计划要详细和规范,包括适应性原则、经常性锻炼原则、全面锻炼原则、循序渐进原则、准备与整理性原则。

(一)适应性原则

视力残疾人因视力的缺陷,有较多的运动项目是无法完成的,增加眼压类的运动如倒立等不宜练习。为此,在制订康复运动处方之前应进行康复训练评估,确定目标,确定运动项目。开展体育锻炼时,应逐步加大训练量和时间,身体适应运动的量后,再增加运动量和延长练习时间。视力残疾人选择适合他们的锻炼项目尤为重要,如太极拳、瑜伽、慢跑、游泳、身体素质练习等。

(二)经常性锻炼原则

经常性原则即经常参加体育活动,锻炼效果明显、持久,合理安排锻炼计划,如每周锻炼 3 天,或每周锻炼 5 天,每次锻炼一小时,长此以往,持久锻炼才能保持锻炼效果。视力残疾人参加体育锻炼应根据自身年龄、性别、体质状况、兴趣、不同残疾等级,在众多的体育手段中挑选适宜的体育锻炼内容、方法,进行经常性锻炼,这样才能取得良好的锻炼效果。对于视障人群的健身强度要注意随时的调节,训练中要注意间歇,一般每10 分钟就要调整一次,然后再进行下一次,由于视障人群的生理特点不易安排类似拔河、举重等具有闭气项目的训练。

(三)全面锻炼原则

全面锻炼原则是指在进行体育锻炼时应全面发展身体的各个部位、各个器官系统、发展各种身体素质(速度、灵敏、力量、协调、耐力等)和基本活动能力,为了促进身体的全面协调发展而选择运动锻炼的内容和手段。

视力残疾人的身体形态、素质、各器官较健全人都偏弱,运动发展迟缓、平衡能力差、盲态等,应在进行体育锻炼时,科学地安排各项身体活动,使身体尽可能得到全面系统的发展。练习时应把局部运动与全身运动结合起来,交替进行,特别注意身体姿态锻

炼,身体核心力量锻炼,以获得全面发展的效果。如开展助力运动练习、抗阻运动练习、有氧练习、伸展练习、呼吸运动练习等。

(四)循序渐进原则

循序渐进原则是指运动的内容、方法、技术难度、运动负荷安排遵循由小到大、由浅入深的合理顺序,要适合人机能适应性规律、动作技能形成规律和人的认识规律。视力残疾人一直以来生活圈子较小,行动缓慢,技能运动能力相对较差,他们的心肺功能相对较低,在安排健身活动的内容和运动量时应以中等强度为主,练习时也要平和进入。在制订处方时,因严格按照逐步加量,或以有氧运动为主类,循序渐进的锻炼方法进行锻炼。

(五)准备与整理性原则

养成运动前做充分准备活动的良好习惯,可以使机体尽快进入运动状态,身体机能充分调动。运动后的整理与放松,是有效避免机体疲劳所引起的劳损或运动伤害。视力残疾人因平时较少运动,运动机能提前预热,特别是初期参与健身的视障人群,往往由于兴奋,过早的进入运动后,会使身体产生许多的不适,对以后的健身也会造成不良影响。在选择内容上要以有氧健身为主,如太极拳、健美操、瑜伽等训练为主,在有一定的基础后适当增加运动量,慢跑要有人带领。在制订康复运动处方时,应加以强调。

三、制订视力残疾人体育康复运动处方的注意事项

视力残疾人由于视力障碍,动态行为会具有很大的不确定性,但听觉会格外灵敏,并会对盲杖产生很大的依赖性。因此在整个辅导过程中,语言要礼貌,动态行为要适当缓慢,切记不可强行拉拽,随意触摸甚至剥夺其盲杖。

(一)消除视力残疾人运动的恐惧心理,引领他们进入运动天地

当前多数视力残疾人的生活水平基本有了保障,对文化生活的需求在不断提高。每一个视力残疾人朋友都渴望同健全人一样参加丰富多彩的健身娱乐活动,拥有健康的身体和强壮的体魄。但是在视力障碍的限制下,听到运动的激烈碰撞声音,将要实际参与具体运动时,会表现出胆怯、担心和退缩。怕受到伤害是第一反应,其次就是担心受到嘲笑。引领、指导视力残疾人进入运动环境,要从消除心理障碍开始,多讲运动的益处,宣传社会文化,合理解释运动的损伤,不要特别提示为他做了如何特殊的安排。

(二)初次引导视力残疾人进行体育锻炼时的注意事项

在第一次遇见和接触视力残疾人时,应在1米以外的地方问候,并介绍自己的姓名、身份和此行的目的。当视力残疾人主动伸出手时,再礼貌地上前握手。在接触中不要过分强调视力残疾人的缺陷,把他们当成普通朋友即可。特别是对已接受过定向行走训练的视力残疾人,应按基本规范动作进行引领。在进入新的活动区域和练习馆时,

要从一个方向到另一个方向,逐一介绍室内的器械摆放和它们的间距,然后引领视力残疾人依次触摸,使他们对活动场所的设备条件和空间有较深的概念,大多数视力残疾人,只要介绍一次,就能基本记住,在教视力残疾人使用器械时,要讲清器械的练习方法,特别是如何正确出入,对健身器械、步行器等一定要耐心介绍,对于较复杂的项目,每次一定要完整地介绍完一个项目。同时要检查他们的实际操作,无论在室内还是室外,练习结束时,在和视力残疾人分手时或练习中辅导者要离开时,一定要主动和视力残疾人讲清,使他们知道辅导者在哪里。一旦有问题出现,他们就可以询问或主动叫人帮助解决。当一次训练结束时,视力残疾人会自行回到自己存放盲杖的地方取回盲杖,因此训练中尽量不要移动盲杖存放的位置,如果必须移动,也要事先通知他们。

（三）预防和处理好视力残疾人参与体育活动时的运动损伤

当发生意外碰伤时,和对待健全人一样进行应急处理。不要让视力残疾人触摸伤口,主动告诉他们实情,多数视力残疾人对伤痛的发生都能正常理解。当他们熟悉的场地发生新的变化,有位置移动或增添新的器械后时,一定要先讲清楚。在与辅导员感情融和以及熟悉场地后,视力残疾人朋友就会更加积极主动地参与健身训练。

对于第一次或刚进入运动环境的视力残疾人朋友,最好是一对一地进行辅导训练,健身内容也应选择简单易行、他们有兴趣的项目,让视力残疾人通过训练获得成功并有所收益。例如第一次安排健身时,只进行室外呼吸伸展训练,进行简单的平移活动。当他们有了初步锻炼能力后再逐渐增加难度,在训练时,一定要告诉他们周围的环境和空间范围,引领他们向四个方向行走,使他们在这个范围内增强安全感,不要过多提示这里不行,那里不能去,后边几步有危险,如需要提示,应告诉他们在某个地方有什么东西,训练中要注意培养视力残疾人的兴趣,多鼓励表扬,使视力残疾人在完成动作后有获得成功的快乐感。在练习间歇和结束时,要积极主动地与他们交流,让视力残疾人充分表达自己的感受,耐心聆听他们的意愿,为他们能长期参与健身铺好路,打好基础。

第四节　肢体残疾人体育康复运动处方

一、肢体残疾人体育运动的基本要求

肢体残疾的类别,以上肢、下肢和脑瘫以及脊柱损伤为主。通常需使用轮椅车或辅助工具的残疾人,由于受到不同的障碍和生活环境的影响,身体健康状况不尽相同,心肺功能的健康指数优良者较少,中下者较多。身体健康是高质量生活的保障,残缺的肢体更应拥有健康的体质,运动功能的障碍不应是造成身体健康发展的障碍,在现实中确有因运动功能受限,活动减少,体质随之下降的现象,指导残疾人健身康复的一个基本出发点就是运动。

二、肢体残疾人体育康复运动处方的制订原则

有效的运动处方制订,是实施体育锻炼的有效途径和方法。遵循肢体残疾人身体特点和运动特点,由浅入深,由慢到快循序渐进,健肢与残肢的交替练习,多以肌力和关节能力活动为主的训练计划,制订运动计划要详细和规范,它包括适应性原则、经常性锻炼原则、全面锻炼原则、循序渐进原则、补偿原则。

(一)适应性原则

肢体残疾人身体功能障碍是限制他们参与多项体育活动最大的问题,在制订康复运动计划时,应因人而异地制订每个人详细的、有针对性的、具体的运动计划,如健肢的训练计划,残肢的训练计划,综合的训练计划等。要坚持从易到难、从简到繁的规律,能练的先练,可操作的先动起来。轮椅的基础车技,行进与后退,方向速度的变化等练习,既熟练地学会用车也使心肺功能得到了提高。在选择健身方法时,以提高上肢肌体活动半径为主,腰、颈、肩的灵活性和基本的力量要加强,旋转和平衡的能力要在不断的练习中得到提高。

开展体育锻炼时,应逐步加大训练量和时间,身体适应项目,还要适应运动的量后,再增加运动量和延长练习时间。

(二)经常性锻炼原则

经常性原则即经常参加体育活动,锻炼效果明显、持久,合理安排锻炼计划,如每周锻炼 3~5 天,每次锻炼一小时,长此以往,持久锻炼才能保持锻炼效果。

(三)全面锻炼原则

全面锻炼原则是指在进行体育锻炼时应全面发展身体的各个部位、各个器官系统、发展各种身体素质(速度、灵敏、力量、协调、耐力等)和基本活动能力,为了促进身体的全面协调发展而选择运动锻炼的内容和手段。

肢体残疾人因身体部分功能障碍,导致一侧或局部发展迟缓,或萎缩,或肌力不强等,在进行体育锻炼时,要科学安地安排各项身体活动,尤其是功能较好的关节、肌肉要加强练习防止退化,逐步锻炼患肢。练习时应把局部运动与全身运动结合起来,交替进行,特别注意身体姿态锻炼、身体核心力量锻炼,以获得全面发展的效果。主要内容包括关节活动度训练、增强肌力训练、姿势矫正训练和神经生理学疗法等。

(四)循序渐进原则

任何运动都应遵循循序渐进原则,在运动的内容、方法、技术难度、运动负荷安排上遵循由小到大、由浅入深的合理顺序,要适合肢体残疾人机能适应性规律、动作技能形成规律和人的认识规律。一侧健肢与一侧残肢交替练习,或上肢与下肢交替练习,这对于提高身体运动素质,增强体质和创造良好的心理状态有着不可低估的作用。轮椅技巧、偏瘫体操和各种球类都是练习的主要内容。

（五）补偿原则

发挥体育运动康复的补偿功能。部分肢体有障碍，要发挥其他部位的更大优势，通过力量、长度和加大活动半径减少障碍的程度，对残疾部位给予恰当的运动，使剩余的功能不再遗失，唤醒残疾部位周围可恢复的能量，使残疾的肢体障碍缩小，从而达到康复健身的目的。避免一点残疾出现多点的运动障碍，部分肢体损伤造成身体体质的水平下降。

三、制订肢体残疾人体育康复运动处方的注意事项

（一）截肢和其他残疾人体育康复运动处方的注意事项

各类肢体残疾中，下肢体残疾人残疾体育运动困难较大、受限较多，体育锻炼前中后期要注意避免产生过大负担。

1. 注意进行有氧锻炼

有氧锻炼可以促进人体的新陈代谢，改变消化系统的活动状态，增强心肺功能，提高健康水平，对于防止冠心病、高血压、糖尿病、肥胖症都有重要作用。肢体残疾人有氧锻炼少，身体脂肪含量高，体重增加使人走路、跑步、做运动更吃力，速度也更慢。肢体残者体重增加，行动变得困难，无形中增加了生活的负担和难度，而且由肥胖引起的疾病会严重危害健康。肢体残疾者要多进行有氧锻炼，改善各个系统功能，促进新陈代谢，有效控制体重。

2. 防止肌肉萎缩，对残肢进行有效力量训练

适当的力量训练可以帮助肢体残疾人保持残肢肌肉力量与维度，补偿残肢的某些功能。肌肉萎缩不但会使接受腔不再合适，更会影响假肢代偿功能的发挥，因此要注意肌肉力量的训练。

3. 选择适合体育锻炼的假肢

对于下肢残疾者参加锻炼来说，舒适的假肢就像健全者参加运动时穿上了一双舒适的运动鞋。任何需要下肢参与的运动，假肢的大小、稳定性、柔软度、灵活性都是运动效果的直接影响因素。因此，为自己参加体育锻炼选择一双"好鞋"是取得运动效果与乐趣的物质保障。

（二）脊髓损伤残疾人体育康复运动处方的注意事项

1. 防止压疮

压疮是脊髓损伤练习者容易出现的并发症，脊髓损伤练习者在进行体育、训练、治疗时要注意预防压疮，控制轮椅软硬度，不要长时间坐在轮椅上，要每隔 30 分钟安排一次减压，预防压疮发生。

2. 合理控制锻炼量、锻炼强度和锻炼时间

脊髓损伤者心肺功能和肌肉力量较弱，锻炼过程中残肢静脉血液滞留，回流缓慢，

因此在锻炼中要注意锻炼负荷和休息时间的合理分配。一般中低强度锻炼 5 分钟需休息 3 分钟。

3. 循序渐进

练习者在进行训练时,无论在运动量和运动强度还是技术动作方面,均要遵照循序渐进的原则,避免发生过度劳累或者伤害事故。

(三)脑瘫残疾人体育康复运动处方的注意事项

体育锻炼是脑瘫残疾康复的重要内容,国外学者提出了十多种治疗方法:按摩、被动活动、主动活动、助力活动、抗助活动、条件性活动、混合活动、复合活动、休息、松弛、松弛位活动、平衡、技能练习。但是,在体育锻炼时应注意以下事项:

第一,注意语言表达要清晰,语速要缓慢。

第二,注意脑瘫残疾人的害怕和情绪不稳定心理。

第三,注意感知觉方面的锻炼,与同伴一起练习会取得良好效果。

第四,动作练习时注意出现肌肉"对抗性"现象。脑瘫残疾者中肌肉强直者做动作易出现"对抗性",不该收缩的肌肉也收缩,动作不协调。由于大腿内侧紧张,易形成"X形腿",在体育活动中避免扣膝功能,多发展肩关节灵活性的练习和伸展体操。

第五,注意发展代偿功能和稳定脊柱。有些脑瘫残疾者肌肉会无规则地抖动,而且动作无一定节奏和幅度。肌肉松弛无力,动作无准确性,最困难的是用手抓握物体。因此,可发展代偿功能,不仅训练用手抓球,可用胸部辅助抓球,发展肌肉,伸展韧带。提醒做任何体行动作都要保持良好的姿势,注意脊柱关节的锻炼。

第六,游泳是一种非常适合脑瘫残疾者锻炼的方法,水的浮力可以帮助他们放松肌肉,促进血液循环,有利于肢体活动。但游泳需要的注意事项如下:(1)3 年以上未发生癫痫者,在游泳时不需要限制;(2)1 年以上未发生癫痫者,在游泳时需要十分注意对其进行观察(但在夏季发作的情况下应按照下一条执行);(3)1 年中数次发生癫痫者,不要随集体游泳,需要与家属一起;(4)1 个月发作数次者,在游泳时需要一对一地进行指导。

第五节　智力残疾人体育康复运动处方

一、智力残疾人体育运动的基本要求

(一)确保反射弧功能的提高

智力残疾人反射弧的几个环节都存在不同程度的缺陷,任何一个环节的缺陷都会影响神经冲动快速准确地传递,这无疑是有碍动作机能的掌握的。因此,智力残疾人动作技能学习首先要保证反射弧功能的提高,即提高感知能力;中枢接收、处理、存储、输出信息的能力;改善效应器的活动功能等。

(二)充分发挥触觉、视觉在学习动作机能中的作用

智力残疾人由于大脑受损,所以在触觉、视觉、听觉能力较正常人低,对于学习动作机能,听觉缺失更大一些。因此,要充分发挥智力残疾人触觉、视觉在学习动作机能中的作用。示范的动作要简练、清晰、有趣,这样容易被智力残疾人所接受,同时,有助于增强其听觉。

(三)保持神经系统适宜的兴奋

神经系统应保持适宜的兴奋,过高兴奋和过低兴奋都会降低人体工作能力。智力残疾人加工处理外界各种刺激的能力较差,大脑接受许多同等强度的信息,妨碍神经系统保持适宜的兴奋性。智力残疾人兴奋性过高和过低,都会出现学习困难的问题,影响动作机能的形成与提高。所以要保持神经系统适宜的兴奋。

(四)多样化与个别化结合

练习手段、方式要多样化,以引起智力残疾人的学习兴趣,诱导积极性,保持注意力。

二、智力残疾人体育运动的基本原则

(一)区别对待原则

智力残疾人的身心条件、年龄特征、性别差异、运动状况均有不同,所以在指导时,应根据不同情况区别对待。个人化与多样化相结合、单一化和多层化相结合使得智力残疾人的体育锻炼更富有特点和效果。

(二)循序渐进原则

智力残疾人感知觉偏弱,神经传导、存储、反馈较慢,因此在学习体育动作时更要遵循由简单到复杂、由浅到深的原则,逐步学习与掌握技术。智力残疾人长期在狭小环境中活动,肺活量、力量、柔韧、速度等身体机能较普通人有较大差距,因此在运动负荷安排上更应从小到大、从低到高,逐步增加。智力残疾人反应慢,动作迟钝,体育锻炼时更加要注重机能适应性规律、动作机能形成规律,给予充足的时间和耐心让其慢慢消化,如果拔苗助长,违反规律,急于求成,可能使结果背道而驰,损害身心。

(三)适宜负荷原则

智力残疾人的体育锻炼要根据身体状况、年龄、性别、运动水平、智力水平、社会适应能力等安排适宜运动强度、运动量和运动频率。

三、制订智力障碍残疾人体育康复运动处方的注意事项

第一,要做到教学复杂动作简单化、教学言语直白化、动作教学直观化、示范动作完整化。游戏中如果连续出现两个以上的动作变化,必须做准确的示范教学。此外,每个动作的教讲时间要适当。

第二,严格教学管理,培养学生遵守纪律,练习中要讲清楚规则并遵守,禁止各种形式的惩罚。

第三,禁止使用可能造成伤害的器械和物品,一般的游戏可以用皮球、软包、布袋等,要保证场地没有安全隐患。

第四,尊重锻炼者,语言要准确和谐,禁止粗鲁语言,教学时要严肃可敬,但不能有怒气。

第五,随时观察学员的表现、身体状况,注意时刻确认训练参与人数,及时处理伤病、跑丢情况。对个别学生要耐心辅导,采取相应的措施。遇到突发情况要冷静处理,及时请同伴处理,不能擅自离开全体学员。

第三章　残疾人运动分类分级

第一节　概　述

一、残疾人运动员分类分级的意义

1948年"二战"结束，许多军人由于战伤遗留有各种各样的残疾，为了改善他们身体的功能状况，克服心理障碍，英国著名的脊髓损伤专家 L. Guttman 在英国伦敦附近的斯托克·曼德维尔(Stoke Mandeville)首次组织了轮椅运动比赛。应该说，当时举办比赛的主要目的是促进这些残疾人的功能康复。随后，为了推动残疾人康复事业和体育运动的发展，世界上陆续成立了以各类不同残疾人为对象的残疾人体育运动组织。而为了更好地、有组织地开展体育竞赛活动，就必须首先确定哪些残疾人可以参加比赛；同时，对符合参赛条件的残疾人运动员进行科学合理的分组。因为尽管他们残疾的种类大致相同，但由于伤残的轻重不一样，导致其功能障碍的程度也不尽相同，而运动功能水平的差异，将直接影响到残疾人运动员的竞技水平。所以，随着残疾人体育竞技的增多，为了提高残疾人运动员的运动水平，扩大残疾人运动的影响，进一步促进残疾人运动的竞争性和竞技性，必须明确残疾人运动员参加每个项目的参赛标准，以便将残疾程度相近似的运动员分在一起进行比赛，这样就产生了残疾人运动员的医学和功能分级。所以说，残疾人运动员的医学和功能分级的意义就在于：维护体育的公平竞争原则，提高残疾人运动的竞技性和竞争性。

二、我国残疾人运动分类分级概况

我国一向以社会功能障碍的程度来划分残疾等级。同时，为了便于国际学术交流和资料的互相比较，凡是已经有国际统一标准的，尽量和国际统一标准保持一致；没有国际统一标准的则自行制定标准。因此，我国的听力、智力和视力的残疾标准与国际标准一致，肢体残疾和精神残疾标准是自行制定的。

世界卫生组织按照残疾的不同类别维度，将残疾分为如下类别：

表 3-1　残疾不同维度的分类情况

按照病损类别分类	按照失能类别分类	按照残障类别分类
①智力病损 ②心理病损 ③听力病损 ④言语病损 ⑤视力病损 ⑥内脏(心、肺、消化、生殖器等)病损 ⑦骨骼(姿势、体格、运动)病损 ⑧多种综合病损	①行为失能 ②言语交流失能 ③个人生活自理失能 ④运动方面的失能 ⑤身体姿势和活动方面的失能 ⑥精细活动方面的失能 ⑦环境适应方面的失能 ⑧特殊技能方面的失能 ⑨其他活动方面的失能	①识别(人、地、时)残障 ②身体残障(生活不能自理) ③运动残障 ④职业残障 ⑤社会交往残障 ⑥经济上自给残障

所谓分级,是为了保证残疾人体育运动的公平性,而将其功能障碍程度相同或相近似的运动员分在同一个级别开展竞技性体育运动。所以,分级工作主要是在竞赛活动开始之前进行。早期的残疾人体育运动分级,主要是以医学检测和评估为主,所以开始时称为医学分级。但随着残疾人体育的不断发展,人们逐渐认识到:伤残所造成的运动功能障碍,在不同的项目中,其影响程度不尽相同,也就是说,不同的运动项目对其运动能力的要求不同,而且,在静态和运动中运动员的表现也不尽相同。为此,一些项目逐渐加大了运动中检测的力度,如游泳、乒乓球、篮球等,所以,后来将医学分级改称为医学和功能分级。整个分级过程通常包括:医学检测、相关运动功能能力的测试和赛场观察三个部分。

第二节　残疾的分类

按残疾类型的不同,分为视力残疾、听力残疾、言语残疾、肢体残疾、智力残疾、精神残疾和多重残疾。

一、视力残疾

视力残疾指各种原因导致的双眼视力低下并且不能矫正或双眼视野缩小,以致影响其日常生活和社会参与。视力残疾包括盲及低视力。

二、听力残疾

听力残疾指各种原因导致的双耳不同程度的永久性听力障碍,听不到或听不清周围环境声及言语声,以致影响其日常生活和社会参与。

三、言语残疾

言语残疾指各种原因导致的不同程度的言语障碍,经治疗一年以上不愈或病程超两年,从而不能或难以进行正常的言语交流活动,以致影响其日常生活和社会参与,包括失语、运动性构音障碍、器质性构音障碍、发声障碍、儿童言语发育迟滞、听力障碍导致的言语障碍、口吃等。(注:3 岁以下儿童不定残。)

四、肢体残疾

肢体残疾指人体运动系统的结构、功能损伤造成的四肢残缺或四肢躯干麻痹(瘫痪)、畸形等导致人体运动功能不同程度丧失以及活动受限或参与受限。

肢体残疾主要包括:上肢或下肢因伤病或发育异常所致的缺失、畸形或功能障碍;脊柱因伤病或发育异常所致的畸形或功能障碍;中枢、周围神经伤病或发育异常造成躯干或四肢的功能障碍。

五、智力残疾

智力残疾指智力显著低于一般人水平,并伴有适应行为的障碍。此类残疾是由于神经系统结构、功能障碍,使个体活动和参与受限,需要外部环境提供全面、广泛、有限和间歇的支持。包括智力发育期间(18 岁之前),由于各种有害因素导致的精神发育不全或智力迟滞;或智力发育成熟以后,由于各种有害因素导致的智力损害或智力明显衰退。

六、精神残疾

精神残疾指各类精神障碍持续一年以上未痊愈,存在认知、情感和行为障碍,以致影响其日常生活和社会参与。

七、多重残疾

多重残疾指同时存在视力残疾、听力残疾、言语残疾、肢体残疾、智力残疾、精神残疾中的两种或两种以上残疾。

第三节　残疾的分级

各类残疾按残疾程度分为四级:残疾一级、残疾二级、残疾三级和残疾四级。残疾一级为极重度,残疾二级为重度,残疾三级为中度,残疾四级为轻度。

一、视力残疾分级

按视力和视野状态分级,其中盲为视力残疾一级和二级,低视力为视力残疾三级和四级。视力残疾均就双眼而言,若双眼视力不同,则以视力较好的一眼为准。如仅有单眼为视力残疾,而另一眼的视力达到或优于 0.3,则不属于视力残疾范畴。视野以注视点为中心,视野半径小于 10 度者,不论其视力如何均属于盲。视力残疾分级见表 3-2。

表 3-2 视力残疾分级

类别	级别	好眼最佳矫正视力
盲	一级盲	＜0.02—无光感,或视野半径＜5°
	二级盲	＜0.05—0.02,或视野半径＜10°
低视力	一级低视力	＜0.1—0.05
	二级低视力	＜0.3—0.1

二、听力残疾分级

听力残疾分级:按平听力损失及听觉系统的结构和功能、活动和参与、环境和支持等因素分级(不配戴助听放大装置)。(注:3 岁以内儿童,残疾程度达到一、二、三级的定为残疾人。)

(一)听力残疾一级

听觉系统的结构和功能极重度损伤,较好耳平均听力损失大于 90dBHL,不能依靠听觉进行言语交流,在理解、交流等活动上极重度受限,在参与社会生活方面存在极严重的障碍。

(二)听力残疾二级

听觉系统的结构和功能重度损伤,较好耳平均听力损失在 81～90dBHL,在理解和交流等活动上重度受限,在参与社会生活方面存在严重障碍。

(三)听力残疾三级

听觉系统的结构和功能中重度损伤,较好耳平均听力损失在 61～80dBHL,在理解和交流等活动上中度受限,在参与社会生活方面存在中度障碍。

(四)听力残疾四级

听觉系统的结构和功能中度损伤,较好耳平均听力损失在 41～60dBHL,在理解和交流等活动上轻度受限,在参与社会生活方面存在轻度障碍。

三、言语残疾分级

按言语残疾不同类型的口语表现和程度,脑和发音器官的结构和功能,活动和参与,环境和支持等因素分级。

（一）言语残疾一级

脑和/或发音器官的结构、功能极重度损伤，无任何言语功能或语音清晰度小于等于 10％，言语表达能力等级测试未达到一级测试水平，在参与社会生活方面存在极严重障碍。

（二）言语残疾二级

脑和/或发音器官的结构、功能中度损伤，具有一定的发声言语能力。语音清晰度在 11％至 45％之间，言语表达能力等级测试未达到三级测试水平，在参与社会生活方面存在中度障碍。

（三）言语残疾四级

脑和喉的发音器官的结构、功能轻度损伤，能进行简单会话，但用较长句表达困难。语言清晰度在 46％至 65％之间，言语表达能力等级测试未达到四级测试水平，在参与社会生活方面存在轻度障碍。

四、肢体残疾分级

肢体残疾分级：肢体残疾按人体功能丧失、活动受限、参与局限的程度分级（不配戴假肢、矫形器及其他辅助器具）。肢体部位说明如下：

全上肢：包括肩关节、肩胛骨；
上臂：肘关节和肩关节之间，不包括肩关节，含肘关节；
前臂：肘关节和腕关节之间，不包括肘关节，含腕关节；
全下肢：包括髋关、半骨盆；
大腿：髋关节和膝关节之间，不包括髋关节，含膝关节；
小腿：膝关节和踝关节之间，不包括膝关节，含踝关节；
手指全缺失：掌指关节；
足趾全缺失：跖趾关节。

（一）肢体残疾一级

不能独立完成日常生活活动，并具备下列状况之一：(1)四肢截：四肢运动功能重度丧失；(2)截瘫：双下肢运动功能完全丧失；(3)偏瘫：一侧肢体运动功能完全丧失；(4)单全上肢和双小腿缺失；(5)单全下肢和双前臂缺失；(6)双上臂和单大腿（或单小腿）缺失；(7)双全上肢或双全下肢缺失；(8)四肢在手指掌指关节（含）和足趾跖趾关节（含）以上不同部位缺失；(9)双上肢功能极重度障碍或三肢功能重度障碍。

（二）肢体残疾二级

基本上不能独立完成日常生活活动，并具备下列状况之一：(1)偏瘫或截瘫，残肢保留少许功能(不能独立行走);(2)双上臂或双前臂缺失;(3)双大腿缺失;(4)单全上肢和单大腿缺失;(5)单全下肢和单上臂缺失;(6)三肢在手指掌指关节(含)和足跗跖关节(含)以上不同部位缺失(一级中的情况除外);(7)二级功能重度障碍或三级功能中度障碍。

(三)肢体残疾三级

能部分独立完成日常生活活动,并具备下列状况之一:(1)双小腿缺失;(2)单前臂及其以上缺失;(3)单大腿及其以上缺失;(4)双手拇指或双手拇指以外其他手指全缺失;(5)二肢在手指掌指关节(含)和足跗跖关节(含)以上不同部位缺失(二级中的情况除外);(6)一肢功能重度障碍或二肢功能中度障碍。

(四)肢体残疾四级

基本上能独立实现日常生活活动,并具备下列状况之一:(1)单小腿缺失;(2)双下肢不等长,差距大于等于 50 毫米;(3)脊柱强(僵)直;(4)脊柱畸形,后凸大于 70 度或侧凸大于 45 度;(5)单手拇指以外其他四指全缺失;(6)单手拇指全缺失;(7)单足跗跖关节以上缺失;(8)足趾完全缺失或失去功能;(9)侏儒症(身高小于等于 1300 毫米的成年人);(10)一肢功能中度障碍或两肢功能轻度障碍;(11)其他类似上述的肢体功能障碍。

五、智力残疾分级

分 0～6 岁和 7 岁及以上两个年龄段,根据发育商、智商和适应行为分级。0～6 岁儿童发育商小于 72 的直接按发育商分级,发育商在 72～75 的直接按发育商分级。7 岁及以上的按智商、适应行为分级:当两者的分值不在同一级时,按适应行为分级;当两者的分值不在同一级时,按适应分级行为分级。WHO-DASII 分值反映的是 18 岁及以上各级智力残疾的活动与参与情况。智力残疾分级标准见表 3-3。

表 3-3　智力残疾分级标准

级别	智力发育水平		社会适应能力	
	发育商数(DQ) (0～6 岁)	智力商数(IQ) ≥7	适用行为(AB)	WHO-DASII 分值 (18 岁以上)
一级	≤25	<20	极重度	≥116
二级	26～39	20～34	重度	106～115
三级	40～54	35～49	中度	96～105
四级	55～75	50～69	轻度	52～95

适应行为表现:

极重度:不能与人交流,不能自理,不能参与任何活动,身体移动能力很差;需要环境提供全面的支持,全部生活由他人照料。

重度：与人交往能力差，生活方面很难自理，运动能力发展较差；需要环境提供广泛的支持，大部分生活由他人照顾。

中度：能以简单的方式与人交流，生活能部分自理，能做简单的家务劳动，能参与一些简单的社会活动；需要环境提供有限的支持，部分生活由他人照料。

轻度：能生活自理，能承担一般的家务劳动或工作，对周围环境有较好的辨别能力，能与人交流和交往，能比较正常地参与社会活动；需要环境提供间歇的支持，一般情况下生活不需要由他人照料。

六、精神残疾分级

精神残疾分级：18 岁及以上的精神障碍患者依据 WHO-DASII 分值和适应行为表现分级，18 岁以下的精神障碍患者依据适应行为的表现分级。

（一）精神残疾一级

WHO-DASII 值大于等于 116 分，适应行为极重度障碍；生活完全不能自理，忽视自己生理、心理方面的基本要求。不与人交往，无法从事工作，不能学习新事物。需要环境提供全面、广泛的支持，生活长期、全部需他人监护。

（二）精神残疾二级

WHO-DASII 值在 96～105 分，适应行为重度障碍；生活大部分不能自理，基本不与人交往，只与照顾者简单交往，能理解照顾者的简单指令，有一定的学习能力。在监护下能从事简单劳动。能表达自己的基本需求，偶尔被动参与社会活动。需要环境提供广泛的支持，大部分生活仍需他人照料。

（三）精神残疾三级

WHO-DASII 值在 96～105 分，适应行为中度障碍；生活不能完全自理，可以与人进行简单交流，能学习新事物，但学习能力明显比一般人差。被动参与社交活动，偶尔能主动参与社交活动。需要环境提供部分的支持，即对所需要的支持服务是经常性和短时间的需求，部分生活需由他人照料。

（四）精神残疾四级

WHO-DASII 值在 52～95 分，适应行为轻度障碍；生活上基本自理，但自理能力比一般人差，有时忽略个人卫生。能与人交往，能表达自己的情感，体会他人情感的能力较差，能从事一般的工作，学习新事物的能力比一般人稍差。偶尔需要环境提供支持，一般情况下生活不需要由他人照料。

七、多重残疾分级

按所属残疾中残疾程度最重类别的分级确定其残疾等级。

第四章　听力残疾人体育教育

第一节　概　述

一、聋人体育组织及赛事

（一）国际聋人体育组织及赛事

国际聋人体育联合会(CISS)成立于 1924 年,总部设在法国。其宗旨是"通过体育达到平等",并积极组织聋人体育竞赛。每四年交替举办一届聋人夏季和冬季运动会,自 1924 年国际聋人体育联合会首次组织聋人运动会至今,已有 80 多年的历史。第一届聋人运动会在巴黎举办,到目前为止已举行了 22 届夏季聋奥会,16 届冬季聋奥会。该联合会共有 94 个会员,中国于 1988 年 4 月加入国际聋人体育联合会。

表 4-1　夏季聋奥会举办情况一览表

届　次	年　份	举办会员国	举办地点
第 1 届	1924 年	法国	巴黎
第 2 届	1928 年	荷兰	阿姆斯特丹
第 3 届	1931 年	德国	纽伦堡
第 4 届	1935 年	英国	伦敦
第 5 届	1939 年	瑞典	斯德哥尔摩
1940—1948 年因第二次世界大战而停办			
第 6 届	1949 年	丹麦	哥本哈根
第 7 届	1953 年	比利时	布鲁塞尔
第 8 届	1957 年	意大利	米兰
第 9 届	1961 年	芬兰	赫尔辛基
第 10 届	1965 年	美国	华盛顿特区
第 11 届	1969 年	南斯拉夫	贝尔格莱德
第 12 届	1973 年	瑞典	马尔默

续　表

届　次	年　份	举办会员国	举办地点
第 13 届	1977 年	罗马尼亚	布加勒斯特
第 14 届	1981 年	德国	科隆
第 15 届	1985 年	美国	洛杉矶
第 16 届	1989 年	新西兰	基督城
第 17 届	1993 年	保加利亚	索菲亚
第 18 届	1997 年	丹麦	哥本哈根
第 19 届	2001 年	意大利	罗马
第 20 届	2005 年	澳大利亚	墨尔本
第 21 届	2009 年	中国	台北
第 22 届	2013 年	保加利亚	索菲亚

表 4-2　冬季聋奥会举办情况一览表

届　次	年　份	举办会员国	举办地点
第 1 届	1949 年	奥地利	西菲德
第 2 届	1953 年	挪威	奥斯陆
第 3 届	1955 年	西德	奥柏蓝麦告
第 4 届	1959 年	瑞士	蒙塔那、荷马纳
第 5 届	1963 年	瑞典	阿雷
第 6 届	1967 年	德国	贝希特斯加登
第 7 届	1971 年	瑞士	阿德尔博登
第 8 届	1975 年	美国	莱克普拉西德,纽约州
第 9 届	1979 年	法国	美黑贝
第 10 届	1983 年	意大利	摩德纳迪-坎皮格里奥
第 11 届	1987 年	挪威	奥斯陆
第 12 届	1991 年	加拿大	班夫
第 13 届	1995 年	芬兰	雅莱斯
第 14 届	1999 年	瑞士	达沃斯
第 15 届	2003 年	瑞典	宋兹瓦
第 16 届	2007 年	美国	盐湖城,犹他州

(二)中国聋奥会参赛史

第 16 届夏季聋奥会:1989 年 1 月 7 日至 17 日,在新西兰的基督城举行了第 16 届夏季聋奥会,来自 30 个国家和地区的 959 名聋人运动员参加了本届运动会。这届运动会共设篮球、排球、足球、乒乓球、网球、手球、自行车、摔跤、射击、游泳、田径等 12 个比赛项目。中国首次组团派出 8 名运动员参加了乒乓球项目的比赛。

第 18 届聋奥会:1997 年 7 月在丹麦哥本哈根举行,来自 62 个国家和地区的 2068 名聋人运动员参加了比赛,运动会共设篮球、足球、手球、排球、网球、乒乓球、羽毛球、水球、游泳、射击、自行车、摔跤、保龄球、田径 14 个比赛项目。我国派出了 13 名运动员参加田径(6 人)、乒乓球(6 人)和游泳(1 人)三个项目的比赛,取得一枚金牌,两个第四名和三个第五名的成绩。北京运动员赵晓东在跳远比赛中以 7.03 米的好成绩摘取了金牌,实现了中国在世界聋人运动会上金牌"零"的突破。

第 19 届聋奥会:2001 年 7 月 23 日至 31 日在意大利罗马举行。有 71 个国家和地区的 2405 名运动员参加了篮球、足球等 15 个项目的比赛。我国体育代表团派出 15 名运动员参加了田径、游泳、乒乓球、羽毛球和网球 5 个项目的比赛,取得了 2 枚金牌、3 枚银牌、2 枚铜牌的优异成绩。其中张珺在女子三级跳远比赛中打破聋奥会纪录。

第 20 届聋奥会:2005 年 1 月 5 日至 16 日在澳大利亚墨尔本举行,来自全球 75 个国家和地区的 2300 名运动员参加了 15 个项目的比赛。我国组成了 100 人的体育代表团(其中运动员 69 名),参加了田径、游泳、篮球、网球、乒乓球、羽毛球的比赛。共获得 5 枚金牌、8 枚银牌和 4 枚铜牌,名列奖牌榜第 9 位。

第 21 届聋奥会:2009 年 9 月 5 日至 15 日在中国台北举行,作为国际聋人体育联合会的会员,中国聋人体育协会派团参赛,参加项目包括田径、游泳、乒乓球、网球和男女篮球等六个大项,参赛运动员共 78 人。共获得 12 枚金牌,9 枚银牌,17 枚铜牌。

第 22 届聋奥会:2013 年 7 月 26 日到 8 月 4 日在保加利亚首都索非亚举行,中国代表团共获得 25 枚奖牌,名列奖牌榜第五。俄罗斯以 67 金 52 银 58 铜名列奖牌榜榜首,乌克兰、韩国和白俄罗斯分列第二、第三、第四名。

二、聋人基本康复训练方法

由于聋人的器质性损伤,他们在人体的平衡能力、快速变换动作方向的能力、快速变换身体姿势的能力、身体的空间控制能力等方面会有所欠缺。因此本节主要介绍几种康复训练方法。

(一)平衡板训练法

由于影响平衡能力的因素有支撑面积、平衡条件、稳定极限、摆动频率、与平衡有关的感觉的作用、与平衡有关的运动控制系统、机体应付姿势变化的策略等。因此平衡训练的基本原则是:支撑面积由大到小,稳定极限由大到小,从静态平衡到动态平衡,逐渐增加训练的复杂性,从睁眼到闭眼,因人而异,循序渐进。平衡训练的顺序是:坐位平衡—跪位平衡—蹲位平衡—立位平衡;最稳定体位—最不稳定体位;人体支撑面积大—小;身体重心低—高;静态平衡训练—动态平衡;睁眼下训练—闭眼下训练;无头颈参与—有头颈参与。

训练目的:平衡板训练是以恢复或改善身体平衡能力为目的的康复性训练,该训练法可以加强关节的本体感觉,刺激姿势反射,加强前庭器官的稳定性,帮助提高训练者维持身体平衡的能力。

1.坐姿平衡训练

坐在平衡板上,双脚离地收于腹前,保持身体动态平衡。

练习要求:双手位于身体两侧,保持身体平衡,不让平衡板的边缘触地。

2.剪蹲

双手自然垂于体侧,双腿前后开立,前脚站在平衡板

图4-1　坐姿平衡训练

上,后腿提踵立于地面,保持平衡;吸气,慢慢下蹲;呼气时,有控制地站起还原。

练习要求:重心落于两腿之间,保持平衡板的稳定,不让平衡板的边缘触地。

图4-2　剪蹲

3.站姿平衡训练

双脚左右站立在平衡板上,保持身体动态平衡。掌握好双脚左右站立练习后采用前后站立训练。

练习要求:双手侧平举保持身体平衡逐渐过渡到双手叉腰保持身体平衡。

图4-3　站姿平衡训练

4.蹲姿平衡训练

双腿左右开立于平衡板上,收紧腰腹臀部,保持身体平衡,慢慢吐气屈膝向下蹲(保持上身挺胸收腹),膝关节不可超过脚尖,下蹲至大腿与地面平行,之后吸气还原。

训练要求:始终保持身体稳定,勿从板上落下。初学者可降低难度,下蹲至自己可控制的角度。

图4-4　蹲姿平衡训练

5. 单脚站立平衡训练

单脚站立于平衡板上,保持身体稳定的情况下,将非支撑腿慢慢踢于体前、体侧、身体正后方、交叉于体后。

练习要求:始终保持身体稳定,勿从板上落下。非支撑腿抬起的高度逐渐增高,增加练习难度。

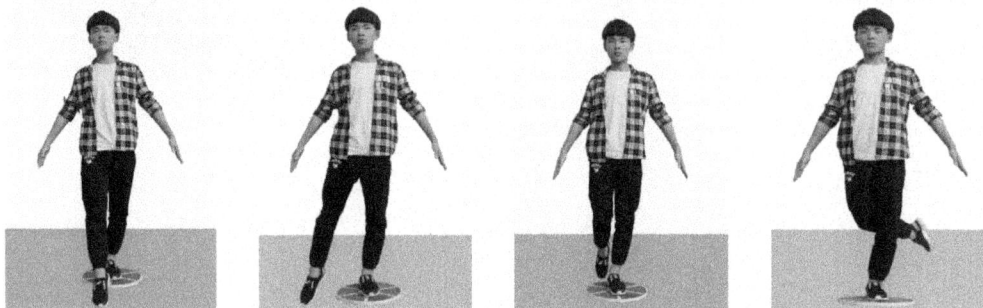

图 4-5 单脚站立平衡训练

6. 单脚平衡训练

单脚站在平衡板上,非支撑腿屈膝抬起,保持身体平衡。俯身下蹲时,非支撑腿向支撑腿斜后方延伸。非支撑腿同侧的手去触碰平衡板的边缘。

练习要求:始终保持身体稳定,勿从板上落下。动作幅度逐渐增大,从而增加练习难度。

图 4-6 单脚平衡训练

(二)六角球训练法

六角球由实心橡胶制成,由于该球有六个角,所以将球抛掷在地上会不定向的反弹,此训练方法是采用各种方式,让听障大学生去抓不定向反弹的球。六角球训练时要求受训者的神经中枢保持较高的兴奋性,因此一般都要将训练安排在课的前半部分。

训练目的:此训练方法能改善听障大学生的反应能力,眼手协调能力,以及快速移动的能力。

1. 单手抓球

双脚开立,降低重心,脚跟微微抬起,掌心朝下持球。向下掷球,待球落地反弹后移动步法用单手抓球。

练习要求:配合跨步、垫步、跑步等步法练习,移动

图 4-7 单手抓球

要快,熟练掌握后可加大掷球力量,提高反弹球速,增大练习难度,或者采用两至三人的抢球游戏,提高趣味性和练习难度。

2. 对墙掷球

双脚开立,降低重心,脚跟微微抬起,向墙壁掷球,待球落地反弹后,根据球的反弹方向快速移动抓球。

练习要求:移动要快,熟练掌握后可加大掷球力量,提高反弹球速,增大练习难度。

图 4-8　对墙掷球

3. 自抛自抢

双脚前后开立,做好起跑准备。将球抛向远处后,迅速起跑,待球反弹后抓球。

练习要求:起动要快,抛球距离和力度可逐渐加大,增大练习难度。

图 4-9　自抛自抢

4. 两人配合练习

受训者双脚前后开立,做好起跑准备,站立于起点处。老师距离受训者 2—4 米远,单手持球于 2 米高处,向下掷球后,训练者跑出,抓反弹后的球。

练习要求:起动要快,受训者与老师之间的距离可逐渐加大,老师向下掷球的力量逐渐增大,增加练习难度。

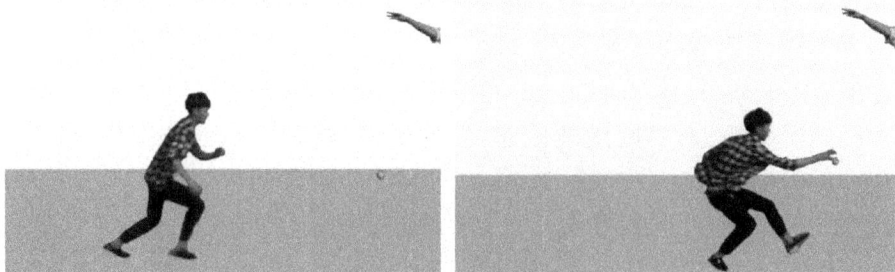

图 4-10　两人配合练习

(三)绳梯训练法

绳梯训练法是在若干节 35 厘米宽的格子组成的绳梯上进行的各种步法练习。绳梯训练时要求受训者的神经中枢保持较高的兴奋性,主动肌和拮抗肌的收缩和放松协调能力较强,因此一般都要将训练安排在课的前半部分,在听障学生体力和精力比较充沛的情况下进行。在绳梯训练时要求身体放松,避免肌肉过度紧张,要用前脚掌着地,触地时间短,速度尽可能快,但也要保证能准确踏入每一个格子。

训练目的:改善听障学生的空间定位定向能力、动作的转换、变向和快速移动的能力,提升协调性、节奏性,以及增强脚底肌肉、踝关节、膝关节的小肌肉群的力量,以及躯干的稳定性,能有效地预防运动损伤。

1. 快速垫步向前(后)跑

身体正对绳梯格子,两腿开立站于格外。移动时,两脚先后在每个格子里踩两次,然后向前进入下一个格子,呈小步跑的姿势。每前进一个格子摆臂一次,保持较快频率。

练习要求:每个格子内踩两次,垫步前移时尽量做到手脚配合协调。向前跑练习熟练后可采用后退跑。

2. 开合跳

身体正对绳梯格子,两腿开立站于格外。开始后,两脚同时蹬地起跳,同时落于格子内。落地后迅速再次起跳,然后双脚分开落于格子两侧。循环直至终点。

练习要求:弹跳高度不宜过大,要保持移动速度。不得踩在格子线上,两手放松。双脚同时起跳掌握好后,再采用左右脚交替开合。

3. 交叉步前移

身体正对绳梯格子,两腿开立站于格外。左脚迈入第一个格子内,右脚踏向第一个格子外右侧,身体重心移至右脚上。接着右脚踏入第二个格子内,左脚踏向第二个格子的左外侧,重心移至左脚上。重复上述步骤,前进直至梯子尽头。

练习要求:动作频率要快,重心转换要及时,上体保持姿势不变,重心降低。

4. 单双腿交替跳前进

身体正对绳梯格子,两腿开立站于格外。两脚同时蹬地起跳,向梯子右外侧跳跃,落地时由右脚单腿支撑,左腿膝关节后收。随后,右脚起跳,双脚落入下一个格子内,随即双脚蹬地起跳向格子左侧外面,左脚单腿支撑,右腿尽力做后收动作,然后再双脚跳入下一个格子内,以此循环直至梯子终点。

练习要求:注意节奏,弹跳高度不宜过大,保持移动速度。单腿支撑时,保持好身体重心。

5. 十字交叉跳

面对梯子,两脚开立站在格子外,开始后左右脚同时跳入前后格子,接着同时跳到格子外。随后左脚同时跳入前后格子,然后同时跳到格子外,开始循环前进。

练习要求:弹跳高度不宜过大,保持移动速度。不得踩在格子线上,两手放松。

6. 交叉分腿横向移动

两脚左右开立位于梯子侧面。左右脚依次踩进同一个格子后进行横向移动直到终点。向右侧移动时,右脚先动;向左侧移动时,左脚先动。

练习要求:两脚移动频率要快,重心要低,要保证每一个格子两脚都先后踩到,不要拖沓触碰绳梯边框。

7. 转体跳

两脚左右开立面对横向绳梯。两脚同时蹬地起跳,空中转体,使左右脚依次落到两个格子里,落地后右脚蹬地空中转体,左右脚依次落在格子外面,依次重复直到终点。向右侧移动时,左脚先落地;向左侧移动时,右脚先落地。

练习要求:起跳后转髋要迅速,双臂自然摆动,落地时膝盖弯曲缓冲,保持速率。

8. 前后侧移横动

两脚左右开立面对横向绳梯。两脚依次跳入格子内,后退着跳到格子外,循环直至终点。向右侧移动时,右脚先动;向左侧移动时,左脚先动。

练习要求:侧身站在格子内,移动时步幅小、频率快。

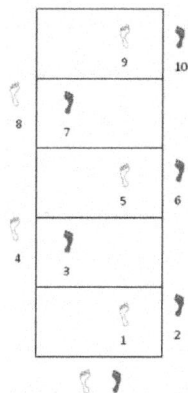

图 4-11　快速垫步向前(后)跑　　　　图 4-12　开合跳　　　　图 4-13　交叉步前移

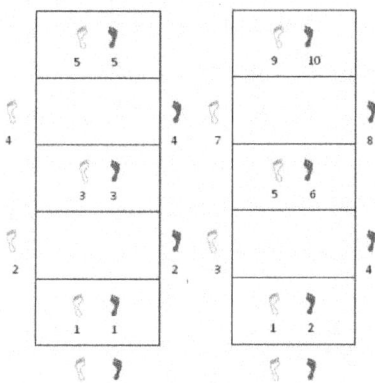

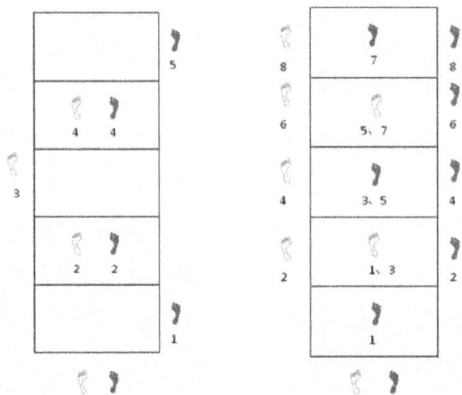

图 4-14　单双腿交替跳前进　图 4-15　十字交叉跳　　　　图 4-16　交叉分腿横向移动

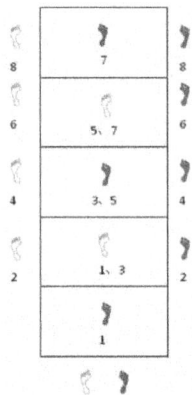

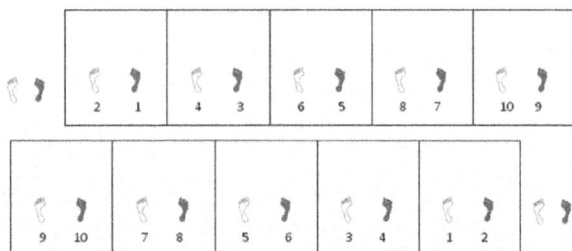

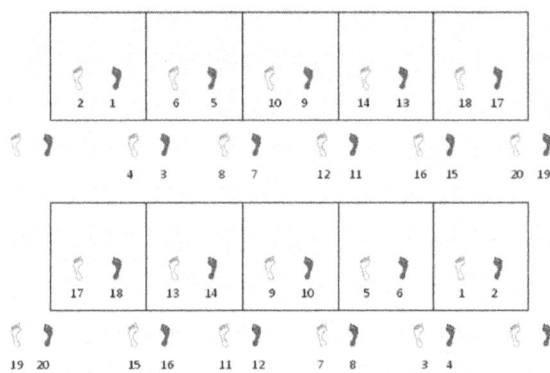

图 4-17　转体跳　　　　　　　　　　图 4-18　前后侧移横动

三、体育课基本手语

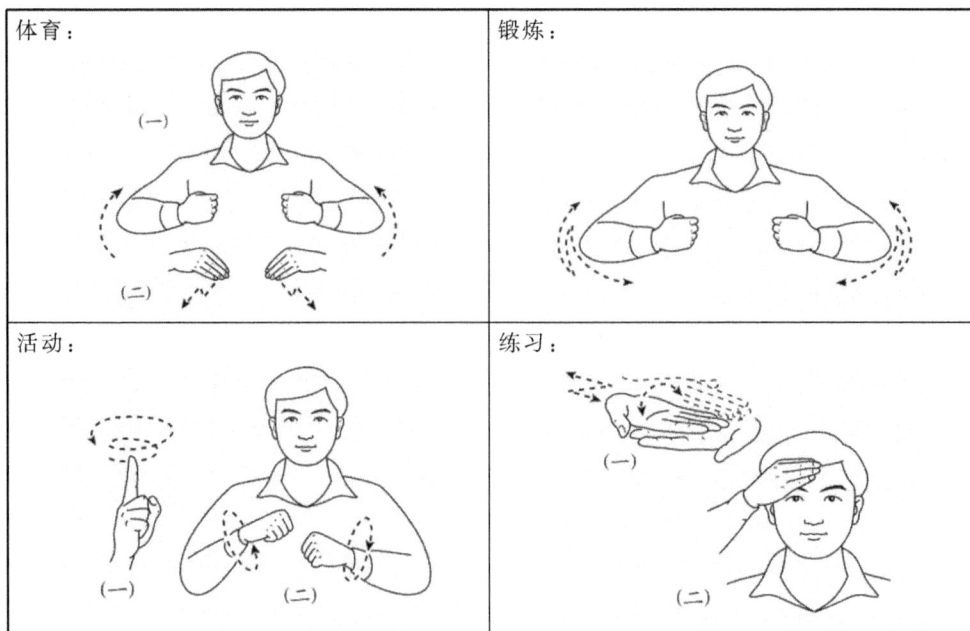

立正：

稍息：

向右（左）看齐：

向前看：
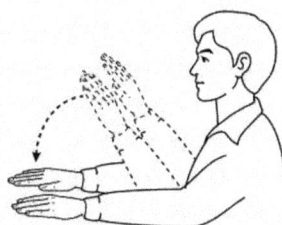

报数：
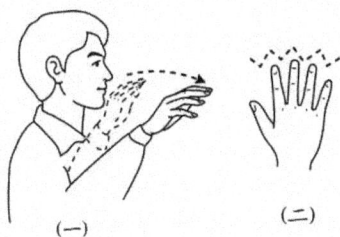

向左（右）转：

准备活动：
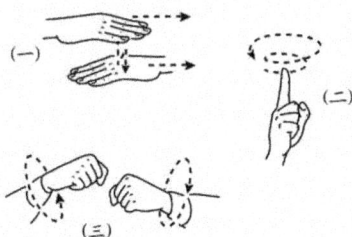

整理活动：
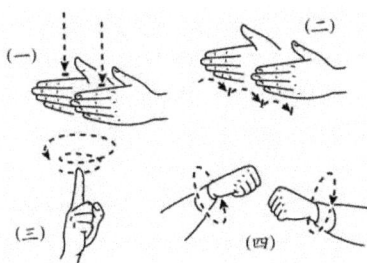

向后转：
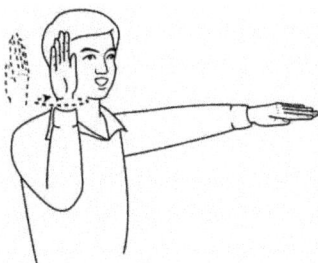

原地踏步走：
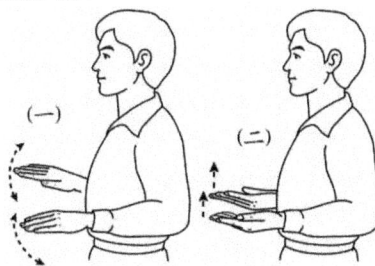

原地跑步走：

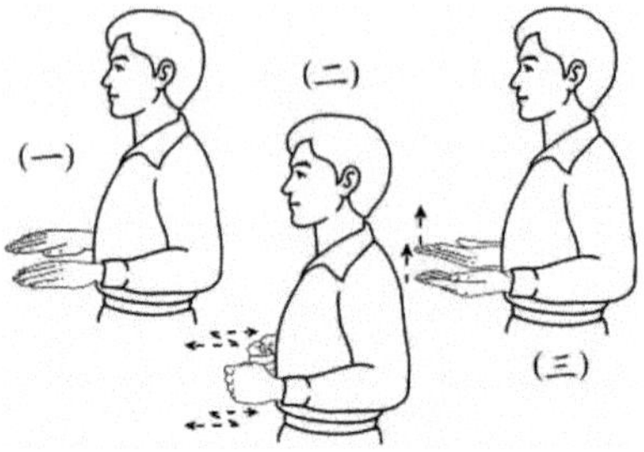

（一） （二） （三）

齐步走：

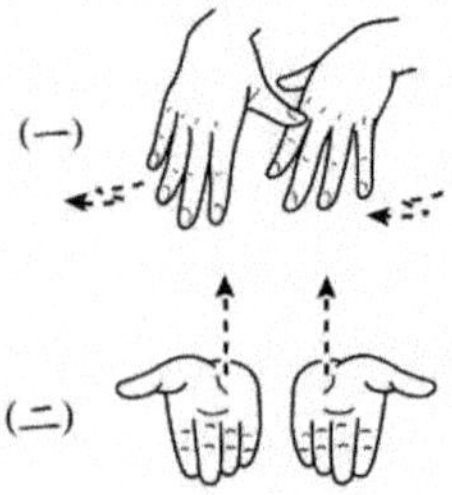

（一）

（二）

立定：

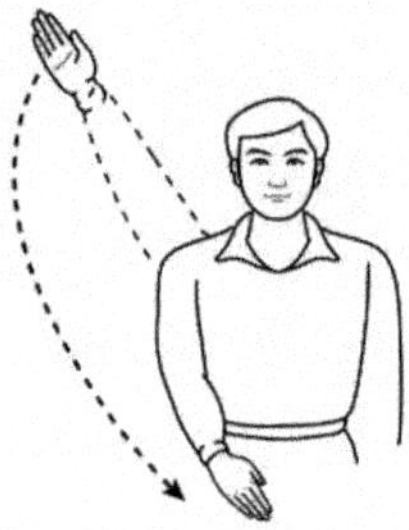

解散：

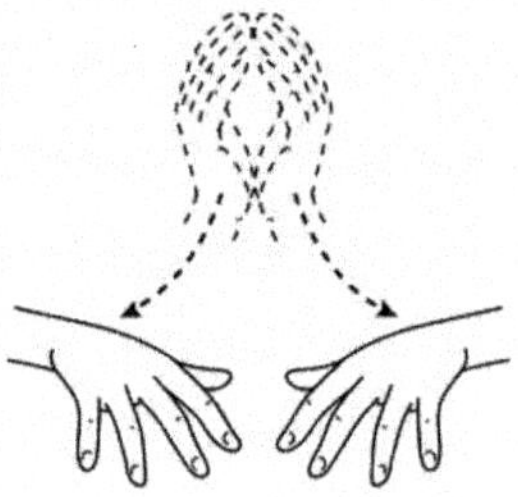

耐久：

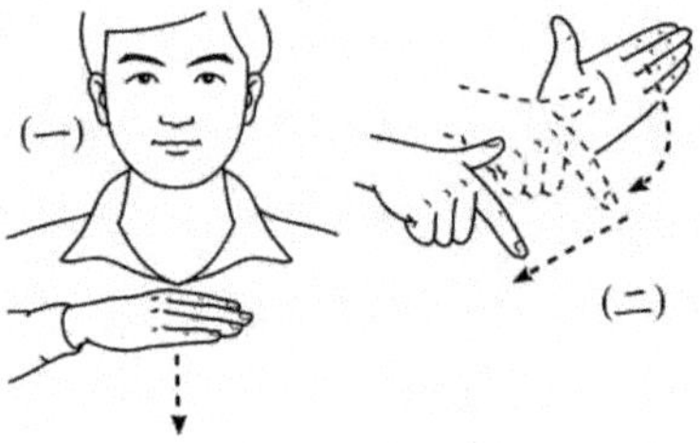

（一）

（二）

侧向：

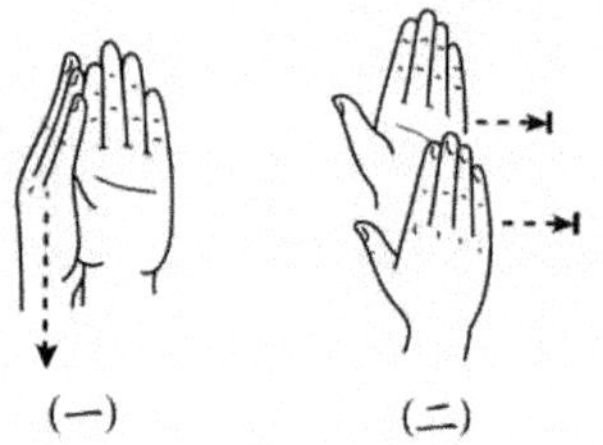

（一） （二）

徒手：

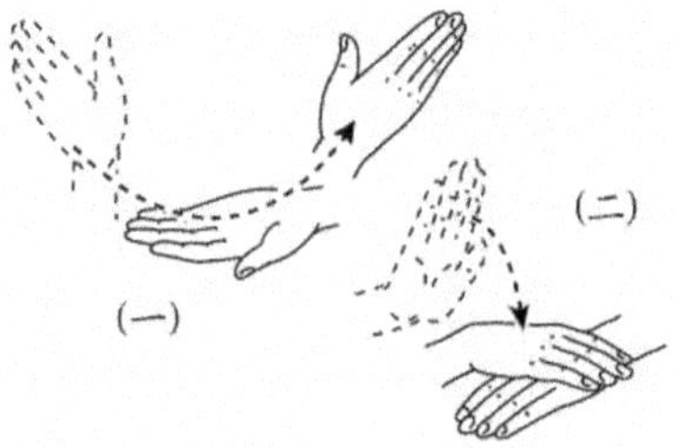

（一） （二）

途中：

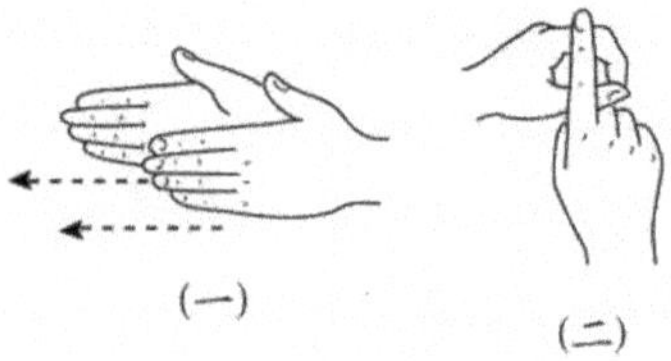

（一） （二）

往返：

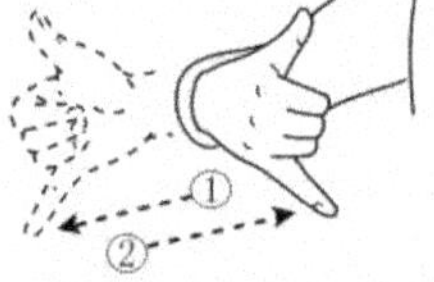

① ②

行进：

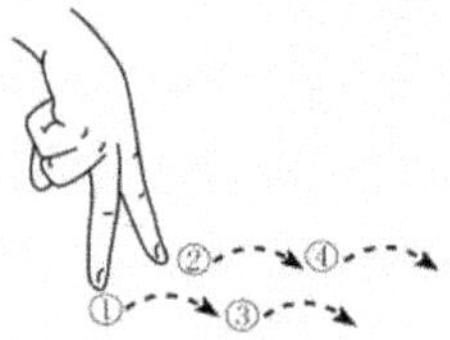

① ② ③ ④

挺身：	课间操：
扩胸运动：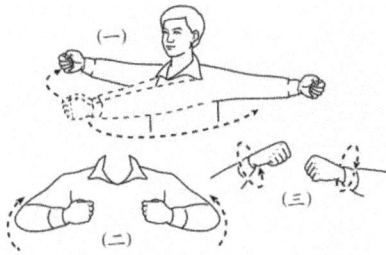	全身运动：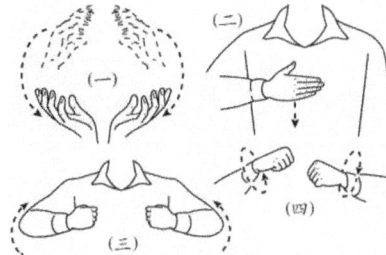
伸展运动：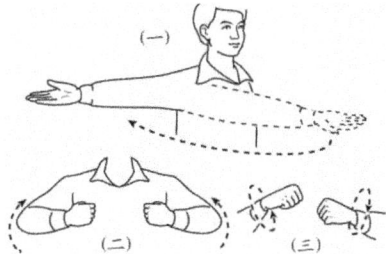	体转运动：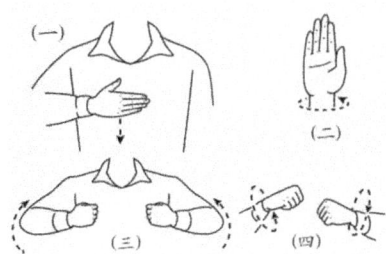
体侧运动：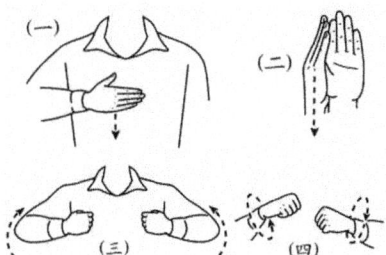	踢腿运动：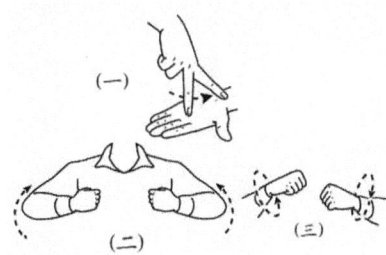
腹背运动：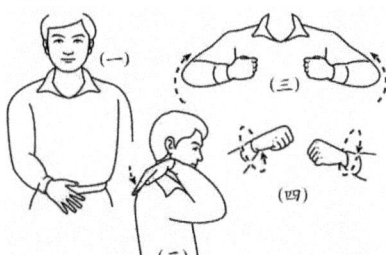	下蹲运动：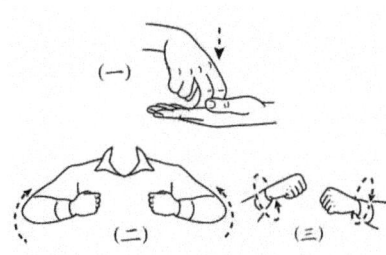

跳绳：

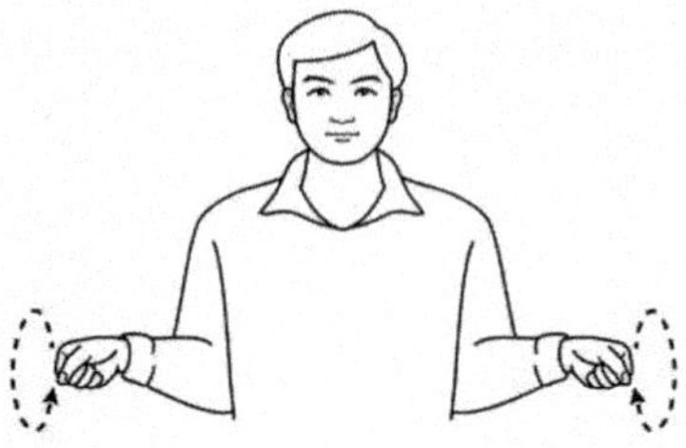

身体素质：

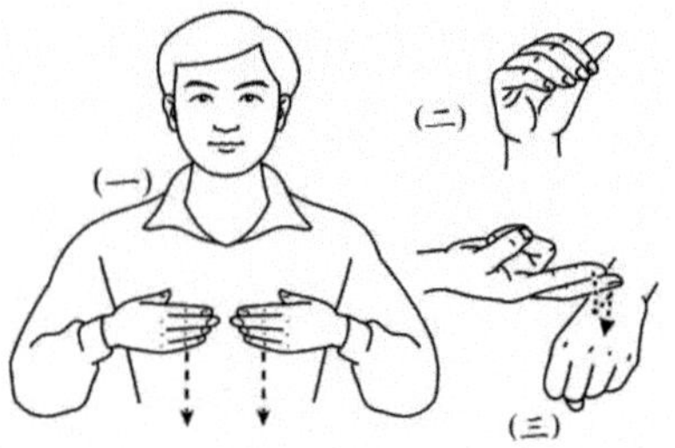

(一) (二) (三)

速度：

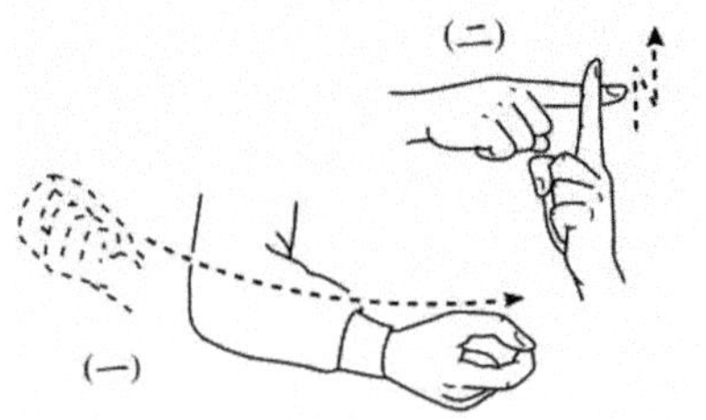

(一) (二)

耐力：

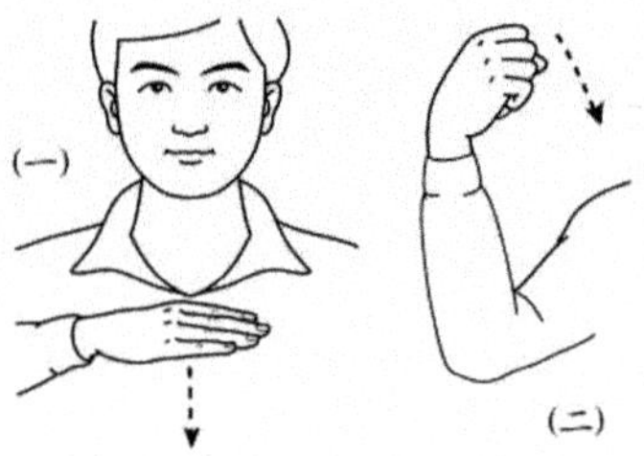

(一) (二)

沙包：

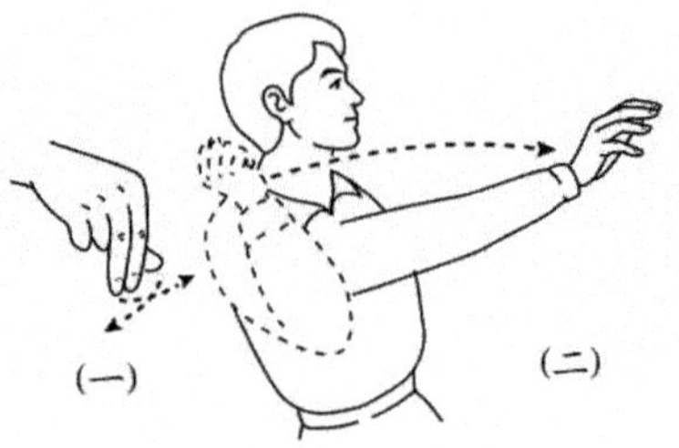

(一) (二)

踢毽子：

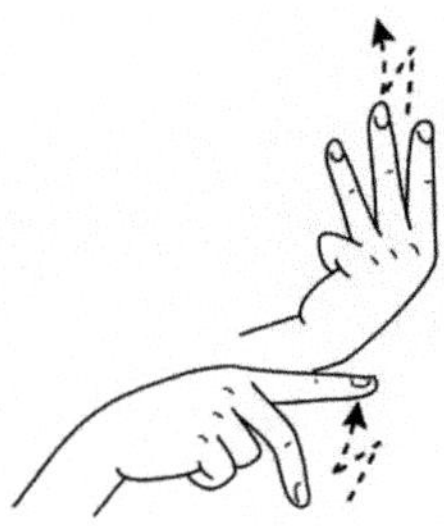

高抬腿：

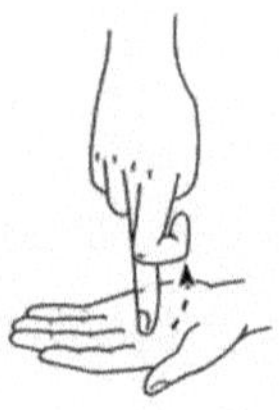

跪跳起：

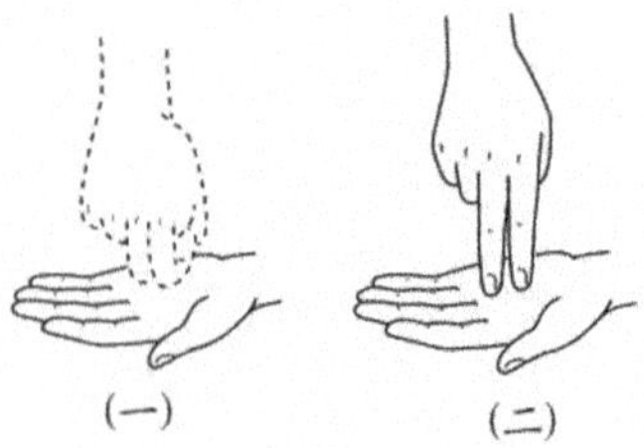

(一) (二)

屈腿跳：

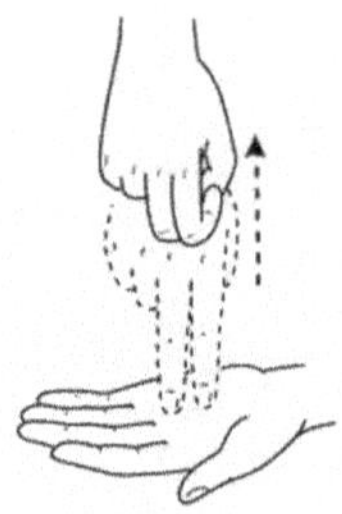

蛙跳：

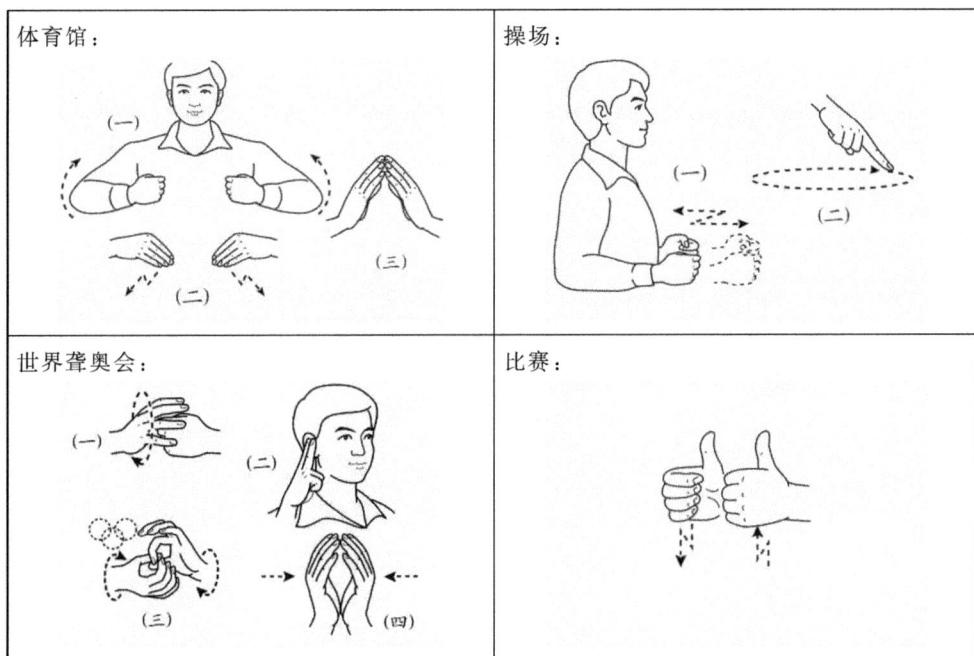

体育馆：
（一）
（二）
（三）

操场：
（一）
（二）

世界聋奥会：
（一）
（二）
（三）
（四）

比赛：

第二节 聋人篮球

一、概述

聋人篮球运动与健全人篮球运动的规则是一样的，是在特定规则的限制下，将球投入对方球篮得分，并阻止对方获球或得分的一项集体性运动项目，是聋人群体开展得非常多的运动之一。

（一）特点与作用

聋人篮球运动是围绕着悬挂在空中的球篮而展开的空间与地面的争夺，不仅具有对抗性、拼斗性、集体性，而且还富有健身性、娱乐性、艺术性、趣味性、观赏性。

聋人篮球运动是一项高强度的对抗性运动项目，持续时间可长可短，但需要参与者快速奔跑、突然与连续起跳、敏捷反应与力量抗衡。经常从事篮球运动，能促进速度、力量、耐力、灵敏等身体素质的全面发展，提高内脏器官和中枢神经系统的功能。

聋人篮球运动较其他球类项目技术繁多，战术形式多样，队员的技巧性也很强，而且反映出个体作战与协同配合特点，作为一项集体性很强的运动项目，聋人篮球运动不仅要求运动员具有一定的技术和战术能力，以及在比赛中表现出的智慧、胆略、意志、活力与创造力，更为重要的是必须具备勇敢顽强的斗志和团结协作的精神。因此，聋人篮球运动可以促使参与者形成良好的个性和团队精神。

聋人篮球运动具有较好的观赏性。在篮球比赛中,我们可以欣赏到娴熟的运球、巧妙的传球、准确的投篮、机智的抢断、精彩的扣篮和出奇的封盖,再加上攻守交错、对抗变换,从而使比赛双方斗智斗勇,球场形势变化富有戏剧性,无论是参与者还是观看者都能得到心理的满足和愉悦。

聋人篮球运动简单易行,趣味性很强,可以因人、因地、因时、因需而异。通过变换各种活动方式,以达到活跃身心、健身强体的目的,进而提高社会的文明氛围,充实聋人的业余文化娱乐生活。另外,聋人篮球运动深受广大聋人群体的喜爱,通过比赛的相互往来,还可以增进彼此之间的了解和友谊。

(二)聋人篮球组织及赛事

国际聋人篮球联合会:国际聋人篮球联合会(DIBF)是国际聋人篮球和聋奥会篮球的世界执行机构,是一个组织和管理各国聋人篮球管理机构的独立协会。1998年5月2日在芬兰的吐尔库成立。

世界聋人篮球锦标赛:世界聋人篮球锦标赛(World Deaf Basketball Championships)是由国际聋人篮球联合会主办的比赛,是国际篮球联合会、国际聋奥会、国际聋人体育联合会认可的比赛,每四年举办一届。

我国在1959年举办了首届全国聋人篮球赛。

二、基本技术

篮球技术是队员在比赛中为了达到攻、守目的所运用的各种专门动作的总称。篮球技术可分为进攻和防守两大部分。进攻技术包括传接球、投篮、持球突破等;防守技术包括防守对手和抢断球等;另外,进攻技术和防守技术中都包含移动和抢篮板球技术。篮球技术是篮球战术的基础,是实现战术意图和战术配合的保证。只有技术掌握得扎实、熟练、先进,才能保证战术的多变性和高质量。

(一)移动

移动是篮球比赛中为了改变位置、方向、速度、争取高度等所采用的各种脚步动作的总称。移动是篮球技术的基础,一切攻守技术或战术都要通过脚步移动来完成。移动技术可以反映出练习者的身体素质、篮球意识等的高低,是篮球运动中非常重要的基本功。

1.动作要领
(1)基本站立姿势。
动作方法:两脚自然开立,约同肩宽,两膝弯曲,身体重心落在两脚之间,两臂自然置于体侧,上体稍前倾,两眼注视场上情况,随时准备向各个方向起动。这种姿势可以保持身体平衡和有较大的应变性,便于起动时身体重心的改变和前脚掌的有力蹬地(见

图 4-19）。

持球时，保持上述姿势并持球于胸腹之间，做好投、传、突的准备（见图 4-20）。防守时，平步或斜步站立，两臂张开以便干扰对方的传接球、运球或投篮（见图 4-21）。

图 4-19　　　　　　　图 4-20　　　　　　　图 4-21

（2）急停。

①跨步急停。

动作方法：在快速跑动中，先向前跨出一大步，脚跟着地并迅速过渡到全脚掌抵住地面，迅速屈膝上体后仰。第二步着地时，身体侧转，脚尖内旋，用前脚掌内侧蹬撑地面保持身体平衡，重心落在两脚之间（见图 4-22）。

技术要点：第一步要大，降重心；第二步要跟得快，用脚前掌内侧蹬住地。

图 4-22

②跳步急停。

动作方法：在中速和慢速移动中，用单脚或双脚起跳，上体稍后仰，落地时两脚跟同时着地并迅速过渡到全脚掌，用前脚掌内侧蹬住地面，两膝弯曲，两臂屈肘微张，以保持身体平衡（见图 4-23）。

技术要点：重心在两脚之间，屈膝降重心。

图 4-23

（3）跑。

①变向跑。从右向左变向时，最后一步右脚尖稍内扣，用前脚掌内侧用力蹬地，同时，迅速屈膝降低重心，腰部随之左转，上体向左前倾，左脚向左前方跨出，加速前进。

②侧身跑。向前跑动的同时，头部和上体侧转向球的方向，脚尖朝向跑动的前进方向，做到既保持跑速，又要注意观察场上情况。

（4）跳。

①双脚起跳。两脚开立，两膝快速下蹲，上体稍前倾，两臂相应后摆，起跳时两脚快速用力蹬地、伸膝、提腰，两臂加速向前上方摆动，使身体向上腾起。落地时，用前脚掌先着地，屈膝缓冲。

②单脚起跳。起跳时，踏跳腿微屈前送，脚跟先着地并快速屈膝过渡到前脚掌用力蹬地，同时提腰摆臂，另一腿快速屈膝上摆。当身体腾空到最高点附近时，两腿伸直自然合并。落地时，两脚分开，屈膝缓冲。

（5）转身。

重心移向中枢脚，另一只脚的前脚掌蹬地，同时中枢脚以脚前掌为轴用力碾地，上体随着移动脚转动，以头、肩带动腰部随移动脚向前后改变身体方向，转身后重心落于两脚之间。移动脚向中枢脚前方跨步转动的叫前转身；移动脚向中枢脚后方撤步转动叫后转身（见图4-24）。

图 4-24

技术要点：中枢脚的前脚掌为轴碾地，转身时要保持身体重心平稳。

（6）滑步。

由两脚左右站立两膝较深弯曲姿势开始，向左侧滑步时，右脚掌内侧用力蹬地，左脚向左（移动方向）迈出的同时，右脚迅速跟随滑动，并保持屈膝降低重心的姿势，上体微向前倾，两臂侧伸，眼睛注视对手（见图4-25）。

图 4-25

技术要点：移动时做到一侧脚先蹬，滑动时身体重心要平稳，两臂保持侧伸。

（7）后撤步。

动作方法：撤步时，用前脚掌内侧用力蹬地，后脚的前脚掌用力碾地，同时腰部用力向侧后转胯，前脚后撤，后脚变为前脚（见图 4-26）。

图 4-26

技术要点：前脚用力蹬地，利用腰部力量带动转胯；后撤时转动的角度不宜过大。

2. 练习方法

移动技术是以腿部力量做的蹬、跑、跳等动作，所以要加强腿部力量。增强腿部力量的辅助练习方法，可采用一些田径项目进行针对性的练习。例如：变速跑、高抬腿、单足跳、立定跳、跳台阶等项目的练习。发展速度、力量、耐力、灵敏、柔韧性，有助于掌握移动基本技术，为学习篮球技术打下良好的基础。

（1）听信号起动及加速跑；（2）原地转身、跨步；（3）跑动中急停，接转身、跨步、起跳；（4）变向跑、后退跑、侧身跑、变速跑综合练习；（5）三角滑步结合撤步练习；（6）一对一摆脱与反摆脱的练习。

3. 易犯错误与纠正方法（见表 4-3）

表 4-3

易 犯 错 误	纠 正 方 法
跳步急停时停不稳，重心前移	落地时两腿要分开，上体稍后仰，屈膝下降重心
跨步急停时身体前倾，重心不稳	慢做分解动作，强调一步大、二步小、三降重心
单脚起跳时摆动腿配合不协调	体会摆动腿加速摆动动作
转身时身体后仰，重心上下起伏	转身时保持屈膝降重心，上体稍前倾
滑步时重心高，身体上下起伏	降低重心，先蹬后滑，两脚保持与地面接触
撤步方向过于靠后	慢速体会蹬地转髋的发力动作和撤步时脚的位置

（二）传接球

传接球是进攻队员之间相互联系、相互配合和组织进攻的具体手段。传球可分为头上、肩上、胸前、体侧、背后、胯下传球等多种方式，接球主要有单手和双手接球两种。传接球的好坏直接影响着进攻的效果和质量，在比赛或练习中，不仅要掌握好传接球的技术，而且要根据场上情况的变化选择合理的传接球方式。

1. 动作要领

（1）持球。

双手自然分开，拇指相对成"八"字形，用指根以上部位握住球的两侧后下方，手心空出，两臂弯曲，肘关节下垂，将球放置于胸前（见图4-27）。

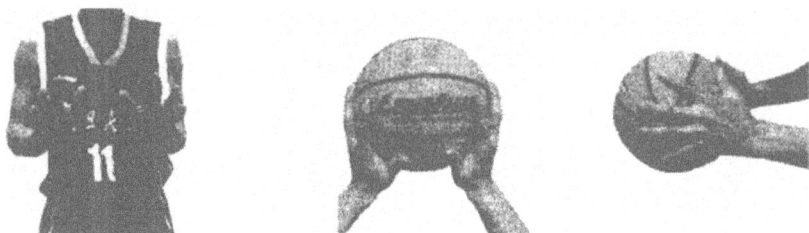

图 4-27

（2）接球。

接球分为单手接球和双手接球。接球时，眼睛要注视来球，手臂迎球伸出，手指自然分开，手掌对球。当球接触手指时，屈肘，手臂后引缓冲来球力量。

①双手接球：这是最基本的接球方法，其优点是控球较稳，且便于衔接下一动作。

动作方法：眼视来球，两臂迎球伸出，两手手指自然张开，拇指相对成"八"字形，其他手指向前上方，两手成一个半圆形。当手指触球时，两臂顺势屈肘后引缓冲来球的力量，两手持球于胸腹前，成基本站立姿势（见图4-28）。

图 4-28

技术要点：主动伸手迎球，在手接触球后屈臂缓冲。

②单手接球：接球控制范围大，但不如双手接球稳定性好。

动作方法：原地单手接球时，接球手向来球伸出，五指自然分开，掌心正对来球，腕、指放松。当手指触球时，顺球的来势迅速收臂置球于身前或体侧，另一手迅速扶球，保持身体平衡,做好下一进攻的准备姿势。

技术要点:手指自然张开伸臂迎球,当手指触球时,顺势后引,另一手及时扶球。

(3)传球。

①双手胸前传球:这是最基本、最常用的传球方法,其特点是传出的球迅速有力,准确性较高,而且便于结合突破、投篮动作。

动作方法:斜步姿势站立,双手持球于胸前。传球时,后脚蹬地身体重心前移,双手向传球方向伸臂发力,同时拇指下压、手腕翻转,通过拇指、食指和中指用力拨球将球传出。球出手后,手心和拇指向下,其余四指向传球方向(见图 4-29)。

图 4-29

技术要点:手腕由内向外翻转,拇指下压,食、中指拨球。

②双手头上传球。

动作方法:双手举球于头上,两手心向前。近距离传球时,小臂前摆,手腕前扣并外翻,同时拇、食、中指用力向前拨球。传球距离较远时,要用蹬地和腰腹力量带动上臂前摆,腕、指用力前扣,将球传出。

技术要点:前臂前摆和手腕前扣要快速有力,带动手指用力拨球。

③单手肩上传球。

动作方法:双手持球于胸前,双脚平行站立。右手传球时,左脚向传球方向迈出半步,左肩对着传球方向,同时将球引到右肩上方,手腕后屈,重心落在右脚上。传球时,右脚蹬地,转体,上臂随之向前挥摆,手腕迅速前屈,通过食指、中指拨球将球传出。

技术要点:蹬地、转体、挥臂和屈腕动作连贯。

2.练习方法

(1)持球:徒手模仿持球动作、反复体会持球动作、两人持一球;(2)接球:拿放在地面上或同伴手里的球、原地接不同方向的来球;(3)对墙连续传接球;(4)两人原地多种方式传接球;(5)四角移动传接球;(6)二传一抢;(7)两人行进间传接球推进。

3.易犯错误与纠正方法(见表 4-4)

表 4-4

易　犯　错　误	纠　正　方　法
接球时双手不伸出迎球,当手指触到球时,手臂没有顺势后引、缓冲	徒手练习主动迎球动作,自抛自接,体会"迎球"和"后引"缓冲动作
双手胸前传球时,手腕翻转不够、手指发力不足	徒手模仿或在同伴协助下体会传球时腕翻转和指拨球的动作

（三）运球

用单手连续地拍按由地面反弹起来的球,就是运球。运球是控制球能力的标志之一,是篮球比赛中个人进攻的重要技术,也是组织球队实现进攻配合的桥梁。

1. 动作要领

（1）基本姿势。

要想熟练掌握好运球技术,必须注意身体姿势、手型、手按拍球的动作和整体动作的协调。原地控制性运球时,要降低重心,保持膝关节弯曲,上体稍前倾,抬头注意场上情况;五指自然分开,用手指和手根部按拍球和控制球,并随时用另一手臂、肩、躯干和腿保护好球（见图 4-30）。

图 4-30

（2）高运球。

特点:运球时身体重心高、灵活性大、速度快,便于观察场上情况。

动作方法:运球时,两腿微屈,眼睛观察场上情况,用手指及手掌的外缘触球的后上方,用力向前下方推按球,反弹的高度在腰腹之间,球的落点在身体侧前方。

技术要点:运球时手虎口冲前,注意球的落点。

（3）低运球。

动作方法:当防守者逼近时,两腿弯曲,重心下降,上体保持前倾,抬头前看,用上体和腿保护球,用手短促地拍按球,使球反弹的高度在膝髋之间。

技术要点:控制好反弹高度,拍按球短促有力。

（4）体前变向运球。

特点:当对手堵截运球的前进路线并且还有一定距离时,可利用体前变向换手运球,以摆脱和突破防守。

动作方法:从对手左侧突破时,先向对手右侧运球,当防守者重心偏向右侧时,左手拍球左上方使球从体前弹向右侧,同时左脚向前方跨,上体右转,换右手运球并用身体保护好球,从对手的左侧继续运球前进（见图 4-31）。

技术要点:手脚配合要协调,变向时运球的节奏要突然改变,变向动作要快。

图 4-31

（5）后转身变向运球。

特点：当对手封堵住运球队员的一侧，而距离又很近，不便使用体前变向时，可采用后转身变向运球。

动作方法：以左手控球开始为例，变向时，左手将球运至身体左侧，右脚在前为轴做后转身，同时换右手运球或左手将球拉至身体右侧前方换右手运球，加速前进（见图 4-32）。

技术要点：转身时重心要低，转身动作和换手动作要快。

图 4-32

2.运球练习方法

（1）原地运球。

①原地高运球、低运球；②原地变向运球，体会换手时拍按球的部位和拉球、推球的动作；③体侧前拉后推运球练习，体会向前、向后运球的触球部位；④原地双手运两个球，提高控制球能力；⑤原地胯下"8"字运球。

（2）行进间运球。

①直线运球；②换手变向运球；③急停疾起运球；④转身运球或背后运球；⑤全场"之"字多种运球练习；⑥半场或全场一攻一守练习。

3.易犯错误与纠正方法（见表 4-5）

表 4-5

易　犯　错　误	纠　正　方　法
高运球、低运球低头看球，运球时掌心触球；球的落点在身体的正前方	由慢到快进行高低运球，明确手控制球的部位、球的落点，强调用身体保护好球
运球急停疾起时，停不稳、起不快	结合徒手疾起急停练习，强调急停时运球手按拍在球的正上方；疾起时，手按拍在球的后上方
运球体前变向不及时、不明显	徒手练习变向动作，体会脚掌蹬地方向
运球转身过程中，身体重心上下起伏；转身时，球离身体太远	原地、行进间徒手模仿练习，体会转身时身体重心的控制和拍按球的部位

（四）持球突破

持球突破是持球队员运用脚步动作和运球技术快速超越对手的一种攻击性很强的技术，由蹬跨、侧身探肩、推放球和加速等动作组成。运用时应结合投篮、分球、跨步等动作，使进攻显得更加灵活机动。

1. 动作要领

（1）交叉步突破。

特点：当从防守者前脚外侧突破时多采用这项技术，应用时可结合投篮、跨步等假动作。

动作方法：以右脚做中枢脚为例。由基本姿势开始，突破时，左脚前脚掌内侧用力蹬地，上体稍右转，左肩向前下压，左脚向右侧前方跨出，同时右手迅速推放球于左脚侧前方，接着右脚蹬地上步运球超越对手（见图4-33）。

技术要点：重心降低，转探肩保护球蹬跨积极，推放球要及时。

图 4-33

（2）顺步突破。

特点：当从防守者的前脚内侧突破时多采用这项技术，也可以与交叉步突破、投篮、跨步等假动作结合应用。

动作方法：突破时，左脚内侧用力蹬地，右脚迅速向右前方跨出，同时上体右转探肩用右手向前推放球。左脚蹬离地面后迅速向右前方跨出，继续运球前进，超越对手（见图4-34）。

技术要点：蹬跨有力，转身探肩，加速积极。

图 4-34

（3）前转身突破。

特点：当对手贴身防守或背对篮接球时，可结合后转身、投篮等动作突破对手。

动作方法：以左脚做中枢脚为例。背对球篮和防守者，突破时，以左脚为轴做前转身，右脚随着转身向球篮方向跨出，左肩向防守者的一侧空当下压，右手推放球后左脚蹬离地面向前跨出,超越对手。

技术要点:重心要稳,跨步、蹬地、运球动作连贯。

(4)后转身突破。

特点:与前转身突破运用时机相似,可结合前转身、投篮等动作突破对手。

动作方法:以左脚做中枢脚为例。背对球篮和防守者,突破时,以左脚为轴做后转身,右脚随着转身向右后方的球篮方向跨出,脚尖指向侧后方,右肩向防守者的一侧空当下压,左手向右脚前方推放球后左脚蹬离地面向前跨出,超越对手。

技术要点:重心要稳,右脚向侧前方跨出时脚尖方向要正确,推放球后左脚内侧用力蹬地加速。

2.练习方法

(1)持球反复体会蹬地、转探肩、保护球动作;(2)接球急停,面对防守做交叉步或顺步突破练习;(3)背对防守做转身突破练习;(4)结合假动作突破练习。

3.易犯错误与纠正方法(见表 4-6)

表 4-6

易　犯　错　误	纠　正　方　法
突破时第一步跨步太小,突破时没有转、探肩,绕开防守者运球,重心过高	徒手模仿结合分解练习;一同学手臂测平举,突破时从手臂下通过
中枢脚提前非法移动	徒手或结合慢动作练习,体会中枢脚蹬地动作

(五)投篮

投篮是篮球运动的关键技术,是得分的唯一手段。身体的协调用力,正确的投篮手法,恰当的瞄准点,合适的飞行路线和球的旋转是投篮成功的重要因素。本节介绍几种常见的投篮动作。

1.动作要领

(1)原地投篮。这是行进间和跳起投篮的基础,多用在中远距离投篮和罚球时。其优点是:投篮时身体比较平稳,便于身体协调用力。缺点是:投篮的突然性差,出手点低,易受干扰。

①单手肩上投篮。

特点:出手点较高,便于结合其他技术动作,可以在不同距离和位置运用。

动作方法:准备姿势为两脚平行或右脚在前、左脚在侧后方,重心放在两脚之间,上体稍前倾。准备投篮时,右手手指自然分开,手心空出,向后屈腕、屈肘持球于肩上,左手扶球,同时屈膝降低重心。投篮时,两脚蹬地发力,右肘上提,右臂向前上方伸展,手腕前屈,食中指拨球。投篮后,身体随投篮动作向前上方伸展,脚跟微提或两两脚蹬离地面(见图 4-35)。

图 4-35

技术要点：投篮时要自下而上发力，右肘要抬起，右臂向前上方伸展，球的重心要落在手指上，用食中指拨球。

②双手胸前投篮。

特点：力量大，多用于远距离投篮，便于和传球、运球突破相结合，上肢力量较小者或女子一般多采用此项技术。

动作方法：双手持球于胸前，肘关节自然下垂，两脚前后或平行站立，膝关节稍内扣，上体稍前倾，身体重心放在两脚之间，眼睛注视瞄准点。投篮时，两脚蹬地，腰腹伸展，两臂上伸，拇指向前压送，同时两手腕外翻，用拇指、食指和中指将球投出。投篮后，身体随投篮动作向前上方伸展，脚跟微提或两脚蹬离地面（见图 4-36）。

技术要点：屈膝蹬地、伸展腰腹、上伸手臂，出手时手腕、手指用力，动作要连贯、协调。

图 4-36

③跳起投篮。

特点：出手点高、突然性强，便于与移动、传接球、运球突破等动作结合运用。

动作方法：双手持球于胸前，两脚前后或左右分开自然站立，上体略前倾。在两脚用力蹬地向上起跳的同时,上体向上伸展,双手举球至肩上,右手持托球,左手扶球的侧方,当身体在最高点附近时,右臂抬肘向上伸直,最后用手腕、手指的力量将球投出,落地时屈膝缓冲(见图4-37)。

图 4-37

技术要点:向上举球和跳起动作要协调一致,在最高点附近出手。

(2)行进间投篮。多在快攻或切入篮下时运用。

①高手上篮。

特点:出手点高,在离篮很近或较远时都可采用。

动作方法:以右手为例。当球在空中运行时,右脚向前跨出一大步同时接球,然后左脚接着向前跨出一小步,脚跟着地迅速过渡到前脚掌蹬地起跳,同时右膝屈膝上摆,双手举球,手臂上伸,掌心向上,用扣腕和手指拨球,柔和地将球投出。空中两腿并拢,落地时屈膝缓冲(见图4-38)。

图 4-38

技术要点:第一步要大并接稳球,第二步要小,起跳有力;手指拨球要柔和。

②低手上篮。

特点:上篮速度快,伸展距离远,控制球较稳。

动作方法:当身体腾空到最高点时,左手离球,右手五指分开,手心向上,托球下部,手臂继续向投篮方向伸展,并以手腕为轴,手指向上挑球,使球从食指、中指滚出(见图4-39)。

图 4-39

技术要点:右手托球要稳,投篮时手指拨球要柔和。

2.练习方法

(1)近距离定点投篮、慢速行进间投篮;(2)在防守干扰下中、远距离投篮或上篮;(3)运球急停投篮,接传球投篮;(4)自投自抢,连续投篮;(5)半场、全场运球或传接球上篮。

3.易犯错误与纠正方法(见表 4-7)

表 4-7

易 犯 错 误	纠 正 方 法
单手肩上投篮,持球时肘关节外展,手心触球,出球时成推球动作,手腕向里撇,无名指和小指拨球	强调大臂与地面垂直,投篮时抬肘向上伸臂,手腕前扣,食指和中指拨球
双手胸前投篮,持球手法不正确,肘外张;投篮时两手用力不一致,伸臂不够充分	强调正确的持球方法,投篮时蹬地、腰腹伸展,手臂上伸。注意伸臂的同时手腕翻动、拇指压球,食指、中指拨球
跳起投篮出手时间掌握不好,起跳时的蹬地时间与摆球、举球时间不一致,球飞行弧度过低	自己根据信号"跳、投"做原地起跳投篮的模仿练习;降低起跳高度和缩短投篮距离的投篮练习
高手上篮时,接球与举球动作衔接不好,投篮用力过大	慢做分解动作,第一步接球,第二步举球,起跳后手指柔和地拨球
低手上篮时,举球不稳,手臂伸展不够	反复练习举球和伸展手臂拨球动作

(六)抢篮板球

抢篮板球是指抢投篮未中从篮板或篮圈反弹出的球。在篮球比赛中,篮板球是球队获得控制球权的一项重要手段,并且篮板球的质量往往影响到比赛中的主动权甚至比赛的胜负。要抢好篮板球,首先要有强烈的抢篮板球意识;还要根据球的飞行情况准确判断其落点和球可能反弹的方向和距离,并迅速地移动并抢占对手与球篮之间有利的位置;然后起跳抢球,及时发动快攻或组织二次进攻。

1.动作要领

(1)抢进攻篮板球。

抢好进攻篮板球可增加进攻次数和篮下得分机会,也可增强进攻方的投篮信心和减少对手发动快攻的机会。通常进攻队员面对或侧对球篮,便于观察球的落点和防守队员的行动,对冲抢篮板球比较有利。但由于进攻队员多在防守队员外侧,离球篮较远,处于不利的抢篮板球位置。因此,进攻队员可利用假动作以摆脱或绕过防守,借助三步或助跑起跳来冲抢篮板球,也可直接在空中补篮或将球点拨到外围同伴附近,再组织发动二次进攻。

(2)抢防守篮板球。

抢好防守篮板球是发动快攻的主要方式,也可影响到对手投篮的信心。通常,防守队员站在进攻队员的内侧,处于有利的抢篮板球位置。为了防止进攻队员冲抢,在投篮的球出手后,防守队员应转身把进攻队员挡在离篮较远的外侧,然后判断球的落点,及时起跳,抢获篮板球后要保护好球,也可空中直接传球或点拨球给同伴,迅速组织发动快攻。

2.练习方法

抢篮板球的关键是抢占位置,要设法抢占在对手与球篮之间的位置上。进攻要强调"冲抢",防守要强调"挡抢"。

(1)起跳、抢球练习;(2)抢占位置练习;(3)抢篮板球结合传球练习;(4)连续打板练习。

3.易犯错误与纠正方法(见表 4-8)

表 4-8

易 犯 错 误	纠 正 方 法
对投篮的反弹点判断不好,挡人抢位不积极;起跳不及时;抢球落地时,没有及时护球	强调篮板球反弹的一般规律,练习移动、抢位、挡人、起跳、护球动作

(七)个人防守对手

防守对手是队员合理运用防守动作,积极抢占有利位置,破坏和阻挠对手进攻,以争夺控制球权为目的的行动。防守对手是个人防守技术,也是集体防守的基础。可分为防守无球队员和防守有球队员。

1.动作要领

(1)个人防守有球队员。

防守方法:阵地进攻时,一般情况下,首先防守者应占据对手与球篮之间的位置,对手离篮近则贴近防守,离篮远则稍远些。其次,要根据对手的进攻特点调整防守位置,对于中远投较准的进攻队员,在其投篮区域时应适当靠近防守;对于善于突破的进攻队员,防守时应适当远离对手一些。

当对手持球可运球突破、投篮、传球时,要占据对手与球篮之间的位置,根据对手的进攻特点和意图选择平步或斜步防守姿势,干扰对方投篮和传球;防守突破能力较强的对手时,多采用平步防守或斜步防守强侧的姿势;防守中远距离投篮时,多采用斜步防守。当对手突破时,及时迅速地运用撤步、滑步等脚步动作,用躯干合理地封堵对手的移动路线;当对手投篮时,积极上步起跳封盖。当对手停球时,要上步贴近防守,封堵对方传球或投篮(见图4-40)。

图 4-40

技术要点:抢占有利的防守位置,及时判断对方进攻意图,积极移动,封堵对手传球、投篮、突破。

(2)个人防守无球队员。

防守离球距离较远的对手时,要做到"人、球、篮"兼顾和协防、补防。通常选择离对手较远并靠近球篮的位置,采用面向球并且侧对防守者的站立姿势。当对手向有球方向移动或切入篮下时,应合理地运用快速的脚步动作抢占有利的防守位置,堵截其摆脱移动的路线。防守内线队员时,要合理利用身体对抗抢占对手与球篮之间的有利位置;也可采用绕前防守或侧面防守的姿势,积极干扰或封堵其传接球的路线。

技术要点:抢占"人、球、篮"兼顾的防守位置;防守时要做到"内紧外松,近球紧,远球松,松紧结合";防止对手空切和接球,随时准备协防、补防。

2.练习方法

(1)一对一攻防练习;(2)防摆脱接球练习;(3)防对手空切练习。

3.易犯错误与纠正方法(见表4-9)

表 4-9

易 犯 错 误	纠 正 方 法
防守时的位置、距离的选择不恰当;防守者没有根据对手运球和原地持球动作而采取合理的防守动作	在练习中及时提示队员纠正防守位置、距离选择不恰当的错误
防守时重心太高,不便于随时移动	减慢攻守速度练习及提高练习难度,纠正防守姿势和选位
防守位置的选择不正确,没有随时抢占"人球兼顾"的有利位置;防守时"松"与"紧"防对手摆脱空切时,没有及时截堵	通过讲解、演示,建立正确的防守概念;重点强调"人球兼顾"的防守原则;及时提示队员调整防守位置和姿势,积极移动,堵截对手空切路线,并做好协防、补防

三、基本战术

篮球战术是队员个人技术的合理运用和队员之间相互协同配合的组织形式。战术是为了更好地发挥本方队员的技术特长,并制约对手,争取掌握比赛的主动权。篮球战术可分为进攻战术和防守战术两大类,本节将主要介绍的篮球战术内容有:攻守基础配合,快攻与防守快攻,半场缩小盯人防守与进攻,区域联防与进攻区域联防。进攻的基本战术包括传切、突分、掩护、策应。

(一)传切配合

传切配合是指无球进攻队员向篮下切入,接同伴的传球取得投篮机会,多用于半场阵地进攻。

1.配合方法

如图 4-41 所示。传球给⑤后,摆脱对手向篮下切入,接⑤的回传球投篮。

2.配合要点

传球者要利用投篮、突破等假动作吸引牵制对手,及时准确地将球传递给同伴;切入者要掌握好时机,寻找空挡,快速、突然摆脱防守后切入篮下,并注意接同伴的传球。

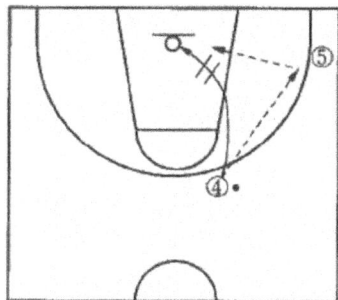
图 4-41

(二)突分配合

突分配合是进攻队员利用突破吸引防守队员或在突破时遇到对方协防时,及时将球传给处在有利位置的同伴取得进攻机会。常用来对付扩大防守,也可以起到扰乱对方防守部署,压缩对方防区,为其他同伴创造投篮机会的作用。

1.配合方法

如图 4-42 所示。从防守者的左侧突破,当对方协防时,⑤及时跑到有利的进攻位置,接④的传球投篮。

2.配合要点

进攻队员突破时,要随时注意观察攻守队员的行动,当遇到对方阻截很难投篮时,应及时将球传给其他接应的同伴。其他同伴此时应注意寻找防守的空当接应突破的队员。

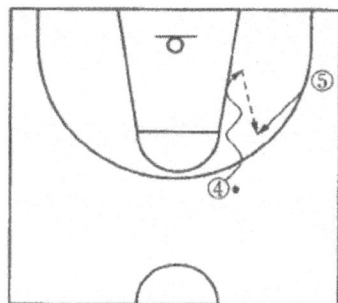
图 4-42

(三)掩护配合

掩护配合是指掩护队员利用身体挡住防守同伴对手的移动路线,使同伴借以摆脱防守,或利用同伴的身体和位置使自己摆脱防守。在对方人盯人防守比较严密时,利用掩护可以帮助同伴创造投篮、空切、突破、接球的机会。

1.配合方法

侧掩护配合持球做投篮或突破的动作,吸引防守,当⑤到达掩护位置时,④持球突破投篮,⑤掩护后及时移动到有利的位置去接球或抢篮板球(见图4-43)。

2.配合要点

(1)掩护要符合规则的规定,不能用推、拉、顶、撞等不合法的动作去阻挡对方的防守行动。

(2)如果掩护建立在静立对手的视野之外,掩护队员必须允许对手向他迈出正常的一步,而自己不主动发力接触。

图 4-43

(3)掩护队员的行动要隐蔽快速;被掩护队员要注意用假动作吸引对手,当同伴到达掩护位置时,摆脱对手动作要突然、快速。

(4)掩护时同伴之间的配合时机非常重要,过早或过迟行动都会使掩护失败。

(5)掩护队员在掩护时应合理地利用身体躯干,保持静止站立;在发生身体接触时,应做好保护动作;掩护后注意挡拆动作或切入篮下。

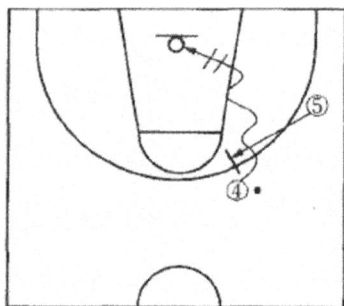

(四)策应配合

策应配合是指进攻队员背对或侧对球篮站立,其他队员移向防守空当或利用其身体做掩护摆脱防守切入篮下以取得投篮机会。在比赛中运用范围较广,并与传切、掩护等配合相结合使用。

1.配合方法

如图4-44所示。摆脱防守插到罚球线做策应,⑤将球传给④并立即空切篮下,接④的策应传球投篮。

2.配合要点

策应者运用瞄篮、突破等假动作吸引防守者,需要时利用跨步、转身动作为同伴做掩护,当同伴出现较好的进攻机会时,及时准确地将球传出。

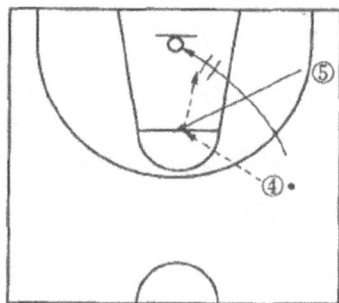

四、篮球运动基本手语

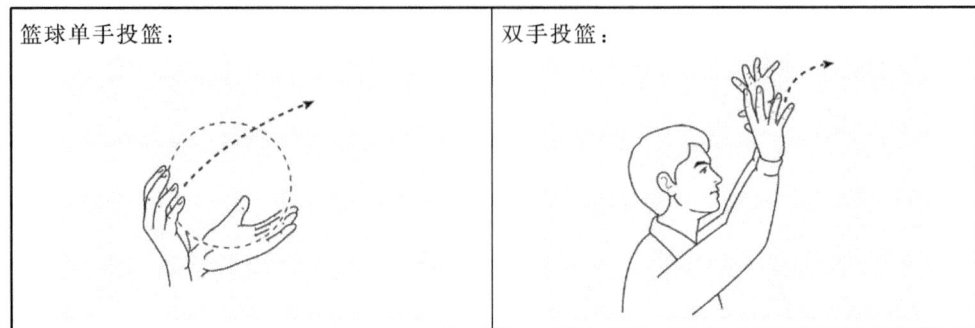

图 4-44

篮球单手投篮:

双手投篮:

三步上篮：

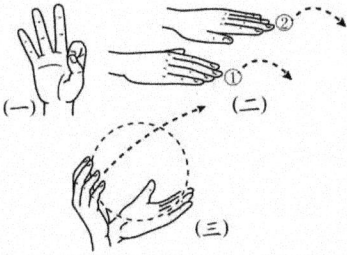

擦板球：

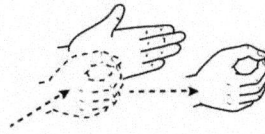

篮板球：

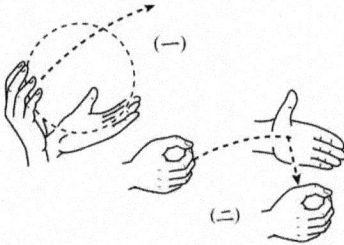

运球：

转身运球：

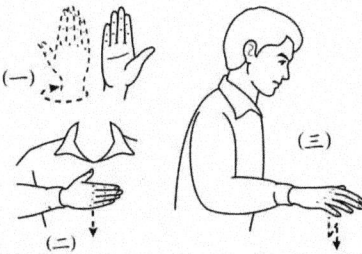

交替运球：

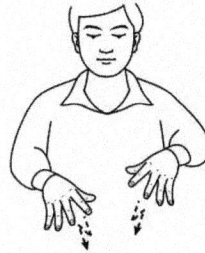

变向运球：

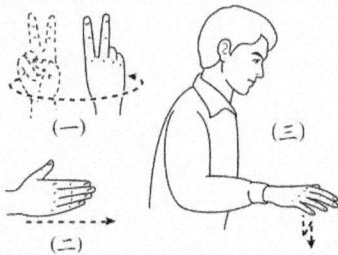

双手胸前传球：

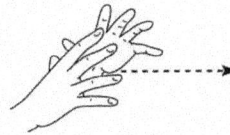

反弹传球：

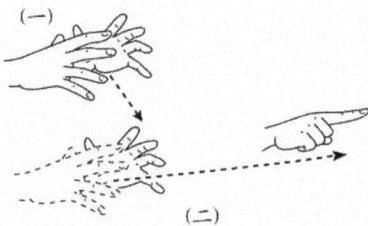

断球：

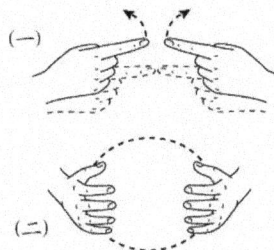

盖帽：	全场紧逼：
（一） （二）	（一）（二）（三）

区域联防：	篮板：
（一）（二）（三）	（一）（二）

罚球线：	三分线：
（一）（二）（三）	（一）（二）

进攻：	防守：

盯人防守：	后撤防守：
	（一）（二）

突破：

（一）
（二）

移动：

补位：

（一）　　　　（二）

过人：

（一）
（二）

控制：

（一）
（二）

抢断：

（一）
（二）

假动作：

（一）　　（三）
（二）

配合：

（一）
（二）

掩护：

身体接触：

（一）　　（二）

高度：	角度：
 （一）　　　　（二）	 （一）　　　　　（二）
爆发力：	犯规：
 （一）　　　　（二）	 （一）　　　（二）
违例：	出界：
 （一）　　　　（二）	
后撤步：	交叉步：
 （一） （二）	
滑步：	
 （一） （二）	

第三节　聋人排球

一、概述

聋人排球是一项充满魅力的运动,它形式多样,具有广泛的群众基础,是聋人群体喜闻乐见的现代运动项目之一。

聋人排球运动和健全人排球运动规则一样,比赛双方围绕着使球在对方场区落地,或使对方击球失误的竞技目的而展开激烈的争夺。运动员可以凭借身体的任何部位击球,使球既不落地,也不在身体任何部位停顿,所以有空中击球的技术特点;根据规则要求,又具有触及球时间短促,独特的得分和失分计算的特点;在规则限制每队击球次数不能超过三次(拦网除外)的前提下,完成技术和战术配合,具有触球次数有限性的特点。

二、基本技术

(一)准备姿势和移动

准备姿势和移动是排球基本技术之一,属于无球技术,它是完成发球、垫球、传球、扣球和拦网的前提和基础,并对各项有球技术的运用起串联纽带作用。准备姿势和移动是相辅相成的,准备姿势是为了移动,而要快速移动,又必须先做好准备姿势。

1. 准备姿势

准备姿势是指进行移动和各种击球动作前所采用的合理的身体动作或姿势。

准备姿势的目的:为了迅速起动、快速移动接近来球、占据有利的击球位置,完成各种击球动作。

准备姿势的种类:按照身体重心的高低,可分为半蹲准备姿势、稍蹲准备姿势和低蹲准备姿势三种。在实战中应随场上变化情况而定,半蹲准备姿势是常用的一种(见图 4-45)。

低蹲　　　　半蹲　　　　稍蹲

图 4-45

（1）半蹲准备姿势的动作要领：两脚左右开立略比肩宽，两膝弯曲，脚跟自然提起；上体前倾，重心靠前，膝部垂直线应在脚尖前面，两臂放松，自然弯曲置于腹前；两眼平视，注意来球，两脚始终保持微动。

（2）练习方法。

①徒手模仿练习。

②一人做准备姿势，另一人纠正其错误动作，两人交换进行。

③看手势做练习。一人做手势上举、平举、放下，另一人做相应的直立、半蹲、摸地等动作。

④听哨音做动作。全体学生围成圆圈慢跑，听到教师哨音及看到手势后向前跨一步做半蹲，稍蹲，低蹲准备姿势。

（3）易犯的错误及纠正方法（见表 4-10）。

表 4-10

易 犯 错 误	纠 正 方 法
臀部后坐，全脚掌着地	讲清要领，反复示范 强调含胸、收腹、前倾；两膝投影线超过脚尖
两膝僵直，重心太高	练习中两膝保持微动 多做低重心屈膝姿势的移动练习

2. 移动

移动是指从起动到制动之间的人体位移。

移动的目的：为了及时接近球，保持好人与球的位置关系以便击球。

移动的种类与步法：移动由起动、移动步法和制动三个环节组成，其中移动步法有并步与滑步、交叉步、跨步和跨跳步、跑步等。

（1）移动的动作要领：判断及时反应快，抬腿弯腰移重心；移步转换衔接好，身体快移重心稳。

（2）移动练习方法。

①两人相对站立成半蹲准备姿势，双手互拉，由其中一人主动做向左、右、前、后的一步移动；另一人跟着做。

②5～6 人一组，平行站在端线处，学生做原地小碎跑，看到教师信号后立即快速起动冲刺跑动。

③以半蹲准备姿势开始，看信号做前、后、左、右的交叉步移动。

④两人一组，一人做准备姿势和移动，一人纠正动作。

⑤在进攻线和中线之间连续做前进和后退的移动。移动时手要分别触摸进攻线和中线。

⑥在场地内，采用交叉步或滑步从一侧边线移动到另一侧边线。

⑦两人一组，一人把球向前、后、左、右抛出，另一人移动后用双手把球接住。

⑧两人一组，一人将两个球交替向各个方向抛出，另一人移动后交替将球接住和

抛回。

（3）易犯的错误及纠正方法（见表 4-11）。

表 4-11

易　犯　错　误	纠　正　方　法
缺乏判断，移动慢	结合视觉信号多做起动练习 多做短距离的各种抛接球练习
身体重心起伏过大	强调移动后要保持好准备姿势 多做网下的往返移动练习

（二）发球

发球是比赛的开始，也是得分的主要手段。准确而有攻击力的发球，可以直接得分或破坏对方的战术组成，减轻本方防守的压力，为反击创造有利条件。

按照发球的性能，发球可分为发飘球和发旋转球。发飘球主要有正面上手发飘球、勾手发飘球和跳发飘球；发旋转球主要有正面上手发球、勾手大力发球、跳发球、正面下手发球、侧面下手发球、侧旋球和高吊球。本节主要介绍侧面下手发球和正面上手发球。

1. 侧面下手发球

侧面下手发球是队员侧对球网站立，转体带动手臂由体侧后下方向前挥动，在体前肩以下的高度击球过网的一种发球方法。

特点：由于在发球时人侧面对网，可以借助转体带动手臂挥动击球，比较省力，但攻击性不强，适合初学阶段学习。

（1）动作要领。

身体侧对网（以右手发球为例），两脚左右开立，约与肩同宽，两膝微屈，上体稍前倾，重心落在两脚之间（见图 4-46）。

图 4-46

左手将球抛送至左肩前方，距身体约一臂的距离，离手高约 30～40 厘米。

在抛球的同时,右臂引向侧后方,利用右腿蹬地、身体左转的力量,带动手臂向前上方摆动,在腹前用掌跟或虎口侧平面击球的后下方。身体重心随挥臂击球而随之移向左腿。

(2)练习方法。

①徒手模仿练习:全班学生徒手模仿抛球动作和挥臂击球动作,体会发球用力顺序和挥臂轨迹,掌握正确的挥臂方向和速度。

②结合球的练习。

a.抛球练习:做抛球练习时要求掌心向上平稳地托送球,练习正确的抛球手法,体会抛球的位置和高度。

b.做抛球、抬臂和引臂的配合练习:体会抛球的位置、高度和引臂的连贯动作。

c.击固定球练习:做抛球时队员每人一球,首先做不离手的抛球动作,同时做引臂和挥臂击球练习(不实击),学生可按教师的口令集体做,以控制节奏。

d.抛击结合练习:抛球与挥臂击球练习体会抛球引臂和挥臂击球动作的协调配合。

e.近距离发球练习:两人站在边线上对发练习(或隔网对发)体会挥臂路线与正确的击球部位。

练习提示:侧面下手发球难点主要在于抛球的合理性以及挥臂后身体的协调性。

(3)易犯的错误与纠正方法(见表4-12)。

表 4-12

易 犯 错 误	纠 正 方 法
抛球太高太近	抛球距身体一臂远,反复练习抛球动作
抛球与挥臂击球不协调	反复结合抛球做摆臂动作
挥臂方向不正、击球不准	击固定球或对墙发球练习

2.正面上手发球

正面上手发球是队员面对球网站立,以正面上手的形式,用全手掌击球且手腕迅速主动推压,使球呈上旋飞行的一种发球方法。

特点:由于面对球网站立,便于观察对方,容易控制球的落点,是目前最为普遍的一种发球方法。

(1)动作要领。

面对球网,两脚自然开立,左脚在前,左手持球于体前。左手将球平稳地垂直抛于右肩的前上方高度约40~50厘米处。同时,右肩抬起,屈肘后引,手掌自然张开,上体稍右侧转体,抬头、挺胸、展腹,身体重心移至右脚上。

右脚蹬地重心前移,上体向左转体,同时收腹带动手臂向前上方挥动,在左肩上方伸直手臂至最高点,以全手掌击球的后中下部。击球时,手指自然张开吻合球,手腕迅速主动做推压动作,使击出的球呈上旋飞行(见图4-47)。

图 4-47

（2）练习方法。

①徒手模仿练习：徒手模仿抛球动作和挥臂击球动作，体会发球用力顺序和挥臂轨迹，掌握正确的挥臂方向和速度。

②结合球的练习。

a.抛球练习：做抛球练习时要求掌心向上平稳地托送球，练习正确的抛球手法，体会抛球的位置和高度（见图 4-48）。

图 4-48

b.做抛球、抬臂和引臂的配合练习，体会抛球的位置、高度和引臂的连贯动作。

c.击固定球练习：做抛球时队员每人一球，首先做不离手的抛球动作，同时做引臂和挥臂击球练习（不实击），学生可按教师的口令集体做，以控制节奏。

d.抛击结合练习：抛球与挥臂击球练习，体会抛球引臂和挥臂击球动作的协调配合。

e.近距离发球练习：两人站在边线上对发练习（或隔网对发），体会挥臂路线与正确的击球部位。

f.发球区内巩固和提高发球技术练习：

巩固发球练习——三人一组，发球与接发球者相距 9～12 米左右，另一人站在接发球者右前方做二传,三人规定次数与组数交换。

发球准确性练习——可将对方场区划分成左右或前后部分,或规定区域进行直斜线的练习。

发球攻击性练习——在准确的基础上,降低发出球的弧度,加快发球速度。

练习提示:正面上手发球的难点主要在于合理的抛球位置以及正确的击球挥臂动作。

(3)易犯的错误与纠正方法(见表 4-13)。

表 4-13

易 犯 错 误	纠 正 方 法
抛球偏前、偏后	讲清抛球方向,固定目标的抛球练习
挥臂没呈弧形	反复徒手做弧形挥臂或扣树叶练习
手未包满球,无推压动作	对墙轻扣球,体会手包球推压动作,使球前旋
做不到全身协调力量	对墙掷网球,体会全身的鞭打动作

(三)垫球

垫球在排球比赛中占有重要的地位,当来球较低,力量较大时采用。主要用于接发球、接扣球、接拦回球以及防守和处理各种困难球。动作方法主要有正面、体侧、背向、滚动和单手垫球等。而正面垫球又是最基本的垫球方法,是各种垫球技术的基础。

正面双手垫球的特点:采用正面双手垫球时,人的身体正面对准来球,这样便于判断来球方向,抢占有利位置,容易垫击到位。

1.动作要领

(1)准备姿势:稍蹲或半蹲准备姿势,重心稍靠前,上体自然前倾,两臂自然弯曲,两手置于腹前。

(2)击球手型:叠掌式双手掌跟靠紧,两手手指重叠互握,两拇指平行朝前。

(3)垫击方法:当球飞到距腹前一臂距离时,两臂快速前伸插入球下,直臂向前上方蹬地抬臂,击球点保持在距腹前约一臂距离处,将球准确地垫在击球部位上,同时配合蹬地送髋的动作,身体重心随击球动作前移(见图 4-49)。

图 4-49

手臂的角度与来球弧度、旋转及垫击的目标、位置有关。来球弧度高,手臂应当抬得平些;来球角度低平,手臂与地面夹角应大些。这样才能使球以适当弧度反弹飞向目标。垫球的目标在侧前方时,手臂的垫击面一定要适当转向侧前方的垫击目标。来球带有较强的旋转时,应调节手臂形成的平面、以抵消旋转引起的摩擦。

2.练习方法

(1)徒手模仿练习。

①两手重叠互握的垫球手型练习。

②结合半蹲准备姿势的原地集体徒手模仿垫球练习。

③原地与移动的徒手垫球动作练习。

(2)结合球的练习。

①击固定球的练习:两人一组,一人双手持球于腹前,另一人做垫击动作。重点体会正确的击球点、手型及手臂用力时的肌肉感觉。

②垫抛球练习:两人一组,相距3～4米,一抛一垫。要求先教会学生用双手由下至上抛球,抛出的球弧度适宜,落点准确。垫球者先将球垫高垫稳,然后要求垫准到位。

③自垫球练习:每人一球,向左、右、前、后移动垫球,要求学生在移动垫球时低重心移动正面垫球。

④垫球接力练习:一种是行进间自垫接力,另一种是原地自垫接力。练习时把人分成若干组,两人一组,1人自垫5次后另一人接着垫。

⑤对垫练习:两人一组对垫练习,距离由近至远。

⑥两人或三人一组,一人或两人抛球,另一人轮流向左、右、前、后移动垫球。要求移动速度不宜太快,垫出的球要有一定的弧度,并控制好落点,垫球者尽量做到正对垫球方向垫球。

⑦发垫练习:两人一组相距7～8米,先一掷一垫练习,再过渡到一人下手发球或上手发球,一人接发球。两人一组相距9米,一发一垫,要求开始发球要稳,然后逐步拉长发球的距离。增加发球的难度。

动作提示:主要在于垫球部位和协调用力。

3.易犯的错误与纠正方法(见表4-14)

表4-14

易犯错误	纠正方法
屈肘、两臂不平,击球部位不在前臂上	模仿练习垫固定球、自垫练习、手臂抬起与地平行
移动慢,对不准球	以腕上10厘米区域垫击球的后下部,体会正确的击球部位和击球点,反复做移动练习
用力不协调,击球手臂摆动过大	垫固定球,体会用力和协调发力,或近距离抛垫低球

(四)传球

传球是排球的基本技术之一,是利用手指、手腕的弹击动作将球传至一定目标的击球动作。主要用于二传,它在进攻和反攻中起着串联和纽带作用。包括顺网传球、调整传球、背传、侧传、跳传等。

正面上手双手传球的特点:传球动作是由手指、手腕来完成的。由于手指、手腕灵活,感觉灵敏,双手控制面积较大,又是正对来球,能够很好地控制落点,所以传球的准确性高。

1. 动作要领(见图 4-50)

(1)采用稍蹲准备姿势,上体适当挺起,眼睛注视来球,双手自然抬起,置于额前。

(2)击球手型两臂屈肘,两肘适当分开,两手自然张开呈半球状,使手指与球吻合,手腕稍后仰,两拇指相对接近呈"一"字形或"八"字形,两手间有一定距离,以拇指内侧、食指全部、中指的第二、三指关节触球的后下部,无名指在球两侧辅助控制传球方向。

(3)击球方法:当来球至额前上方一球的距离时,手指、手腕保持适度紧张,按照蹬地、伸膝、伸腰、伸肘、伸臂、手指手腕屈伸的用力顺序,借用球的反弹力将球传出。

图 4-50

2. 练习方法

(1)徒手模仿练习。

①原地模仿练习:徒手做传球准备姿势,听教师口令依次做蹬地、展体、伸臂击球动作练习。重点体会传球前的准备姿势,身体协调用力的动作和传球的手型。

②原地传球徒手模仿练习:重点让学生体会触球手型,击球点位置和身体协调配合动作及传球用力的全过程。

③两人一组,一人做好传球的手型持球于脸前上方,另一人用手扶住球,持球者以传球动作向前上方伸展,体会身体和手臂的协调用力。要求另一人纠正持球者的手型及身体动作。

(2)结合球的练习。

①每人一球,自己向额上方抛球:做好传球手型在击球点位置将下落的球接住,然后自我检查手型。

②原地自传球练习：要求把球传向头顶正上方，传球高度离手 1～1.5 米。连续传球 30 次为一组。

③传固定球：两人一组，一人按传球手型持球于额前，向前上方做推送动作；另一人用单手压住球，给球一定的力量。体会传球手型和身体的协调用力。

④两人一组，一人抛球，另一人做好传球的手型、接住来球，体会传球手型。

⑤行进间自传练习：要求传球手型正确，移动迅速，保持正面传球。

⑥两人一组，一抛一传练习：按正确手型传球，体会全身协调用力动作。

⑦对传练习：两人一组相距三到四米连续传球。

⑧移动后传球：两人一组，由同伴抛球，练习者移动后传球。抛球者可将球抛至跑动传球者的左右或前后方，传球者根据来球快速移动传球。

⑨隔网对传球：三人或多人跑动传球。

练习提示：传球的难点主要在于手型手法、击球点与协调用力（见图 4-51）。

图 4-51

3.易犯的错误与纠正方法（见表 4-15）

表 4-15

易　犯　错　误	纠　正　方　法
击球点过高、过低	做各种步法移动后接住球，保持在脸前接住球，提高判断、选位能力
手型不正确，大拇指朝前，手指触球部位不准确	用传球动作接球，体会手型 近距离对传，体会手指触球
用力不协调，发力顺序脱节	一人抛球，另一人传球后立即摸体前地面，用蹬地伸臂的力量，自抛自传落地后的反弹球

（五）扣球

扣球在比赛中起着重要的作用，是得分的主要手段，是进攻中最积极有效的武器，同时又是一个队摆脱被动、争取主动的途径。扣球的成败，体现着队伍的战术质量和效果，是夺取胜利的关键。

特点：由于在正面扣球时人面对球网，便于观察来球的方向和对方的防守布局，因此击球准确性高。在扣球时由于挥臂运动灵活,能根据对方拦网情况,随时改变扣球线路和力量,能控制击球落点,因而进攻效果好。

扣球的种类:按动作分有正面、勾手、单脚起跳扣球;按区域分有前排、后排扣球;按用途分有近体快、短平快、背快等;按自我掩护分有时间差、位置差、空间差等。

1.正面扣球动作要领

助跑前采用稍蹲准备姿势,两臂自然下垂,站在离球网 3 米左右处,观察判断,做好向各个方向助跑起跳的准备。

(1)助跑:(以右手扣球两步助跑为例),先左脚向前迈出一小步,接着右脚迅速跨出一大步,左脚及时并上,踏在右脚之前,两脚尖稍向内转,准备起跳。同时两臂绕体侧向后引。

(2)起跳:在助跑跨出最后一步的同时,两臂绕体侧向后引,在左脚并上踏地制动的过程中,两臂自后积极向前摆动。随着双腿蹬地向上起跳,两臂迅速上摆,配合起跳。两腿从弯曲制动的最低点,猛地向上起跳。

(3)空中击球:起跳后,挺胸展腹,上体稍向右转,右臂向后上方抬起,身体呈反弓形。挥臂时,以迅速转体、收腹动作发力,依次带动肩、肘、腕各部位呈鞭打动作向前挥动。击球时,五指微张呈勺形,并保持紧张,以全手掌包满球,击球的后中部。同时主动用力屈腕向前推压,使扣出的球加速上旋。

(4)落地缓冲:落地时,以前脚掌先着地,同时顺势屈膝、收腹以缓冲下落力量。

练习提示:扣球的难点主要在于起跳时机、空中击球,人球位置(见图 4-52)。

图 4-52

2.练习方法

(1)助跑起跳练习。

①原地双脚起跳练习:听教师口令练习原地起跳技术。要求双脚蹬地猛力快速,两手臂配合划弧摆动起跳,顺势扣球手臂上举,后引,抬头,展腹,身体呈反弓形,落地时双脚前脚掌过渡到全脚着地,屈膝缓冲。

②一步或两步助跑起跳练习：集体听教师口令做一步或两步助跑起跳。要求练习速度由慢到快，手脚配合协调，注意控制身体平衡。

③学生分别站在进攻线后，听教师口令向网前做两步助跑起跳练习，要求学生注意助跑起跳的节奏和起跳点位置的选择。

（2）徒手模仿扣球挥臂手法练习。

按规定的队形听教师的口令做挥臂练习。要求挥臂放松自然，弧形挥动，有鞭甩动作。

（3）结合球的练习。

①扣固定球练习：两人一组，一人双手持球高举，另一人原地扣固定球；或自己左手举球，右手做挥臂击球练习。要求击球时全手掌包满球。做快速鞭打动作。

②自抛自扣练习：两人一组，相距6～7米对扣。要求击球力量不宜过大，动作放松，手腕有推压鞭甩动作，使击出的球呈上旋飞行。

③扣抛球练习：两人或多人一组，一人站在距墙5米处抛球，另一人或多人依次对墙扣抛球。在低网前的一抛一扣练习，或在低网前轮流扣教师的抛球练习。要求抛球距离由近到远，弧度由低到高，扣球者选择好起跳点，保持好人与球的关系，挥臂击球手法正确。

④4号位扣球练习：扣球者每人一球，先将球传给3号位，再由3号位把球顺网抛或传给4号位，扣球者上步助跑起跳扣球。要求掌握好上步起跳时机，在空中保持好人与球网的位置关系。

练习提示：主要在于起跳时机、空中击球，人球位置（见图4-53）。

图 4-53

3.易犯的错误与纠正方法（见表4-16）

表 4-16

易 犯 错 误	纠 正 方 法
助跑起跳前冲，击球点保持不好	进一步讲解，并多做助跑起跳练习； 做限制性练习，如设置障碍物起跳，地上画出起跳点与落点扣固定球，接抛球一步起跳扣球

易　犯　错　误	纠　正　方　法
上步时间早,起跳早	以口令、信号限制起动起跳时间; 固定二传以弧度练习扣球
击球手法不正确,手未包满,击出的球不旋转	击固定球,对墙平扣、打旋转; 低网原地扣球练习; 练习手腕推压、鞭甩动作

三、基本战术配合

(一)阵容配备

阵容配备就是合理地安排场上队员技术力量的组织形式。

1. 阵容配备主要形式

(1)"四二"配备。

"四二"配备是指场上队员有 4 名进攻队员和 2 名二传队员(见图 4-54)。4 名进攻队员又分为 2 名主攻,2 名副攻,他们都站在对角位置上。其优点是无论怎样轮转,前后排都能保持 1 名二传和 2 名进攻队员,便于组织和发挥攻击力量,给对方的拦网及防守造成困难。但对 2 名二传队员的进攻和拦网能力要求较高,否则就会影响"四二"配备的进攻效果。

(2)"五一"配备。

"五一"配备是指场上队员有 5 名进攻和 1 名二传队员(见图 4-55)。这种阵容配备的优点是拦网和进攻力量得到加强,全队只要适应一个二传队员的打法,相互之间容易建立默契,有利于二传队员统一贯彻战术意图。但二传队员在前排时,只有两点攻。要充分利用两次球、吊球及后排扣球等战术变化突袭对方,以弥补"五一"配备的不足。

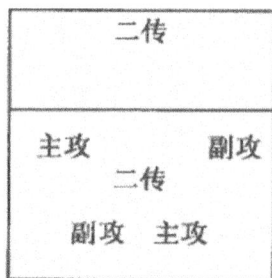

图 4-54

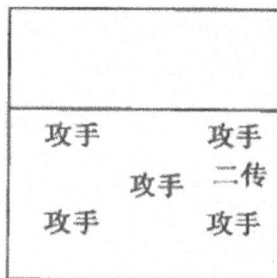

图 4-55

2. "自由人"的运用

"自由人"的设置是国际排球联合会在 1998 年正式实施的一项新规则,这是有利于防守战术的一项新规定。在比赛中,"自由人"可以在规则允许的范围内,无须裁判允许并不接受换人次数的规定,自由地进出比赛场地,参加比赛。合理地选配"自由人",灵活地运用"自由人"已成为一个队在比赛中成功运用战术的重要组成部分。"自由人"可以及时替换场上进攻能力强而防守能力相对较弱的队员，也可以及时替换因扣球、拦网而体力消耗较大的主力队员，"自由人"还可以适时传递教练员的临场指挥意图。

（二）个人战术

个人战术是指队员根据临场比赛的情况，有目的、有针对性地运用个人技术动作。个人战术可以提高个人技术动作的效果并补充集体战术的不足。个人战术包括发球、二传、扣球、一传、拦网、防守战术等。

（1）发球个人战术具有相对的独立性和自主性。如攻击性的跳发球，平冲下沉等性能的飘球，变换线路的长短发球等。

（2）二传个人战术的基本任务是利用空间、时间和动作上的变化，有效地组织进攻战术，给扣球队员创造有利条件，使对方难以组织防御。如隐蔽传球，晃传和两次球，时间差跳传，高点二传，单手传球，选择突破点，控制比赛节奏等。

（3）扣球个人战术是扣球队员根据比赛中对方拦网和防守情况，选择合理、有效的扣球方法和路线，以突破对方防守的有意图的行动。如路线变化、轻重变化、扣超手球和扣打手出界球变化、打吊结合等。

（4）一传个人战术是指为了组成本队的进攻战术而有目的地垫击。由于各种进攻战术对一传的要求不同，所以一传的方向、弧度、速度、落点各有特点。

（5）防守个人战术，防守垫击与接发球相比，具有更大的随机性和突然性，难度较大。防守队员要选择有利的位置，采用合理的击球动作，将球有效地接起来，组织各种进攻。如判断进攻点，合理取位，"有利面"放宽，针对性防守，拦防配合，上下肢并用等。

（三）集体战术

随着世界排球运动的发展，进攻战术丰富多彩，单纯地依靠个人体能和技术、战术能力，是难以战胜对手的。从前排队员的活点进攻，发展到今天全方位的立体进攻，无不显示出集体战术的威力。

集体战术是指两个或两个以上队员之间有组织、有目的的集体协同配合。任何集体进攻战术的变化都建立在进攻阵形和进攻打法的基础上。

1. 集体进攻阵形

进攻阵形，就是进攻时所采取的基本队形。最基本的有"中一二"进攻打法、"边一二"进攻打法以及"后排插上"进攻打法。实战中采用何种打法要根据队员的特长和全队的特点灵活选择，尽量发挥全队及每个队员的优势。本节着重讲"中一二"和"边一二"进攻阵形。

（1）"中一二"进攻阵形。

①站位方式："中一二"进攻阵形是由 3 号位队员站在网前做二传，将球传给 2、4 号位队员进攻的组织形式（见图 4-56）。

②有利因素：一传向网中 3 号位垫球比较容易，因而有利于组织进攻，适合初学者二传队员在网前接应一传，且 3 号位向 2、4 号

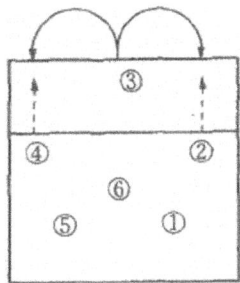

图 4-56

位传球的距离较近,容易传准。

③不利因素:战术变化小,对方容易识破进攻意图。

(2)"边一二"进攻阵形。

①站位方式:"边一二"进攻阵形是由2号位队员站在网前做二传,将球传给3、4号位队员进攻的组织形式(见图4-57)。

②有利因素:扣球者在3、4号位扣球比较顺手,战术变化较多。

③不利因素:5号位接一传时,向2号位垫球距离较远,不易传准。当一传垫到4号位时,二传传球比较困难。

(3)进攻打法。

进攻打法是指二传队员与扣球队员之间所组成的各种配合。每种进攻阵形中都可以灵活运用多种进攻打法,以达到避开拦网、突破防线、争取主动的战术目的。

进攻打法可分为强攻、快攻、两次攻及其转移、立体进攻等,在此仅做几种简单介绍。

①拉开进攻(见图4-58),扩大进攻面,以避开拦网。有利于线路变化及打手出界。

②围绕进攻,围绕跑动换位的目的是发挥自己的扣球特长,避开对方拦网的有效区域。进攻队员从二传队员前面绕到后面去扣球,称为"后围绕"(见图4-59)。进攻队员从二传的后面绕到前面去扣球,称为"前围绕"(见图4-60)。

③交叉进攻是两名队员跑动进攻,助跑路线相互交叉,起到互相掩护的作用,称为"4号位交叉"(见图4-61)、"3号位交叉"(见图4-62)。

"空间差"进攻称为空中位移进攻分"前飞"进攻与"背飞"进攻(见图4-63、4-64)。这种打法进攻面宽,突然性大,很容易摆脱对方的拦网,但要求扣球队员有良好的弹跳及冲跳能力,并要与二传队员密切配合。

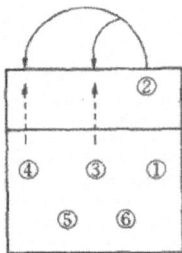 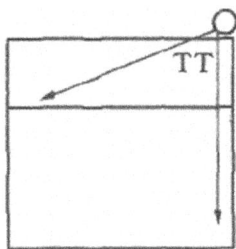 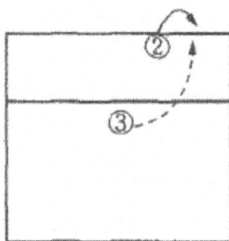 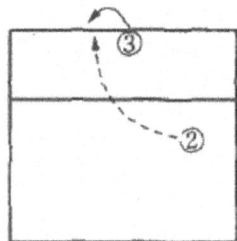

图 4-57　　　　图 4-58　　　　图 4-59　　　　图 4-60

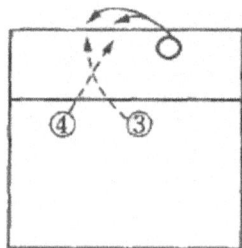 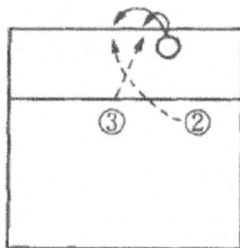 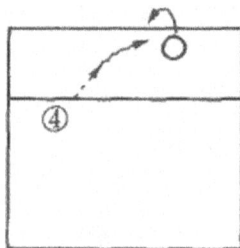 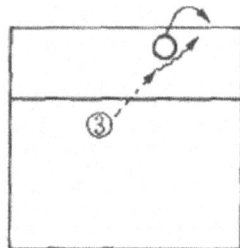

图 4-61　　　　图 4-62　　　　图 4-63　　　　图 4-64

2.集体防守阵形

接发球是进攻的基础,它是由守转攻的转折点,如果没有可靠的一传做保证,就难以组织有效的进攻战术,甚至还会造成直接失分。

(1)接发球阵形。按接发球人数来分,主要可分为4人接发球、3人接发球、2人接发球及1人接发球阵形。初学者一般采用5人接发球站位方法为宜。本节着重介绍5人接发球站位方法。

①"W"站位阵形:"W"站位阵形(见图4-65),也称"一三二"站位。5名队员分布均衡,前排3名队员接后场区的球,后排2名队员接前场区的球,职责分明。

②"M"站位阵形:"M"站位阵形,也称"一二一二"站位。(见图4-66)其优点是队员分布更加均匀,分工明确,前排两名队员接前场区球,中间队员负责中场区的球,后排两名队员接后场区球。这种站位对接落点分散、弧度高、速度慢以及靠近边线或角上的球较为有利。缺点是不利于接对方发到场地两腰及后场区的球。

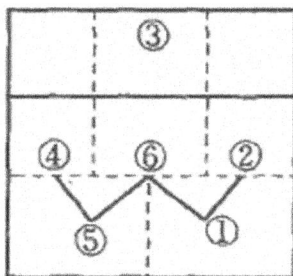

图 4-65

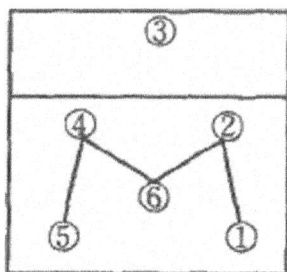

图 4-66

(2)接扣球无拦网防守阵形。防守是接对方垫或扣到本方的球,防守阵形首先应根据对方进攻的具体情况和不同的来球性质进行不同的站位方式。

根据对方进攻的情况,没有必要进行拦网时,水平较低没有进攻能力或进攻能力较弱的队,可以采用不拦网的防守阵形。其防守阵形与五人接发球阵形相似(见图4-67),也可以安排二传队员站在网前,前排其他队员撤到进攻线后,既准备防守,又便于进攻(见图4-68)。后排队员后退,准备防后场球。初学时,由于双方扣球能力不强比赛可采用不拦网的防守阵形。

(3)单人拦网下的防守阵形。当对方技术水平一般,进攻能力较弱或对方战术多变无法组织集体拦网时,可采用单人拦网下的防守战术(见图4-69)。

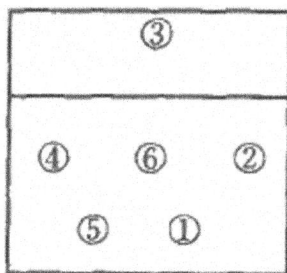

图 4-67

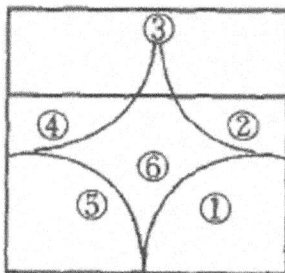

图 4-68

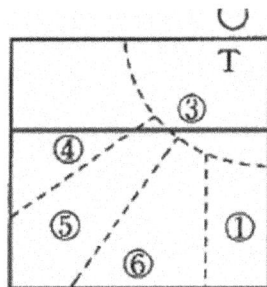

图 4-69

3.防传、垫来球防守阵形

当对方无法组织起有效的进攻,被迫用传、垫球击入本方时,本方的防守阵形与不拦网的防守阵形相同,前排除二传队员外,其他队员都应迅速后撤,并准备接球后组织进攻。在防守时应注意以下几点。

(1)思想上要高度重视。来球虽然是对方在失去强有力的进攻机会下进行的,但对方队员仍可利用各种手段给本方造成困难。如采用上手平推过网,有经验的队员找空当、放高球或将球给二传队员使其接传垫球等。所以每个位置都要随时做好防守各种来球的准备,做到有备无患。

(2)保持正确的防守阵形。当确定对方无法进攻时,及时调整防守阵形,尤其是前排除二传队员外,应迅速从拦网位置后撤参与防守(见图 4-70、4-71)。

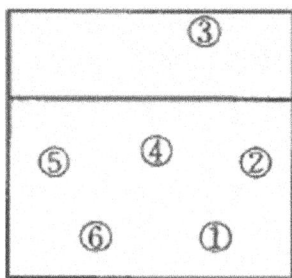

图 4-70   图 4-71

由于来球力量小、速度慢,队员在接处理球时,应及时移动到位,应尽可能地采用正面垫或用上手传球技术,提高一传的到位率。

四、排球运动基本手语

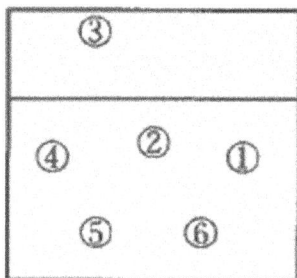

自由人：	一传：
（一）　（二）	（一）　（二）
背传：	前排：
（一）　（二）	（一）　（二）
后排：	一号位：
（一）　（二）	（一）　（二）　（三）
跳发球：	扣球：
（一）　（二）①②	（一）　（二）
拦网：	救球：
	（一）　（二）

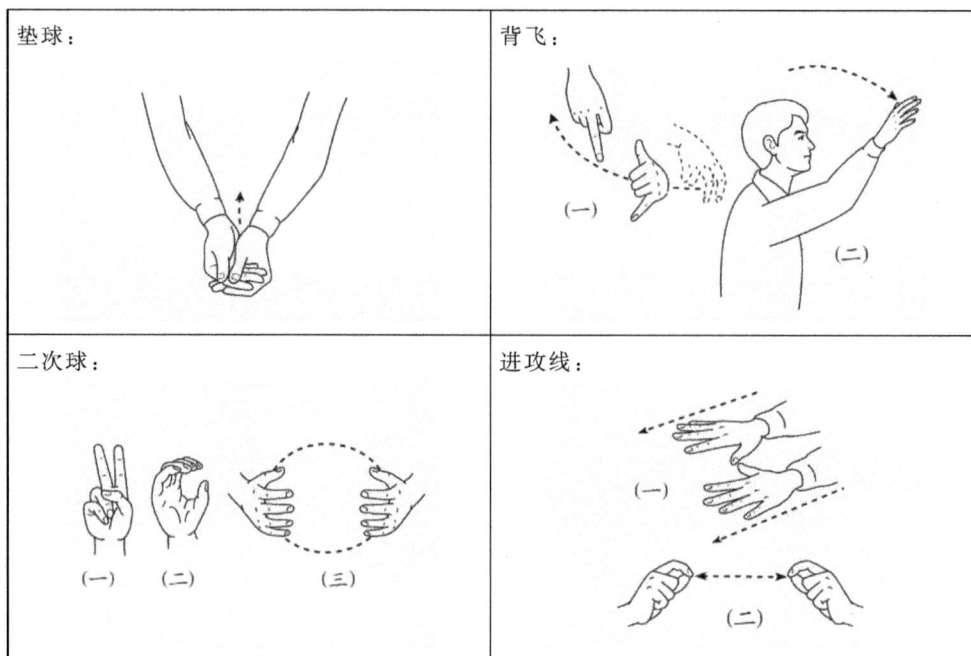

垫球：

背飞：
（一）
（二）

二次球：
（一）　（二）　（三）

进攻线：
（一）
（二）

第四节　聋人足球

一、概述

聋人足球运动与健全人足球运动的规则是一样的，是一项两队围绕着争夺控球权而进行激烈勇猛的拼抢和竞争的极富战斗性的球类运动。

足球运动技术动作多，战术复杂，难度大，是一项技术丰富多彩，战术变幻莫测的非周期性运动项目，其技术和战术应根据赛场上的情况灵活机动地运用和发挥。

另外，足球比赛时间长，场地大，体能消耗大。一场激烈的比赛，运动员要在近 8000 平方米的场地上奔跑 90 分钟，跑动距离少则 6000 米，多则 8000 米以上，同时运动员要完成上百个有球和无球的技术动作，体能消耗大。

二、基本技术

（一）踢球

踢球是足球运动的主要技术手段，通过对脚形、击球点、踢球力量的控制来完成传球和射门的目的。常用的踢球技术包括脚内侧踢球、脚背内侧踢球、正脚背踢球和外脚背踢球。

踢球技术的运用及其实战变化应视比赛需要而定,如隐蔽性的脚跟传球、脚尖射门,脚内侧空中传球、脚背正面踢反弹球射门、脚背内侧踢弧线球等。熟练掌握踢球技术的规范和要领是提高实战运用能力的基础。

1. 脚内侧踢球

减少传球失误是争取比赛主动权的重要手段,脚内侧踢球(见图 4-72)因触球面积大,有利于对传球方向做出精确控制,故在快速传切配合和"二过一"战术中被较多采用,是中短距离传球的主要脚法。图 4-73 说明站立和击球部位支撑脚站在球侧约 15 厘米处。图 4-74 说明击球脚形。

图 4-72

图 4-73　　　　　　　　图 4-74

(1)动作要领。

①直线助跑,即助跑方向与传球方向一致,助跑最后一步适当加大。

②踢球腿由后向前屈膝摆动,当膝关节接近球的垂直面时,小腿加速前摆,大腿稍上提,同时膝外展。

③脚尖上翘,用脚内侧(足弓)部位击球的后中部。

④踢球腿在击球后继续前伸推送,并保持用力方向与地面平行。

(2)练习方法。

练习时,应把注意力集中在某个技术环节上,通过大量重复练习提高自己对动作细节的感知和控制能力。

①踢固定球。

方法：两人一组，一人将球踩在地面固定，另一人做原地（或加助跑）摆腿击球动作，力量稍小，主要是体会动作要领。

提示：注意体会踢球腿的加速摆动用力、旋转和击球脚形的控制，以及脚与球接触时的肢体感觉。

②两人对传练习。

方法：两人互传地滚球，力量稍轻，注意动作的规范性。

提示：传球距离应加以控制，初学阶段不宜采用大力踢球，避免出现动作变形。

③"4 对 1 传抢"练对习（见图 4-75）。

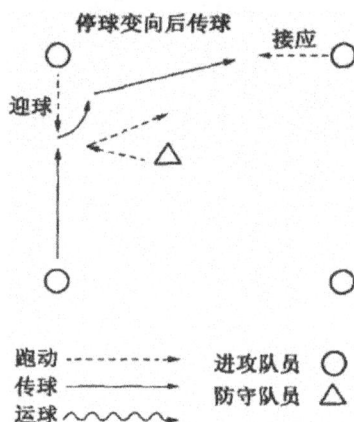

图 4-75

提示：这是一种非常有效的技术和战术基础训练手段，常常穿插于准备活动或大强度练习中，作为身体的适应与调整。它又是一种十分有趣的足球游戏和娱乐方式。练习中，无球队员应主动迎球接应，以便为自己创造更多控球和观察的时间。

（3）易犯错误和纠正方法（见表 4-17）。

表 4-17

易 犯 错 误	纠 正 方 法
脚踝松弛	脚尖翘起，踝关节角度保持在约 90°角
踢脚腿旋转力度不足	发力时脚跟快速前旋，加大旋转力度
摆动腿太紧张，呈直腿扫球动作	模仿踢球腿的放松摆踢动作，体会肢体感觉和控制方法
身体重心不稳定	支撑脚落地时制动并屈膝降低重心
支撑脚尖指向出球方向	注意调整助跑方向，避免斜线助跑
支撑脚站位偏前或偏后	控制跑动速度，准确判断球的运行轨迹

2. 脚背内侧踢球

踢球腿摆腿自然，有利于发挥腰腿部大肌肉群的力量，故踢球力量大，主要用于长传球和远射（见图 4-76）。

图 4-76

（1）动作要领。

①斜线助跑（图 4-77 说明斜线助跑与支撑脚站位，支撑脚站在球侧约横向一脚距离），在不影响摆腿发力的同时更有利于击球脚形的控制。

②支撑脚落地时，身体重心应偏向支撑脚一侧并屈膝缓冲，保持重心的稳定。

③用脚背内侧击球的后下部，同时脚尖包向球的外侧（见图 4-78）。

④前摆送球的方向应指向传球目标。

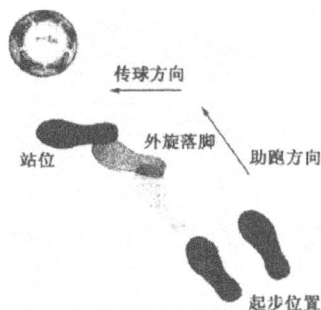

图 4-77

图 4-78

（2）练习方法。

①对墙踢固定球练习。

方法：初学阶段在助跑环节上可简化，采用一步助跑，这样有利于支撑脚的准确选位并将注意力更多集中到脚形的控制。

提示：除非已形成正确而稳定的技术动作，此时应注重于纠正错误动作，巩固和强化技术细节，避免因大力踢球导致动作变形。

②踢球腿摆动模仿练习。

方法：可以先在地面确定一个支撑脚落地点，然后加一步、两步或多步助跑，反复练习。

提示：练习时注意体会腿部肌肉的放松，只在触球前一刹那通过绷紧腿部肌肉加固关节即可。

③两人对传练习。

方法:两人相距约25～30米,踢定位球或活动球。

提示:体会这一脚法在长传和射门时的区别,通过调整脚形和击球点,控制出球的高度。

如图4-79所示,长传球时脚形位置较平,击球点偏下;射门时脚背绷紧立直,击球点上移。

④下底传中练习。

方法:两人相距约20～25米平行跑动,相互传球。一人边路运球下底传中,另一人门前抢点射门。可以结合"二过一"边路配合战术进行传中练习。

提示:边路下底传中是比赛中经常采用的一种战术手段。由于助跑与传球方向间夹角变化较大,又处在高速跑动中,所以应当从技术角度稍做调整。如图4-80所示,支撑脚落地时应有明显的制动过程,脚尖应转向传球方向;踢球脚在击球和送球阶段应包向球的前部,避免传出的球向外侧旋转,滑出端线外。

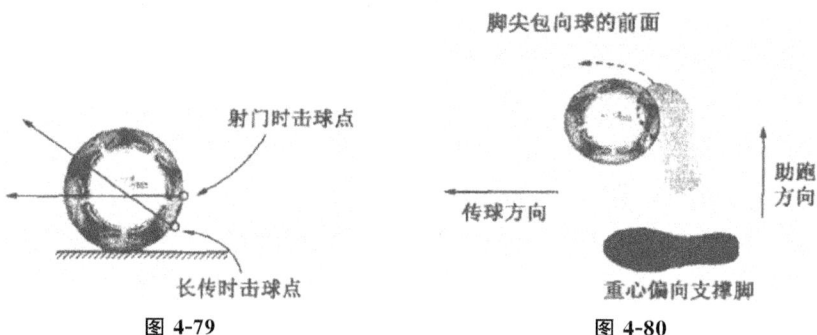

图 4-79   图 4-80

(3)易犯错误与纠正方法(见表4-18)。

表 4-18

易 犯 错 误	纠 正 方 向
直线助跑(斜线助跑有利于发挥摆腿力量和控制脚形)	准确判断球的运行速度和方向,调整助跑角度和速度
支撑脚站位不当(离球太远或过近,脚尖未指向传球方向)	控制好助跑速度与节奏,步伐清晰,注意力集中
肌肉关节紧张,呈直腿摆动	通过模仿练习体会放松摆腿技术
勾脚击球,击球点不稳定,不能有效发挥摆腿力量	脚背、踝关节绷紧,固定脚形
踢球腿摆送方向太随意,不能稳定控制出球方向	有意识地控制摆送方向,注意身体重心随球跟进

3.脚背正面踢球

正脚背踢球的技术特点是利用小腿的快速摆动,以及比较坚实的脚背部位触球,使球产生急速变形,促使皮球高速飞行,形成极具威胁的射门,也常用于长传球(见图4-81)。

图 4-81

（1）动作要领。

①助跑方向无严格限定，但无论直线或斜线助跑，最后支撑脚落地时必定指向传球或射门方向（见图 4-82）。

②为了提高球速，特别强调小腿的加速摆动，击球力量应瞬间爆发。

③用脚背正面击球后中部，部位靠近脚踝（见图 4-83）。

④摆送阶段身体应随球跟进，小腿前摆平直送球，大腿不可向上提拉。

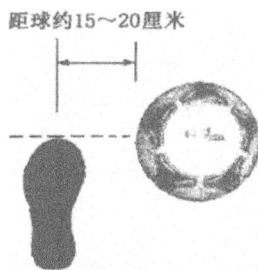

距球约15～20厘米

图 4-82

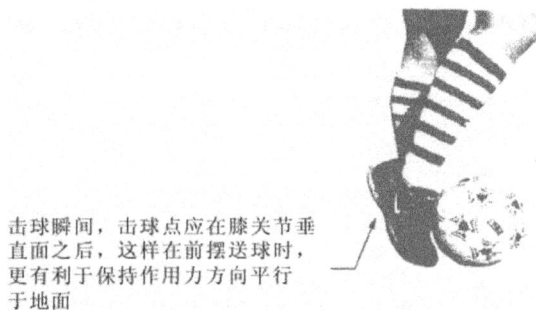

击球瞬间，击球点应在膝关节垂直面之后，这样在前摆送球时，更有利于保持作用力方向平行于地面

图 4-83

（2）练习方法。

①小腿快速摆动踢球。

方法：助跑跨上一小步，快摆小腿弹踢。可以自己对墙练习，或两人对传练习。

提示：此时注意力应集中于小腿摆动和踝关节的绷紧固定两个环节。另外，正脚背射门时身体重心不能压得太低，如果击球瞬间重心过低，而摆送阶段因支撑脚蹬地随球跟进动作，身体重心势必抬高，重心的这种由低而高的移动，会使踢球发力的方向由平直转而向前上，球因而踢高。

②运球射门。

方法：从不同角度运球插入罚球区后射门（见图 4-84）。

提示：运球时注意观察球门位置，控制好运球速度，步伐要紧凑以便能及时做出调整。切入的角度不同，支撑脚的指向和踢球腿的摆送方向存在较大区别，练习的目的就是熟练区分其中的变化,以提高实战能力。

③两人配合射门练习。

方法:运球摆脱后射门(见图 4-85"方法①")、传球配合后射门(见图 4-85"方法②")。

提示:运球射门过程中,步伐的控制比较关键,一般采用小步幅、快节奏的调整步,但助跑最后一步要适当加大,以保证一定的摆腿幅度。小步幅调整是为了支撑脚的快速准确选位,最后大步助跑则是为了发挥摆腿力量。

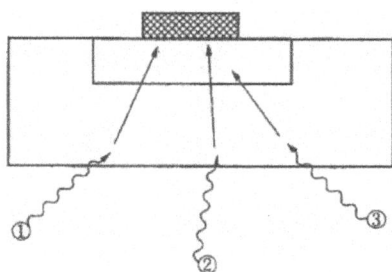

图 4-84

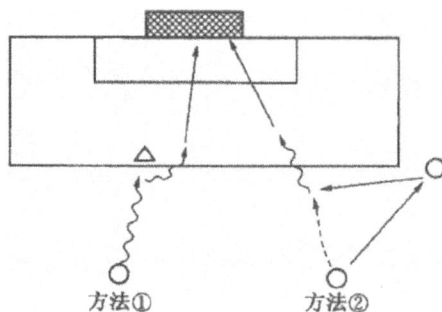

图 4-85

(3)易犯错误与纠正方法(见表 4-19)。

表 4-19

易　犯　错　误	纠　正　方　法
支撑脚站位偏后,造成踢球脚前伸触球	准确判断球的运行,调整助跑节奏
脚背未绷紧,脚背前部或脚尖先触球	脚趾扣紧鞋底,使踝关节绷紧固定
摆送时身体重心滞后,跟进不及时,导致摆动腿向上方摆踢	身体重心随踢球腿摆送顺势跟进
摆送时踢球不加控制,大腿提拉过高,使摆踢力量分散	摆送时,控制小腿摆动幅度,前伸送球

(二)停球

停球是技术衔接中的关键环节,是实战中运用各项技术的前提和保障。规则允许的身体触球部位都可以用来停球,实战中常用的停球部位有:胸部停球、大腿停球、脚内侧停球、脚底停球、外脚背停球。根据球的运行情况选择合理部位停地面球、空中球和反弹球,并注意与其后的技术运用紧密衔接,如停球与传球结合、停球直接摆脱防守等。

1.脚内侧停地滚球

脚内侧停地滚球是最常用的停球技术,其特点是有利于技术的衔接,可根据临场形势需要,借助脚形、停球角度和力量的调整直接完成停球摆脱、停传球、假动作过人等隐蔽而实用的技术变化。有两种方式可选择:缓冲式停球和切压式停球(见图 4-86)。

后撤触球缓冲　　　　　　　　　　　　　　　迎球

图 4-86

（1）动作要领。

①缓冲式停球动作要领：当球接近时停球脚前迎，触球前瞬间停球脚随球向后撤引，并在后撤过程中触球，完成缓冲动作。较适合接停球速快、力量大的来球。

②切压式停球动作要领：判断好球的运行方向、速度，停球腿在支撑脚侧面直接提起，看准触球点。大腿主动下压，使脚从触球点向后下方切压球，达到阻拦和缓冲球的目的。停球过程中有主动加力动作，实战中可以对停球位置做出各种变化控制，有利于技术的衔接。

（2）练习方法。

①个人练习。

方法：结合对墙踢球技术练习，接停反弹回来的球。

②结合两人传球的练习。

方法：在脚内侧传球练习中，结合进行停球练习。

提示：基本动作掌握后，在练习中应适当增加练习难度和技术变化，以提高实战应用能力如停球变向、停球假动作、停球保护等。

a.停球变向：应注意支撑脚与停球脚触球点的相对位置，不要让支撑脚成为停球方向上的障碍；同时要兼顾支撑脚的选位与角度，应有利于身体重心控制和及时跟进。

b.停球假动作：利用停球前的身体虚晃动作达到欺骗对手的目的，为自己停球后的摆脱创造条件。

c.停球保护：在对方将要贴身争抢的情况下，停球时支撑脚的选位应考虑到停球同时让自己的身体处在球与对方之间，以便护球（见图 4-87）。

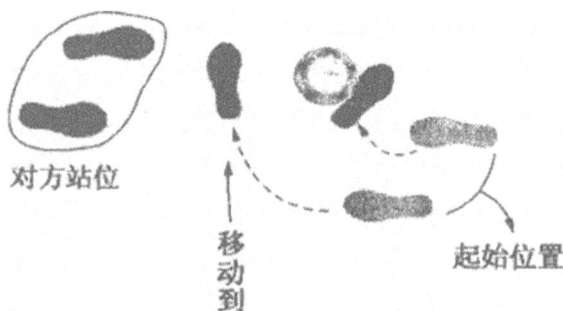

图 4-87

③结合"4 对 1 对传抢"的练习。

方法:在传抢练习中,有意识地运用停球技术,是强化技术运用能力的有效手段。

提示:在对抗状态中的"练习",必然是练习者对自己的技术运用有具体要求,有意识地选择某个技术动作反复练习,如强调停球假动作或停球保护等,若不做具体要求,练习的针对性不强,效果也会受到影响。

(3)易犯错误与纠正方法(见表 4-20)。

表 4-20

易 犯 错 误	纠 正 方 法
抬脚高度超过球的高度,造成漏球	控制好抬腿高度
在支撑脚前方触球,停球不稳或将球挑起	准确判断球速,调整后支撑脚位置
肌肉关节过于紧张,不能有效缓冲来球力量	停球腿适当放松,但脚尖应翘起保持脚形
注意力不集中,停球后不注意技术的衔接	身体重心适当降低,保持稳定,并随时准备起动跟进和抵抗对方可能的冲撞

2. 脚内侧停反弹球

脚内侧停反弹球技术是处理空中下落球的理想选择,相比胸部停球、大腿停球和脚内侧空中停球,脚内侧停反弹球能够比较容易地把球一次停到地面,减少了过渡调整的环节,有利于快速衔接技术动作(见图 4-88)。

小腿与地面应保持小于90°夹角　　准确判断落点和反弹时机是停好反弹球的关键,也是技术难点

图 4-88

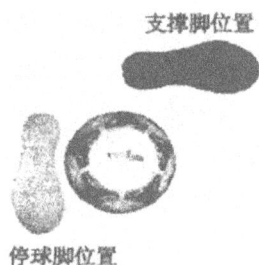

支撑脚位置

停球脚位置

图 4-89

（1）动作要领。

①准确判断落点，并及时选择支撑脚位置，踏在落点的侧前方（见图 4-89）。

②停球腿提起，在落点的后上方等球反弹。

③触球时机应选择在球刚刚反弹离开地面的瞬间。

④力量控制，可以采取被动触球缓冲，或者根据需要加力推压，把球停到适当的位置上。

（2）练习方法。

①原地停手抛球。

方法：持球上抛，停落地反弹球。练习球的线路、落点稳定，便于初学时掌握基本动作要领。

提示：根据技术掌握情况，可以通过控制抛球的高度，或借助落点变化增加练习难度，如向身后抛球，转身后停反弹球。

②结合颠球练习停反弹球。

方法：自己在颠球过程中，颠球几次后颠一次高球，然后练习停反弹球，如此反复进行。

③两人相距 15～20 米，结合掷界外球进行两人相距约停反弹球。

④两人结合脚背内侧长传球练习停反弹球。

提示：长传球的落点较不稳定，在准确判断的基础上移动一定要及时，还应该强调左右脚技术的均衡发展。另外，可以结合运用其他技术，如脚底停反弹球技术。脚底停反弹球技术要领：适用于落点离身体较远的传球。停球时，停球脚前伸到落点的后上方，用脚底挡住球的反弹路线即可，一般不要有意加力踩踏。

（3）易犯错误与纠正方法（见表 4-21）。

表 **4-21**

易 犯 错 误	纠 正 方 法
抬脚过高，脚触球时间过晚造成停球不稳	停球腿下压
停球腿与地面夹角过大	准确判断落点，调整支撑脚站位
停球腿太紧张，缺少缓冲	放松腿部肌肉和关节
停球脚下压力过大，停球过远	停球脚被动触球

3.挺胸式停球

主要用来处理齐胸高度的来球，多见于接停长传球。但是，胸部停球不能一次把球停到地面，不利于做出快速的技术衔接，所以一般利用脚内侧、外脚背和脚底反弹球进行调整（见图 4-90）。

图 4-90

（1）动作要领。

①准确判断球的运行方向和落点，调整站位面对来球。

②两脚前后开立，重心落在两腿之间，屈膝稳定身体，两臂自然置于体侧。

③当球接近身体垂直面时，上体稍后仰，同时蹬地、展腹、挺胸，使球弹起改变运行方向然后落于体前。

（2）练习方法。

①两人一组停手抛球。

方法：两人相距 4～5 米，互掷手抛球（球的运行弧线稍高），把球停向空中后用手接住再回抛给对方。

②停球结合脚内侧停反弹球。

方法：练习形式同上。要求练习者把胸部停球与脚内侧停反弹球结合，球停在地面后回传给同伴。

提示：胸部停球能够一次把球控制到地面，不利于技术衔接。训练中要注意停球与随后的控球技术的快速衔接，一般在球落地时利用脚内侧或外脚背接停反弹球，以最少的触球次数把球控制到地面，这样就能快速过渡到运球或传球。

③三人颠球练习中结合胸部颠球。

方法：三人三角形站位，连续颠球每人颠球数次后颠传高球给同伴。

提示：在接同伴颠传球时，先用胸部停球动作将球颠起，再接其他部位颠球。

④综合练习：停球，运球，射门。

方法：见图 4-91。胸部停球后，用脚内侧或外脚背停反弹球，并迅速控制球。

提示：实战中，当对手逼近争抢时，可以通过调整胸部倾斜角度和加力动作来控制停球落点，达到停球同时摆脱对手的目的。

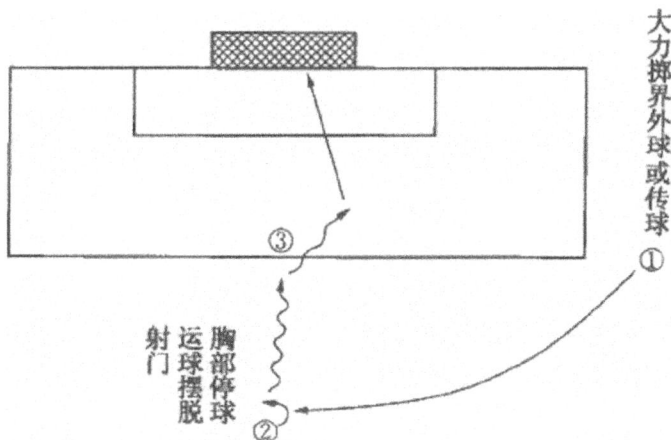

图 4-91

（3）易犯错误与纠正方法（见表 4-22）。

表 4-22

易 犯 错 误	纠 正 方 法
对球的运行路线判断不准确,身体调整不到位	注视来球,提前判断,身体主动侧面迎球
下颚抬起,影响视线和视察	收紧下颚,两眼注视来球
上体后仰角度太小,球反弹后离身体过远	判断来球的角度和力量,调整身体后仰角度

（三）运球

运球技术在比赛中的运用灵活多变,最有威胁的当属运球突破射门。但在大多数情况下应视战术需要而定,比赛中往往由于不恰当地采用运球技术而延误了战机。脚背外侧运球、脚内侧运球、脚底运球都经常采用,而以脚背外侧运球最常见。

1. 脚背外侧运球

最富于变化的一种运球技术。实战中利用脚踝细微而灵巧的变化,可产生出变化多端的运球线路、速度和技术衔接。常与脚内侧运球结合并配合身体晃动,实现假动作运球过人（见图 4-92）。

图 4-92

(1)动作要领。

①跑动中，身体自然放松，步幅稍小。

②运球脚在身体正面提起，膝稍内扣，脚跟提起，脚尖内转。

③在迈步伸脚着地前，用脚背外侧推拨球，随后脚顺势落地。

(2)练习方法。

①直线运球练习。

方法：单人练习，可以在准备活动的慢跑练习时进行。

提示：运球时，脚触球和小腿及脚踝的发力是柔和的，尤其脚与球接触瞬间的细微缓冲动作是控制好球的要领。初学时常常因为腿部肌肉和关节过于紧张，动作僵硬，出现"踢球"发力的错误。

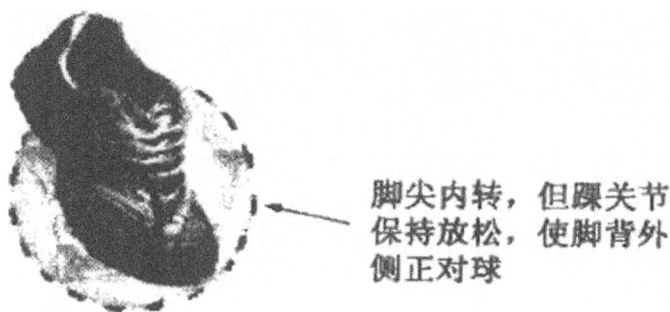

脚尖内转，但踝关节
保持放松，使脚背外
侧正对球

图 4-93

②直线运球结合脚内侧传接球。

方法：见图 4-94。

提示：运球行进过程中，注意观察接应同伴的位置和跑动情况。传球前，运球的步伐应趋于紧凑，以便为传球时支撑脚的选位创造条件。

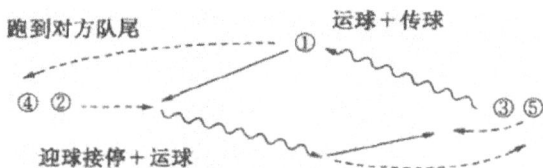

图 4-94

③运球绕杆练习。

方法：见图 4-95，在做变向时交换运球脚。

提示：绕杆运球涉及变向，在支撑脚落地时应考虑身体重心的控制、球的运行速度和运球脚的动作空间。

变向前的步伐调整。运球脚大跨步踏球的侧面偏前位置，距球稍远，为变换运球脚完成动作留出空间，同时屈膝制动降低重心，缓冲助跑冲力（见图 4-96）。

图 4-95

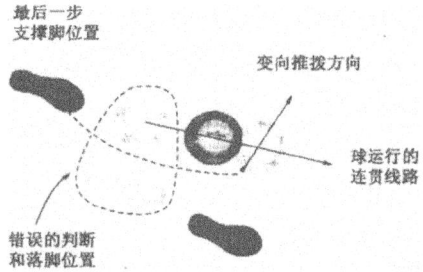

图 4-96

（3）易犯错误与纠正方法（见表 4-23）。

表 4-23

易 犯 错 误	纠 正 方 法
低头看球，无法观察场上情况	用眼睛的余光观察，兼顾球和周围情况
用力方法不当，成踢球发力	注意脚踝的放松，触球时踝关节稍加缓冲
脚跟未提起，成勾脚触球，将球挑起	保持脚背与地面角度基本垂直

2.假动作运球过人

假动作是为了诱骗对手移动身体重心，根本目的在于为自己在真实的运球方向上创造行进和控球的空间与时间。假动作的形式丰富多样，不拘一格，只要能达到技术和战术目的，尽可以随机应变（见图 4-97）。

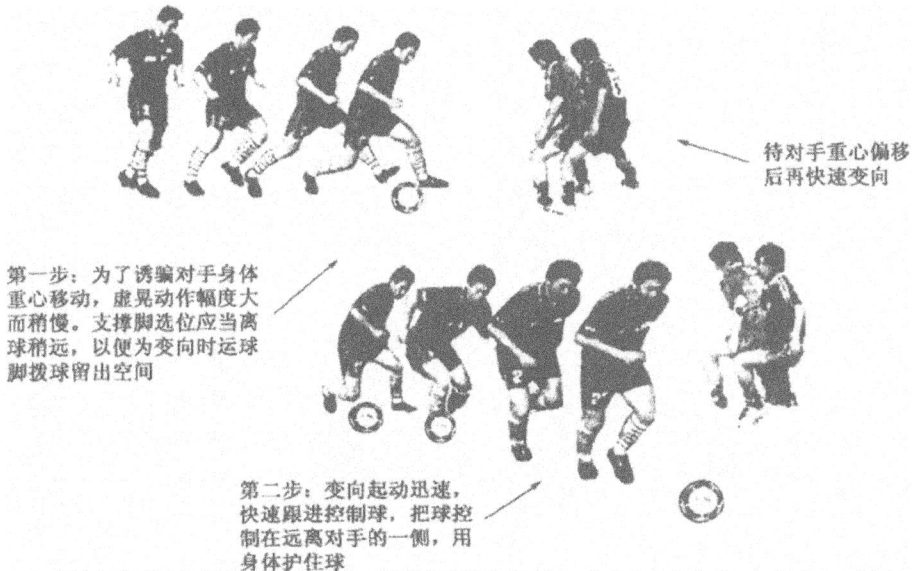

图 4-97

（1）动作要领。

①运球靠近对手时，应采用小步幅、快节奏的步伐控制，以便能够及时调整重心。

②距离控制，身体虚晃假动作应在对手的有效防守范围（约 2 米左右）以外进行，同时需观察对手是否迎上逼抢。

③变向要突然，起动要快。

④变向角度，视对手重心移动幅度，一般将球推拨到对手侧面有效防守范围以外，或对手后方。

⑤跟进控球，并注意用身体护球。

（2）练习方法。

假动作运球过人的方法多样，在熟悉动作阶段可以做无防守人的模仿练习。一对一练习中，防守人可从消极防守逐步转为积极防守。练习的方法根据动作的不同可灵活设计，一般多结合传球、射门进行综合性练习，或在实战中有意识地运用某个假动作，反复进行实践。

（3）易犯错误与纠正方法（见表4-24）。

表 4-24

易 犯 错 误	纠 正 方 法
运球接近对手时速度过快，不能有效控制球和身体重心	控制上体前倾角度，降低运球速度
做假动作的地点离对手太近，易被对手抢断	准确判断对手的移动情况
身体晃动幅度小，速度过快，不能诱骗对手移动重心	加大动作幅度，注意观察对手动向
变向起动太慢，失去对球的控制	虚晃时跨步要大，制动重心滞后

（四）前额正面头顶球

头顶球的"制空"特点使它成为一项不可替代的技术，无论用来传球还是射门，它都具有快速隐蔽的特点，使对手难以防范。在原地正面头顶球基础上，结合腰颈部的扭转动作可以做出各种变向控制。在现代足球比赛中，头顶球配合前场定位球的进攻，已成为最重要的得分手段之一（见图4-98）。

图 4-98

1. 动作要领

（1）身体正对来球，两脚前后开立，肘关节自然弯曲置于体侧，屈膝稳定身体重心。

（2）球接近身体时，上体稍后倾，重心放在后腿上，收下颚，注视来球。

（3）球运行到身体垂直面前一刹那，蹬地、收腹、迅速向前摆体发力。

（4）颈部紧张固定，快速甩头，用前额正面击球后中部，上体随球继续前摆送球。

2.练习方法

（1）熟悉球性练习。

方法：前额正面连续颠球。

提示：准确判断球的运行轨迹，及时调整身体位置保持在球的正下方，体会触球部位与击球时的身体控制方法。

（2）两人配合练习。

方法：一人用手抛球，练习者头顶球回传，或两人相距约3～4米，连续对顶球。

提示：在对顶球练习时，应快速完成观察、判断和调整站位，确保身体正对来球并完成准备姿势。

（3）综合练习。

除一般的非对抗性基本练习外，还可以组合到任何一种技术训练中，不必拘泥于某一练习形式。如作为运球、传球、射门练习的起始动作，与胸部停球、停反弹球练习组合等。

3.易犯错误与纠正方法（见表 4-25）

表 4-25

易 犯 错 误	纠 正 方 法
身体侧对来球，导致用力方向控制不稳定	步伐调整要快
无蹬地收腹动作，单靠摆头用力	加大动作幅度
抬下颚，前额斜面朝向前上方，出球太高	收紧下颚，两眼注视来球
发力过早，将至发力结束时触球，顶球无力或头顶部触球	稍晚发力，但收腹动作要快

三、基本战术

比赛阵形是场上力量配置的一种手段，它预先规定了场上队员大体的任务和职责范围，它是依据球员的技术和战术特点及对手特点来确定的。阵形是战术的组成部分，它使全队队员在进攻和防守中能更好发挥自己的特长。我们在了解或运用比赛中一些比较流行的阵形，如 4-4-2,3-5-2,5-3-2 等阵形时不应脱离比赛环境，及比赛对手的风格特点。阵形本身并无优劣之分，它是为比赛目的服务的一种战术形式。根据不同对手选择合理有效的阵形配备，可以最大限度发挥球员的实力和潜能，使攻守更趋平衡。

（一）进攻战术

"二过一"战术是构成局部战术和整体战术的基础。通过合理的"跑动"和"传球"在局部形成暂时的人数优势,并利用这种局部优势和一点突破,带动并影响周边区域,达到调动对手和为其他位置的同伴创造战术空间的目的,从而将局部优势转化为区域甚至整体优势。

1."直传斜插二过一"

方法:见图4-99。

要点:"主动寻求配合"还是"被动等待接应"是球员战术素养的体现。如果②号所在位置较远,①号应当主动运球向其靠拢,以寻求配合,同样,球的位置较远,②号队员也需要考虑积极主动接应同伴。

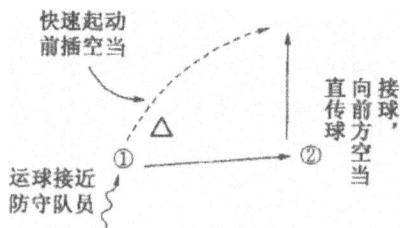
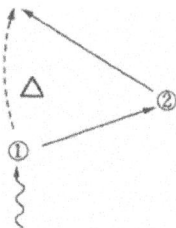

图4-99 图4-100

2."斜传直插二过一"

方法:见图4-100。

要点:②号的传球并非"必须",而应视对方动作来决定。临场运用中时常会出现"二过一"配合是条件反射式的传球,这样就丧失了战术的灵活性和队员应随机应变的原则。所以,应当牢记一种战术形式和手段,而非战术目的。在实施战术的过程中一定要贯彻随机应变的原则,把握战机、争取主动才是战术的根本动机。

3."踢墙式二过一"

方法:见图4-101。

要点:配合节奏"快"的突出特点,使这种配合形式在局部对抗中效果显著。在空间狭小或突破防线时运用"踢墙式二过一",一定要突出"快速、精确",尤其是①号队员传、跑的突然性。

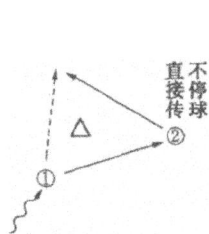
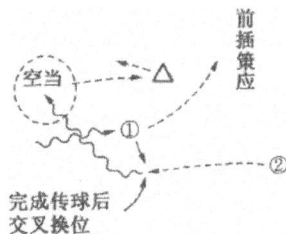

图4-101 图4-102

4."交叉掩护二过一"

方法:见图4-102,①号控球队员运球主动接近同伴②号,②号朝①号的侧后方跑动接应,当两人靠近时,①号将球轻传给②号,之后两人换位跑动。借此迷惑防守队员,增加其判断的难度。

要点：在即将做传球配合的瞬间，①号可视防守队员的动向譬如防守队员对进攻方的换位配合有所顾忌，在选位判断上出现犹豫时变传球为继续运球，这样同样能够达到"二过一"战术配合的目的。

5."回传反切二过一"

方法：见图 4-103，①号队员主动回撤，跑动要球，目的是吸引防守队员跟进，从而拉出身后空当，为自己反切跑位创造条件。②号队员应根据场上状态领会①号队员的战术意图，待①号反身起动的瞬间传出过顶球。

要点：返身切入和过顶传球的配合时机是成功的关键。

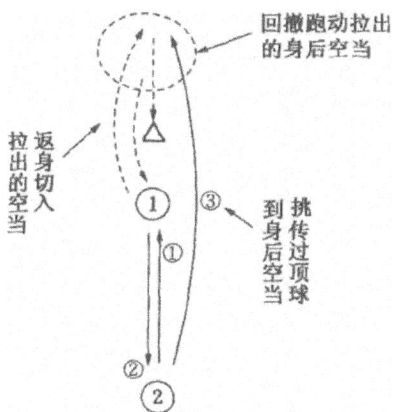

图 4-103

6.进攻中的选位

攻防战术对抗集中体现为"时间、空间"的争夺。针对防守空当和漏洞实施的传切配合、"二过一"配合，或通过无球跑动、强行运球突破来调动对手制造空当，这些都是进攻中的基本战术手段，因此，跑空当就是进攻选位的一项基本原则。

边路空当是最常被利用的空间，尤其在攻守转换之初，要利用对手防线组织未稳抢占先机，如边路直传快速推进战术、边路"二过一"突破等。随着时间推移，守方防线一旦调整完毕，原有的空当即被控制，战机也随之消失。

由此可见"空间和时间"是可以相互转化的，时间可以赢得空间，也可能丧失空间。因此，进攻选位时能够发现有战术价值的空当是实施战术创造的前提，而把握时机是战术成功的关键。大多数情况下，空当是通过无球队员的跑动，有意或无意间制造出来的，而且这种人为制造的空当相比场上固有的空当，更难以预见，也更难防范，所以才有"比赛进程取决于无球队员的跑动"的观点。见图 4-104，①号的内切跑动能够带来一系列连贯变化，为③号拉出边路空当的同时，再瞄准对方身后空当前插，使本来平静的局部形势立即变得生动起来，并且还保留了回传接应的②号队员。由此可见，我们决不能简单理解无球跑动在比赛中的价值。

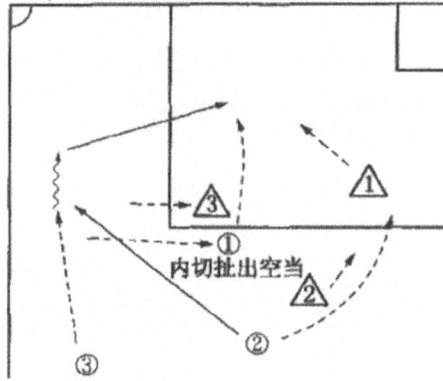

图 4-104

(二)防守战术

随着进攻战术的不断发展,防守中单纯依靠个人能力进行防御的难度越来越大,整体防守的作用就显得尤为重要。重视整体的作用,并不意味可以降低对个人防守能力的要求,相反个人协防意识和能力是构筑整体防御体系的基础。类似"二过一"战术是进攻的基础战术配合,防守队员间的协防是整体防守的基础,其主要形式有选位、保护、补位。

1. 选位

防守的选位首先依据阵形布置。教练员需综合考虑对阵双方的实力对比、技术和战术特点、状态等因素,来安排队员在阵形中的位置,即队员在比赛中的主要职责,同时这也决定了队员在场上的基本站位、活动范围和方式。比如,中后卫主要在整体队形的后方中路,在边后卫的内侧偏后位置,承担后防线的组织和中路防守之责。其次,选位还应根据比赛"重心"的变化进行调整,即球的位置和发展趋势。如对方由左边路进攻转为中路进攻,或长传转移到右边路,此时左边后卫应选择内收站位协防中卫。

防守选位可称为"斜线内收"站位。基本原则如图 4-105 所示。

纵向直线站位或平行站位因防守线路比较单一,故容易造成防守的被动。

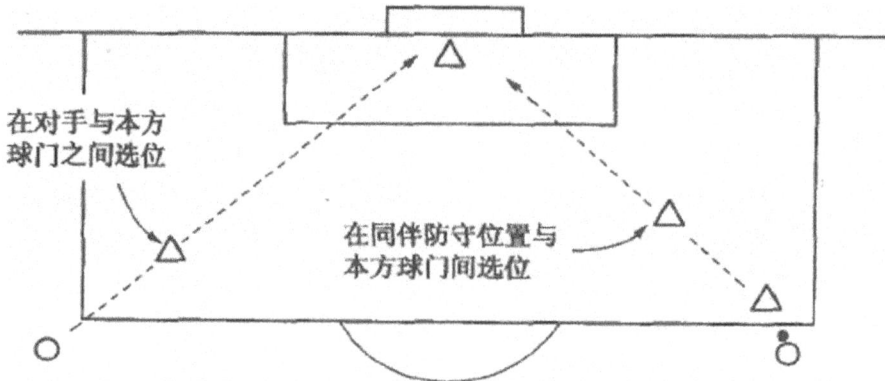

图 4-105

2.保护

后卫随时都应占据能够在最短时间内最有效地帮助处于困难中的同伴的位置上。后防线上的整体布局通常采用斜线防守站位(见图 4-106)。这是一种有利于及时补位和保护的合理选位,对同伴进行保护不仅是针对可能存在的对方突破,即使同伴没有面临直接的防守压力,在其后侧的队员也应有保护意识,这是整体防御中的基本要求。

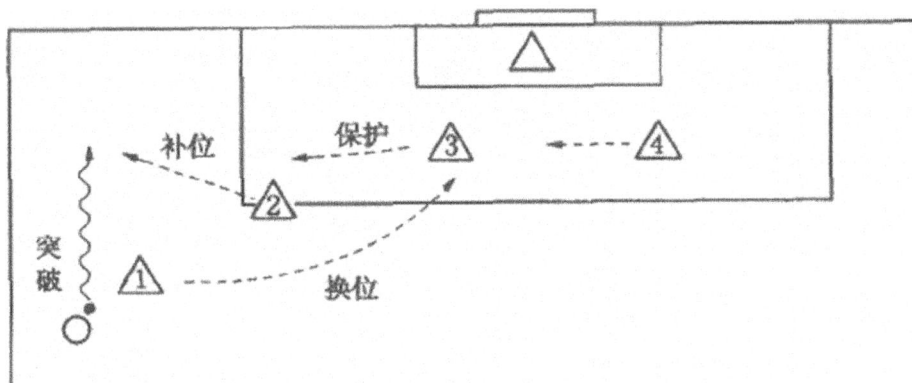

图 4-106

3.补位

比赛中保持防守队形是必要的,但防守位置被突破又是经常发生的情况,因此补位和换位是保持防守队形,弥补防线漏洞的基本战术形式。应当注意,补位和换位所涉及的人不受场上位置职责的局限,而是根据防守需要和实施的可能性来决定,换言之,离防守漏洞最近的队员理应首先补位。换位从本质上讲也属于补位。例如被对方突破的队员所处的位置,相对而言已缺乏防守效率,他应考虑变换防守位置,来提高自己在防线中的作用,弥补因同伴补位而出现的新空当。

四、足球基本手语

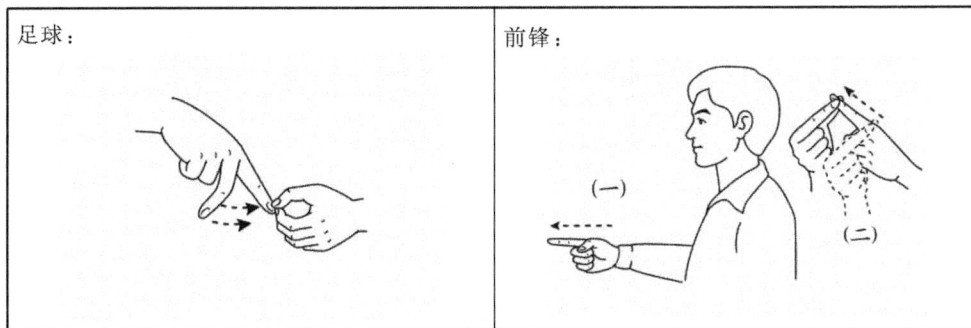

边前锋：

中锋：

后卫：

中后卫：

边后卫：

守门员：

4-2-4 阵式：

开球：

控球：

盘球（带球）：

颠球：

拖球：

（一）

（二）

头球：

（一）

（二）

跳起顶球：

（一）

（二）

铲球：

（一）

（二）

地滚球：

（一）

（二）

（三）

腾空球：

平直球：

（一）

（二）

（三）

停球：

（一）

（二）

胸部停球：	掷界外球：
倒钩球：	平胸球： （一） （二）
短传球： （一）　（二）	长传球： （一） （二）
连续传球： （一） （二）	高吊传球： （一） （二）
交叉传球： （一） （二）	三角传球： （一） （二）

过顶传球：

边线球：
（一）
（二）
（三）

任意球：
（一）
（二）

点球：
（一）
（二）

托球：
（一）
（二）

射门：

凌空射门：
（一）
（二）

拉开：

人墙：
（一）
（二）

球场：
（一）
（二）

第五节　聋人羽毛球

一、概述

聋人羽毛球与健全人羽毛球规则、技术、战术基本一致，是聋人普遍比较喜欢，也较容易开展的运动项目之一。我国聋人羽毛球成绩开展较为成熟，各省市常年举办各类聋人羽毛球比赛，已经形成较为完善的训、赛机制，取得不俗的成绩。

聋人羽毛球和排球、网球、乒乓球同属于隔网对抗性项目，比赛双方都有各自独立的空间，没有激烈的身体接触。和排球相似，羽毛球具有非着地性，比赛中球不允许着地；和网球、乒乓球相似，要借助器材（球拍）击球。技术特点：对初学者而言较容易上手。

二、基本技术

羽毛球的基本技术主要分握拍、挥拍、准备姿势及移动、发球和击球技术。

（一）握拍（以右手握拍为例）

正手握拍方法（见图 4-107）：左手持拍于体前，使拍面垂直于地面，右手自然握住球拍，主要靠食指关节和大拇指夹住球拍，拍柄和手掌虎口之间要留有一定的空隙，在握紧球拍和放松球拍时使拍头有更大的摆动空间。

反手握拍方法（见图 4-108）：在正手握拍的方法基础上，使拍面向内旋转，大拇指压在拍柄宽平面上或拍柄宽平面的右斜棱上。

 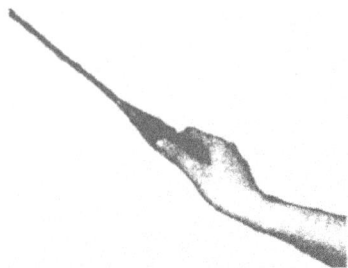

图 4-107　　　　　　　　　　图 4-108

1. 动作要领

正确的握拍方法有助于击球的发力动作，击球过程中，握拍手松紧适度，击球时握紧，击球前后都应放松。除了要掌握正确的正、反手握拍法，还要熟练掌握正、反手握拍方法的下意识转换。

2.练习方法

握拍时经常转动球拍,不要用眼睛看球拍,通过手的感觉,体会正反手握拍的位置,从而做到正反拍的转换和定位。

3.易犯错误与纠正方法(见表 4-26)

表 4-26

易　犯　错　误	纠　正　方　法
握拍过紧过死	参照正确握拍方法
一把抓、苍蝇拍握法	参照正确握拍方法

(二)挥拍

挥拍在羽毛球击球技术中是非常关键的,合理的挥拍动作才能形成正确的击球动作。

1.动作要领

挥拍前动作要领:引拍要充分,立腕也要充分。

挥拍动作要领:身体带动手臂,手臂带动手腕,最后实现手腕的翻转甩动,以手腕为圆心,使球拍拍头做圆周运动,将挥拍的力量传递到拍头。

2.练习方法

挥拍主要以徒手练习为主,为了加强手腕练习,还可以采用挥网球拍来进行辅助练习,主要练习四个方位(右上角和右下角、左上角和左下角)的挥拍练习。

3.易犯错误与纠正方法(见表 4-27)

表 4-27

易　犯　错　误	纠　正　方　法
引拍不充分	早准备,平时练习时就要养成引拍到位的习惯
挥拍没有手腕动作,腕关节僵硬不灵活	加强手腕的练习,注意手腕的鞭甩动作
挥拍中手腕发力过早,表现为过早地闪动球拍	多看正确动作和模仿,最好有教练亲自纠正

(三)准备姿势及移动

1.准备姿势

准备姿势是指击球前的准备动作,准备姿势分接发球的准备姿势和比赛击球过程中的准备姿势两种。

(1)接发球的准备姿势动作要领(见图 4-109):左脚在前,右脚在后,侧身对网,重心在前脚,右脚跟离地,双膝微屈,收腹含胸,举拍于体前,两眼注视对方。

(2)比赛击球过程中的准备姿势动作要领(见图 4-110):右脚在前,左脚在后,脚前掌着地,脚跟提起,膝关节微屈,上体稍前倾,重心落在两脚之间,持拍于体前,时刻保持微动,保持一触即发的起动姿态,分高姿和低姿,高姿大多用来主动进攻,而低姿大多用于防守对方的大力球。

图 4-109   图 4-110

2.移动

移动是快速接近球取得最佳击球点的必要手段。移动步法分跨出步法和回位步法,从羽毛球的球场中央到四角任何位置,都不会超过三步,因此将跨出步法又分为一步移动、二步移动和三步移动。在移动过程中,可采用各种的移动步法,如:垫步、交叉步、小碎步、并步、蹬转步、蹬跨步和腾跳步等。

回位步法则要求及时快速和放松。击球后,应尽早回到中心位置(回位)做好迎击下一个来球的准备,当然,随着比赛经验的积累,以及比赛当时的实际情况,也并非每次击球都必须回位,而应根据对方技术和战术的特点,来选择最合理的跑动路线和最佳的取位。

3.练习方法

(1)单个步法练习。初练步法时,首先做无球的模仿练习,徒手按照各种步法点动作要领,将动作一步一步分解后进行练习,重点体会脚步的顺序及击球前最后一大步的姿势,然后做有球的单个步法练习。

(2)综合步法练习。在熟练地掌握各单个步法点基础上,再将几个单个步法组合起来进行全场综合步法练习,首先也是从无球开始,然后过渡到有球,练习中一定要将各种单个步法串联到一起。

4.易犯错误与纠正方法(见表 4-28)

表 4-28

易 犯 错 误	纠 正 方 法
引拍、挥拍和移动步法不协调	练习移动步法一定要将引拍和挥拍结合起来练

易　犯　错　误	纠　正　方　法
最后一步,步幅太小。表现为:速度减慢或速度快而站不稳	要同时将速度和稳定性结合起来,击球前的最后一步步幅要大要稳,控制住身体的重心
最后一步跨出,脚尖方向错误	注意脚尖的方向和移动的方向一致,可略微向外撇,切不可用脚外侧对着移动的方向进行移动,容易造成踝关节扭伤
缺少回位意识	初学者常犯此错误,关键在于思想重视,逐步养成回位习惯,也可以在练习中,不断提示

（四）发球

发球技术可分为正手和反手球技术。通过正手和反手两种发球技术,可以发出不同路线的球,从发出球的路线来说,又可将发球分为发网前球、发平抽球、发平高球、高远球等。

发网前球:将球发到对方发球区靠近前发球线附近。常用于双打比赛,优点是迫使对方只好用低手来回球,可以限制对方高手回大力球;缺点是容易被对方扑杀而陷入被动。

发平抽球:常用于双打比赛,利用发小球的假象,快速发力,将球发向对方不适应的位置,造成对方不能主动进攻。优点是具有很强的突然性;缺点就是如果对方早有准备,将会得到对方快速的还击。

发平高球:也是将球击向对方后场,姿势、动作和高远球一样,只是发力方向和击球点不同,击球的弧度略平些,速度更快些,较高远球更有突然性和攻击性,缺点是只能偶尔为之,若对方早有防备,则对方回过来的球,将会增加己方防守难度。

发高远球:把球发得又高又远,将球击向对方的后场,常用于单打比赛,优点是可以有充分的时间来等待处理对方回球,缺点是将进攻的主动权交给对方,若对方进攻较弱可多发高远球。

1. 正手发球

以正手握拍的方法在身体握拍手同侧方向,将球击向对方的发球方式。不管发何种路线的球,持球的准备姿势,都应保持一致,侧对发球方向,大拇指和食指托住球(见图的第一个姿势)。具体每一种发球的动作要领如下:

(1)高远球动作要领:动作要完全舒展,大臂带动小臂向前上方甩动(见图4-111)。

(2)发网前小球动作要领:击球时手腕固定不发力,手臂带动拍面,将球往前推送出去,整个动作起伏较小,速度较慢。

(3)发平抽球动作要领:在发小球的基础上,突然甩动手腕,对准对方的防守弱点,如肩、胸部,将球快速击出。

(4)高球动作要领:较发高远球而言,握拍手前移后再闪腕发力,使球的弧度低平些,速度也略快些。

图 4-111

2. 反手发球

以反手握拍的方法在身体握拍手异侧方向,将球击向对方的发球方式。所有的反手持球的准备姿势,都应保持一致,面向球网,两脚前后开立(见图 4-112 的第一个动作),左脚或右脚在前均可,上体稍前倾,身体重心在前脚上。右手臂屈肘略上抬,拍面在身体左侧腰下。左手持球拇指与食指捏住球的羽毛,球托对准拍面。击球时,前臂带动手腕和球拍向前击球。具体每一种发球的动作要领如下:

(1)发网前小球动作要领:拍由后向前推送击球,使球落到对方场区的前发球线附近(见图 4-112)。

图 4-112

(2)发平抽球动作要领:发力要突然,用拍头闪动击球,拍面要有"反压"动作,将球发向对方不易回球的位置或瞄准对方的肩膀。

(3)发平高球动作要领:反手发平高球与正手发平高球的球路、角度、落点一样。发球时,球拍的挥动方向也与反手发网前球一样,只是在击球的一刹那,拍面与地面的角度接近垂直,手腕的鞭甩动作突然加快。

(4)发高远球动作要领:准备姿势、动作和发反手平高远球一样,只是发力大小方向和击球点不同,拍面触球的角度也不同,发高远球时,引拍要快而充分,手腕的鞭甩动作也要更积极。

3. 练习方法

发球练习方法最好是采用多球的练习方法,也可以两人一组相对进行近网或远网的发球练习,或多人一组相对进行远网和近网练习。

4.易犯错误与纠正方法(见表 4-29)

表 4-29

易 犯 错 误	纠 正 方 法
挥拍节奏和挥拍路线不正确,表现为正手发球时,球拍打不到球	建立正确的节奏和挥拍路线,最主要的还是多练,熟悉球性
球发不远或发不上力	首先要确认击球点是否正确,其次就是挥拍上的错误,纠正方法参见挥拍动作

(五)击球

击球主要分正手击球和反手击球。

按击球的位置,又可以分为前场球、中场球和后场球。前场击球的威胁较大,因球飞行距离和时间较短,落地快,往往使对手措手不及而直接得分,即使不能直接得分,也能迫使对方被动回球,创造下一拍的机会。若网前进攻和中后场进攻能紧密地结合起来,则能发挥前后场的连续进攻,掌握主动权。后场球技术,主要是过渡技术,相对于前场和中场球而言,杀伤力就有所减弱。

按具体击球的动作和效果又可分为头顶击球、高远球、杀球、吊球、搓放小球、推球、挑后场高远球、扑球和勾球等。

击高远球:以高弧度球的方式直接将球击向对方后场的击球动作

杀球:在尽量高的点,大力快速将球击向对方场地地面的击球动作。

吊球:准备似杀球动作,击球瞬间,拍面侧滑切击球,使球贴网而下,落于对方网前的击球动作。

扑球:当来球在网顶上方时,能以最快的速度上网扑压来球的技术扑球动作。

勾球:从本方网前的一个角将球击到对方网前的另一个角的技术动作,一般人说的"勾对角",指的就是勾球。

搓球:通过拍面对球托的搓击,使球贴网翻滚过网的技术动作。

放小球:来不及搓球的情况下,通过控制拍面角度,对准来球,一般在低点由下而上将球抬起,使球翻网而过,贴网下落的一项技术。

推球:在网前向对方后场或对方不适应的位置击出平球的动作,分推直线球和对角球。

挑球:在网前通过下手击高远球方式,将球由网前击向对方后场的技术动作,通常所说的挑后场高远球指的就是挑球。

1.正手击球

正手击球是以正手握拍,在身体握拍手一侧击球的方式。主要击球方式有头顶击球、高远球、杀球、吊球、搓放小球、挑后场高远球、推球、扑球和勾球等,具体动作要领如下。

(1)击高远球动作要领:起跳后手腕控制球拍对准来球路线,快速挥拍击打球的后部,球即沿着直线飞行;若手腕控制拍面击球托的右下方,球则沿着对角线方向飞行。击球后,手臂随惯性自然回收至胸前(见图4-113)。

图 4-113

(2)头顶击高远球动作要领:基本动作同击高远球,只是击球点有所变化,头顶击高远球较击高远球的击球点更向后一点,击球方式也基本一致。

(3)杀球动作要领:杀球的击球点较击高远球的击球点更向前一点,跳起后身体反弓加上手臂、手腕的延伸、外展。产生一个具有最大力量的鞭打发力动作,杀球时,身体带动手臂和球拍,使整个拍面快速向前下方挥动。

(4)吊球动作要领:杀球和吊球的击球点是相同的,吊球时,击球瞬间,小臂突然减速,拍面向左侧方或右侧方两边闪动,最后以拍面切削来球,使球越过网后立即下落。

(5)挑后场高远球动作要领:击球前前臂充分外旋,手腕尽量后伸。击球时,先向前抽拍,然后再闪腕发力,若球拍向右前上方挥动,挑出的是直线高远球;若球拍向左前方挥动,挑出的则是对角高远球(见图4-114)。

图 4-114

(6)放网前小球动作要领:当对方将球击至自己正手网前时,以正手握拍法,侧身向球的方向移动,上身稍前倾,用球拍轻轻切、托,将球向上弹起恰好一过网就下落,注意根据击球点离网的远近来调节挥拍的力量、速度和拍面角度的大小。

(7)网前搓球动作要领:击球前,小臂稍外旋,手腕由后伸至稍内收闪动;击球时在正手放网前球动作基础上,加快挥拍速度,搓切来球的右下部,使球旋转滚过网(见图4-115)。

(8)推球动作要领:网前正手拍面迎接来球,球拍向右侧前上举。在肘关节微屈回收时,小臂稍外旋,手腕稍后伸,球拍也随着往右稍下后摆,拍面正对来球。小指和无名指稍松开,使拍柄稍离开手掌鱼际肌。拇指和食指稍向外捻动拍柄,使拍面更为后仰,将球向前推击。推直线球时,击球的后部,使球沿边线方向飞行;推对角球时击球点在右肩前方,要推击球托的右侧后部,使球沿对角线方向飞去。

图 4-115

(9)网前勾球动作要领:勾球一般采用并步加蹬跨步上网的步法。在步法移动的同时,球拍随着前臂往右前上方举起。前臂前伸的同时,稍有外旋。手腕微后伸,这时的握拍稍有变化,将拍柄稍向外捻动,使拇指贴在拍柄的宽面上,食指的第二指节贴在与其相对的另一个宽面上,拍柄不触及掌心。击球时,靠前臂稍有内旋往左拉收,手腕由稍后伸至内收。球拍切击球托的右侧下部,由手腕和手指控制拍面角度,击球后,球拍回收至胸前。

(10)网前扑球动作要领:身体腾空跃起或右脚蹬跨的同时,前臂往前上方举起,球拍正对来球方向。击球时,随着手臂由屈至伸,手腕由后伸至向前闪动及手指的顶压,将球扑下。其中手腕是控制力量的关键,挥拍距离短,动作小,爆发力强,扑击的球才会具有一定威胁。如果球离网顶较近,就采用"滑动式"扑球方式,用手腕从右向左将球摸压下去,这样可以避免球拍触网犯规。击球后,注意腿上的缓冲,控制重心,以免身体触网。

2.反手击球

反手击球是以反手握拍,在身体握拍手异侧击球的方式。反手击球主要击球方式有高远球、杀球、吊球、搓放小球、挑后场高远球、推球、扑球和勾球等,具体动作要领如下。

(1)反手击高远球动作要领:对方的来球向左后场区的时候,要迅速把身体转向后方,移动到适合的击球位置,背对球网,反手握拍,沿半弧形击球,把球击向后上方(见图4-116)。

图 4-116

（2）反手扣杀球动作要领：反手扣杀球准备动作与反手击高远球准备动作是一致的，击球点较击高远球更靠前些。其次挥拍发力不同，杀球时，击球前的引拍充分，挥拍闪动迅速。

（3）反手吊球动作要领：吊球的准备动作与反手击高远球准备动作是一致的。吊球和扣杀球的击球点是相同的。吊球时，小臂要上摆，用拇指内侧顶住拍柄，手腕向后"甩腕"轻切击球托的后部。

（4）反手挑球动作要领：准备姿势同反手放网前小球动作。击球前右臂往后拉抬肘引拍。击球时手腕充分内旋，由屈至后伸闪动挥拍击球。若球拍由左下向左前上方挥动，则球向直线方向飞行；若球拍由左下向右前上方挥动，则球向对角线方向飞行（见图4-117）。

图 4-117

（5）反手网前搓球动作要领：击球前，小臂前伸内旋，手腕由内收至外展状；搓击球的右侧后底部，使球侧旋滚动过网。另外小臂还可以稍伸直，手腕由外展到内收，带动球拍向前切送，击球托的后底部，使球下旋滚动过网（见图4-118）。

图 4-118

（6）反手放网前球动作要领：击球前的准备动作要领同正手放网前球一致，只是方向相反。反手握拍，反面迎球，击球时，主要靠小臂的前伸、内旋和手腕由内收至外展的合力，轻托来球底部，使球贴网而过。

（7）反手推球动作要领：以反手拍面面对来球，用推击的方法向对方底线击出弧度较平，速度较快的球。推直线球时，击球的后部，使球沿边线方向飞行；推对角球时，在击球一刹那要急速向右前方挥拍，推击球的左侧后部，使球沿对角线方向飞行。

（8）反手网前勾球动作要领：在步法移动的同时，手臂向左侧前方平举（注意手臂不要伸直,稍弯即可)。击球时,随着肘部下沉,前臂回收外旋,食指和拇指协调用力捏动拍柄,使拍面拨击球托的左侧后部,使球沿对角线飞越过网。

(9)反手网前扑球动作要领:反手握拍,持于左侧前。当身体跃起或前倾上网时,球拍随前臂前伸而举起,手腕微屈,拇指顶压在拍柄觅面上,其他四指自然并拢,拍面正对来球。击球时,手臂由屈至伸,手腕由微屈至后伸并用力闪动,拇指顶压,加速挥拍扑击,击球后,球拍随手臂回收至体前。

3. 正、反手击球的练习方法

(1)空中悬球练习:体会击球点和挥拍动作。

(2)原地对拉高远球:基本练习,先练习直线对打,然后再练对角线对打。

(3)移动中对打高远球练习:掌握一定的原地击高远球技术之后,即可过渡到移动中的对打高远球练习,结合步法练习和正反手击球练习。

(4)一人固定、一人移动的练习。一人在底线固定位置击出高球,另一人则在回击高远球后回到中心位置,再重新退到底线回击对方打来的高远球。

(5)两人都移动拉高远球:要求对练双方在各自击完球后都要回到中心位置,然后再各自退到底线回击对方打来的高球。如此循环练习。

(6)吊球和挑球组合练习:一人吊球,一人挑球。先从原地开始,然后移动吊球,吊左或吊右;挑球也相应变化,先原地挑球,后移动挑球,挑左或挑右。

(7)杀球练习:练杀球最好采用多球练习,即一人连续发多球至练习者的后场,练习者先原地进行扣杀球练习,然后再过渡到移动中扣杀练习。一般先练正手杀球,待熟练后再练头顶或反手杀球。在练习杀球时,也要注意球落点和线路的变化。

(8)平抽球练习:两人站在场地中部,用平球相互抽击,直线球或斜线球均可。练平抽球时,握拍可适当上移,刚练击球时要尽量将球击向对方的拍面,待技术提高后再求变化。

(9)接杀球练习:可在进行多球杀球练习的同时练接杀球技术。可以固定杀球落点,让接杀者连续进行防守;也可两人在半场进行一攻一守练习。

4. 易犯错误与纠正方法(见表 4-30)

表 4-30

易　犯　错　误	纠　正　方　法
手腕与手指运用不当,不是用力过猛,就是拍面控制不好,使击出的球离网太高、太远或落网	多练
站位离网过近,妨碍了击球动作	选取一个适当的位置
击球前肘部过直,引拍过深错过机会或过浅发不上力	多练
不到位、拉不远或发不上力	多练挥拍,掌握正确的击球点

三、基本战术

技术是战术的组成部分,没有一定的技术做基础,是很难实现战术要求的,战术是为技术服务的,使技术发挥更有方向性。技术好体现在击球的精准性上,而战术好体现在如何选择最好的击球去向上。

(一)了解规则和基本打法

要想打好比赛,首先要掌握羽毛球的技术规则和基本的比赛方法,这是前提,只有熟悉了比赛的规则,才能运用好规则。

早期羽毛球的战术打法分进攻型打法和防守型打法。而现代羽毛球则要求全攻全守,比赛中要求运动员能攻能守,还要有一定的技术特长,擅长前场球、擅长后场球或假动作等。

(二)选择羽毛球的战术打法需要注意两个方面

一是选择战术打法时,首先要结合自己的特点,包括自身的身体条件和技术条件。在身体条件中,身材的高矮和身体素质的好差等,都可影响到打法的选择。技术条件中,基本技术掌握较全面、攻守技术较佳者,可以快拉快吊打法为主。杀球技术掌握得很好,且杀球有力、落点控制较好,网前技术也不错者,则以后场下压、上网控制网前的打法为主。控制球的能力较强,且有耐心者,则可选择打四方球。防守技术掌握得很好,且步子灵活、移动快,则可选择守中反攻的打法为主,等等。

二是还应根据对手的特点,针对对手不同的身体条件和技术条件,采用不同的打法,总之要以扬己之长,克彼之短为出发点。选择战术打法并不是单一孤立的,更不是绝对的,切不可不顾自身特点,更不能机械地模仿别人。

(三)掌握比赛的基本应对策略

在比赛过程中,是很少有暂停的,即使有也是受限制的,在自己一方处于弱势或不利的情况下,可以向裁判申请擦汗、喝水、系鞋带、换新球等方式缓解一下,调节自己的心态,暂缓对方的得分势头,避开不利局面,当然这些只是应对比赛的一些小方法,要想取得比赛的胜利最终还得靠扎实的基本功。

四、羽毛球基本手语

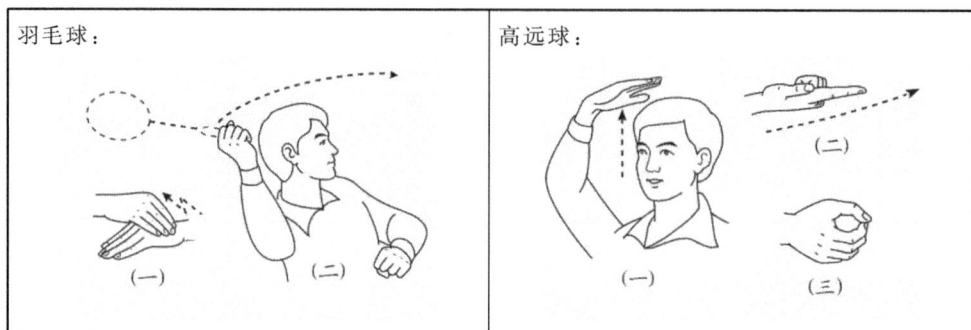

挑球：

吊球：

封网：

（一）　　　（二）

压线球：

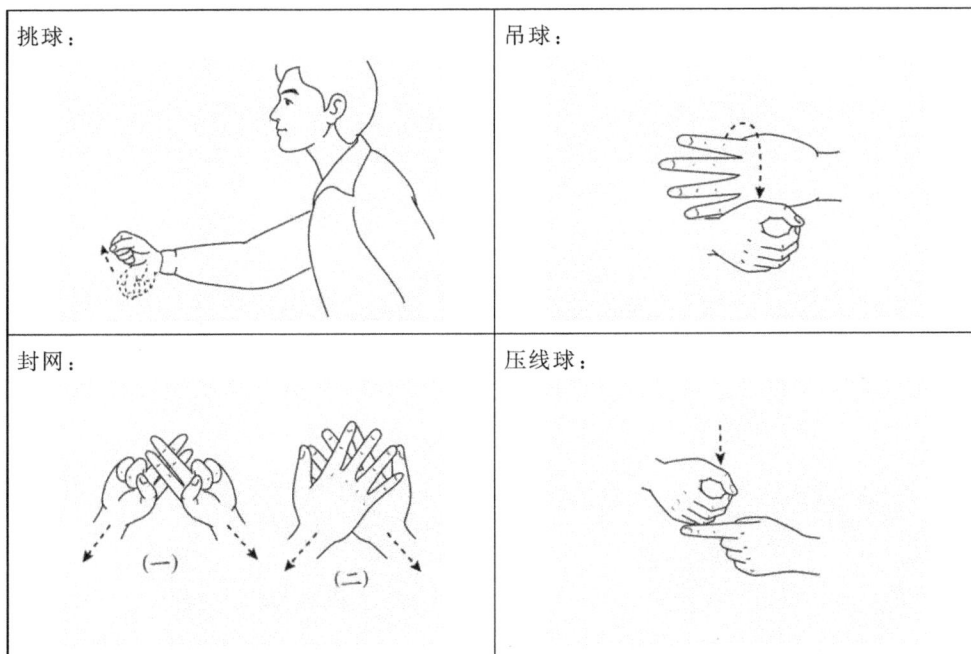

第六节　聋人乒乓球

一、概述

聋人乒乓球运动规则与健全人乒乓球运动规则相同。所使用的乒乓球直径仅为 40 毫米，技术上丰富多彩，有挡、搓、削、拉、扣、发球等技术动作，且此项运动所需的场地设备简单，活动量可随技术水平的不同而增减，不受年龄、性别、身体条件的限制。参加打乒乓球活动，既能培养聋人的意志，又能使聋人身体得到全面发展，因此深受聋人喜爱。

打乒乓球的双方距离短、球速快，据统计，平均每个球的空中运行时间约在 0.3—0.5 秒左右。乒乓球运动员应努力达到如下几方面的要求：判断快、起动快、摆臂快、移动快、动作和方向变化快。

二、基本技术

比赛中运动员要合理地把球回击到对方台面，就必须掌握各种基本技术动作，如发球与接发球、推挡球、攻球、削球、搓球、弧圈球、步法等。基本技术是战术的基础，战术在技术的基础上形成和发展。没有全面熟练的技术，就不可能有灵活机动的战术。因此，打乒乓球一定要练好基本技术。

（一）握拍法

握拍法即指单手持球拍的方法。世界上流行着直拍握法和横拍握法两种。两种握法各有千秋，从而产生各种不同的打法，实践时应因人而异，扬长避短。

1. 握拍种类

（1）直拍握法。

特点：正反手都用球拍的同一拍面击球，出手快，正手攻球快速有力，攻斜、直线球时，拍面变化不大，对手难于判断。

要领：拍前以食指第二指节和拇指中段扣拍，拍后，三指弯曲重叠贴于拍的三分之一上端。这种握拍法，简称中钳式（见图4-119）。

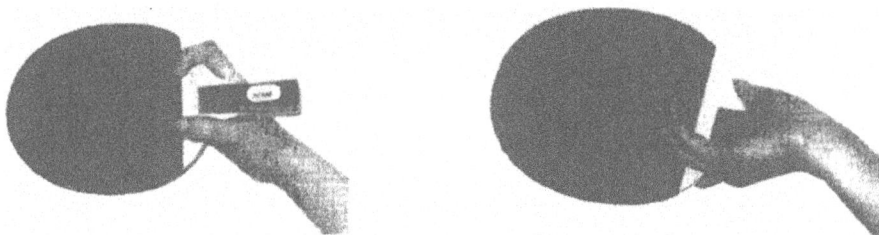

图 4-119

（2）横拍握拍法。

特点：正反手攻球力量大，攻削球时握法变化小，反手攻球容易发力也便于拉弧圈球；但正反手交替击球时，需变换击球拍面，攻斜、直线时调节拍形的幅度大，易被对方识破。

要领：虎口贴拍，拍前是食指，拍后是拇指。此握法又称为八字式。正手攻球时食指向上移动，反手攻球时拇指向上移动（见图4-120）。

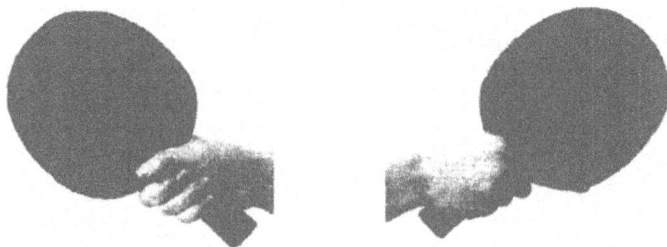

图 4-120

2. 练习方法

（1）教师示范领做，使学生正、背面看清。

（2）学生握拍，按动作要领相互纠正，教师提示要点。

（3）原地向上托球，体会手腕手指用力动作，熟悉球性。

（4）移动托球或两排相距1～1.5米对托击球。

3. 易犯错误及纠正方法(见表 4-31)

表 **4-31**

易 犯 错 误	纠 正 方 法
握拍过大、过小、过紧、过深、手腕僵硬	弄清动作要领,正确握拍,手指手腕放松

（二）判断和站位

"判断来球,移动脚步,出手击球,回复位置"是击球过程的基本环节,它贯穿在运动员的每一次击球过程中。要正确地回击对方每一个来球,判断的迅速和站位的正确是很重要的一环。

1. 判断来球的几个因素

(1)根据对手球拍运动的方向以判断来球的旋转性能。

(2)根据手臂、手腕振幅的大小,动作的快慢,来球的速度和越网的高度,来判断落点的长短以及球旋转的强弱。

(3)根据对方球拍与球接触的角度来判断来球的路线。

(4)根据球从网端通过的位置判断来球的方向。

2. 站位的方法

站位根据离台远近的不同分为近台、中台、远台、中远台和中近台。近台是指站位在离台 0.5 米以内;中台是指站位在离台 0.7 米附近;远台是指站位在离台 1 米之外;中近台是指站位介于中台与近台之间;中远台是指站位介于中台与远台之间。

3. 击球时间

来球在本方台面弹起后,球从着台点上升到回落的过程,可分为上升初期、上升后期、高点期、下降初期,以及下降后期五个时期。击球时间要依各种类型打法、体形高矮,来球性能有所不同。根据自己的特点,找好和固定击球时间,有助于提高球的命中率。

（三）准备姿势

运动员在回击任何来球时所保持的合理姿势,就是准备姿势。在每一个来球前,身体迅速移动,选择合适的击球位置,才能及时、正确地把来球回击过去。

1. 动作要领

两脚开立约与肩宽,两膝微屈稍内扣并以前脚掌内侧着地,身体重心在两脚中间,上体微前倾,下颌微收,两眼注视来球,持拍手臂自然弯曲手腕放松,球拍自然后仰置于腹前,左手自然弯曲抬起高于台面(见图 4-121)。

图 4-121

2.练习方法

(1)在教师的示范领做下,练习准备姿势。

(2)原地踏步或跑步听教师的示范口令做准备姿势。

(3)结合步法练习准备姿势。

3.易犯错误及纠正方法(见表 4-32)

表 4-32

易 犯 错 误	纠 正 方 法
全脚掌着地,上体过直,重心偏高	提踵屈膝略内靠,上体前倾

(四)步法

1.各种步法要领

乒乓球的步法很多,常用的有下面几种。

(1)单步。击球时以一脚为轴心,向左右转动。常在打定点球时用。

(2)换步。击球时以一脚向来球的方向跨一步,另一脚紧跟上去,或一脚前后,左右跳动,另一脚迅速跟上。应付小角度的来球常用这种步法,左推右攻时也使用此种步法。

(3)跳步。击右方来球时,用左脚蹬地,双脚同时离地起跳,然后左脚先落地,右脚跟着落地,站稳(接左方来球则相反)。这种步法是用来应付角度较大的来球。若不跳动,而是移步,就成为并步。并步控制面积比跳步小,但比跳步稳健些,削球者采用此种步法较多。

(4)跨步。来球距原来位置很远时,一脚先向来球方向跨一步,接着另一脚再向同一方向跨一步。跨步要灵活,否则虽然跨到,但时间已经过迟。在扑救险球时或正手打回头球时常用此种步法。

(5)侧身步。左推右攻运动员常用步法。如果来球离身较远,侧身位置不需要很大,击球时可以左脚为轴,右脚向左后方移动,微收腹,腾出空隙来击球。在来球追身时,侧身就较大,开始右脚蹬地发力,左脚向球台外跨一步,然后右脚靠腰部扭动后撤跟上。

2.练习方法

(1)看手势进行步法练习。

(2)结合挥拍进行步法练习。

3.易犯错误及纠正方法(见表 4-33)

表 4-33

易 犯 错 误	纠 正 方 法
蹬地不及时,起动慢和不到位	用口令提示"快提脚",增强下肢力量和脚的灵巧性练习

(五)发球与接发球

发球是乒乓球的基本技术之一,在比赛中占很重要的地位。每局比赛,双方各有5—10次发球机会,多变的发球和发球质量好,不仅能使对方回接失误,直接得分,而且也可以为进攻创造更多的机会。发球又是比赛开局的第一板球,它不受对方的干扰,可以任意在各种方位(双打除外)按自己的战术意图,将球发到对方任何位置,易于先发制人,争取主动。

1.各种发球的动作要领

(1)反手平击发球。站位左半台离台 30 厘米,右脚稍前身体略向左转,左手掌心托球,右手持拍于身体左侧。持球手轻轻向上抛球,同时持拍手向后引拍,上臂自然靠近身体右侧,待球下落低于球网时,持拍手以肘关节发力,由左后向右前挥拍击球中部,拍面稍前倾,第一落点在本台中区(见图 4-122)。

图 4-122

(2)正手平击发球。站位中近台偏右左脚稍前,身体稍右转,球向上抛起,持拍手由右后向前挥动。其余同反手平击发球(见图 4-123)。

图 4-123

（3）正手发左侧上（下）旋球。站位左半台，抛球同时持拍手迅速向右上方引拍，身体随即向右转，手臂自右上方向左下方挥摆，球拍从球的右侧中下部向左侧面摩擦，若发左侧下旋球时，手臂自右上方向左前下方挥摆，拍从球的右侧中部向左侧下部摩擦，第一落点在本方端线附近（见图 4-124）。

图 4-124

（4）反手发右侧上（下）旋球。站位和准备姿势同反手平击发球。抛球的同时持拍手向左后引拍，用前臂带动手腕向右前上方挥动，拍面逐渐向左稍前倾，拇指压拍，手腕内转，从球的中部向右侧上摩擦，第一落点在本方端线，第二落点为对方左角。若发落点短的球，前臂向前力量减小而增强手腕摩擦力量，第一落点在本方中区；若发下旋球，击球时拇指加力压拍，使拍面略后仰从球的中部向侧下摩擦（见图 4-125）。

图 4-125

2.接发球的要领

视对方发球站位而定的接发球站位要恰当,判断来球的旋转性能、飞行弧线、落点要准确,移动回击手法要适当。发球的重点是发球手法,发球的隐蔽性和准确的第一落点。

3.练习方法

(1)徒手模仿各发球动作,体会抛、引、挥等动作。

(2)离墙1~2米对墙做各种发球练习,或在台上着重做第一落点的各种发球练习。

(3)两人台上练习,一人做各种发球,一人平挡球练习,交换进行。

(4)两人台上练习,一人做规定线路的各种发球练习,另一人做接发球练习,规定用攻、搓、削中的任何一种技术接对方的单一发球。

(5)两人一组,一人配套发球,另一人用多种技术接发球,交换进行。

(6)记分比赛,五球一换或一局一换。发球方专练发球,接发球一方专练接发球。

提示:接发球的重点是正确判断来球的旋转性能、飞行弧线和落点。

4.易犯错误及纠正方法(见表4-34)

表 4-34

易 犯 错 误	纠 正 方 法
球未向上抛起,高度不够	讲明要领并用数次抛球动作来练习
击球点过高或过低	强调按动作要点要求掌握正确恰当的击球点
拍面前倾过多或不够,击球时间前力量小或大,落点过远或过近	用正确的拍面击悬空球;在台上画出第一落点的范围
接发球易犯判断不准,移动不到位,回击手法不当的错误	多实践认准判断目标;加快移动练习;根据来球采用正确手法击球

(六)挡球与推挡球

挡球是初学者首先应学习的一项基本技术。推挡球是我国近台快攻传统打法的独特技术,所以学习者应熟练掌握。

1.动作要点

(1)挡球。近台中偏左站位左脚稍前,屈膝提踵含胸收腹,重心在前脚掌上,持拍手置于腹前,上臂靠近身体右侧,球拍半横状。前臂和手腕顺来球路线向前伸出主动迎球,上升期击球中部,拍面与台面几乎垂直,拍触球后立即停止,迅速还原成准备姿势。

(2)推挡球。直拍推挡时,近台中偏左站位右脚稍前,击球时提起前臂上臂后收肘部贴近身体,在上升时期或高点期击球中上部。击球时适当用伸髋转腰动作加大手腕发力,并用中指顶住拍背向前用力(见图4-126)。

图 4-126

（3）横拍反手拨球。将拍引至腹前，拍形稍前倾，当球弹起时，小臂带动手腕向右前方挥摆，在球的上升期击球中上部，借来球反弹力将球拨出（见图 4-127）。

图 4-127

2. 练习方法

（1）徒手做挡球、推挡球动作模仿练习。

（2）离墙 2 米用正手、反手对墙推挡练习。

（3）两人台上对挡、对推练习，不限落点，但动作要正确并能击球过网。

（4）两人台上一推一挡，限定路线。

（5）两人台上对推斜线、中路和直线。

（6）两人台上全力推挡斜线。

（7）两人台上练习，一人一点推两点，另一人两点推挡一点，互换练习。

提示：挡球与推挡球的重点难点是正确的拍面，身体的协调配合和准确的线路落点。

3. 易犯错误及纠正方法（见表 4-35）

表 4-35

易 犯 错 误	纠 正 方 法
挡球易犯判断落点不准，拍面掌握不好的错误	提高判断能力，加强手腕的灵活性和调整拍面的能力
推挡球易犯手臂没有向前伸出的错误	强调击球后上臂和肘关节前送，上体向左转动

（七）攻球

攻球从大的动作结构来讲，可分为正手和反手攻球两大类。攻球是快速进攻最重要的一项技术，杀伤力强，是解决战斗的关键技术。值得一提的是直拍反手反面进攻技术。它是在近 10 年内兴起，20 世纪 80 年代末至 90 年代初，中国的直拍选手在遇到国外横拍选手时，经常为对手反手大角度所调动，前三板的技术也受到了约束。于是中国队想出了直拍横打的新技术。

1.攻球动作要领

（1）正手近台攻球。近台中偏右站位左脚稍前，身体斜对球台，持拍手自然放松置于腹前，拍半横状。顺来球路线略向右侧引拍，约与台面齐高，拍面与台面约成 30° 左右，前臂与台面基本平行。当球从台上弹起，持拍手由右侧向左前上方挥动，以前臂快速内收发力，配合手腕内转沿球体做弧线挥动，在上升期击球的中上部，击球位置在身体右前方一前臂距离处。攻球的重点难点是挥拍发力和正确恰当的击球点（见图 4-128）。

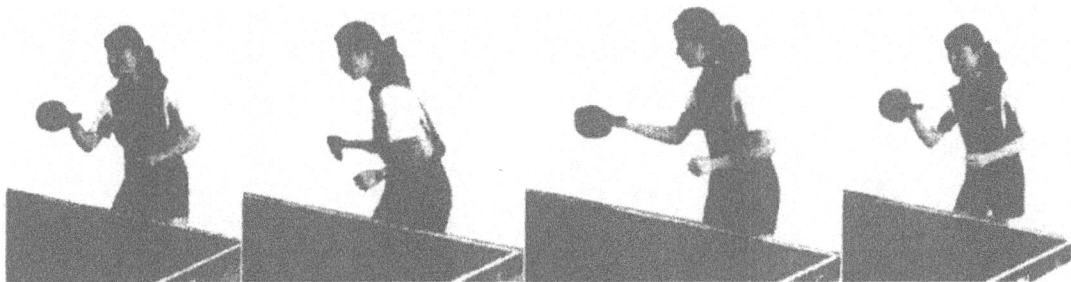

图 4-128

（2）横拍攻球。准备姿势和击球动作与直拍相似，身体距球台端线 45 厘米左右。但由于握拍不同，手臂与手腕呈直线，拍形呈横立状。拍形固定，置于球台上方。击球时，利用右前臂的内旋使拍形前倾。与此同时，也可将食指做微小的上移，以利固定拍形。

2.练习方法

（1）徒手模仿攻球动作，体会挥臂、腰部扭转和重心转换等动作要领。

（2）两人对练，一人自抛自攻，另一人用挡球回击，互换练习。

（3）两人对角，一人正手攻球，一人推挡回击，互换练习。

（4）两人对练，一人一点攻两点，另一人两点推挡一点，互换练习。

（5）两人正手对攻斜线。

（6）两人对攻中路直线。

3.易犯错误及纠正方法(见表4-36)

表 **4-36**

易 犯 错 误	纠 正 方 法
正手攻球时不敢大胆挥拍,有停顿,弧线制造不好,上臂与身体夹角过小	反复徒手模仿挥拍练习;放松肩部,加大上臂与身体的距离
抬肘抬臂	对做近台快攻练习,强调击球时肘肩向后下方
手腕下垂,球拍与前臂垂直	强调手腕内旋拍柄向左,徒手模仿练习
判断球的落点不准,引拍动作不到位	用先做接平击发球的练习,再做连续推挡球的练习来纠正

(八)搓球

搓球是近台还击下旋球的一种基本技术,特点是站位近动作小,回球多在台内进行,也是初学削球必须掌握的入门技术。搓球可分为快搓和慢搓两种。快搓在上升期击球中下部,其回球速度快。慢搓在下降期击球中下部,其回球速度较慢。

1.反手快搓

动作要领:击球时,手臂迅速前伸迎球,拍形稍后仰,手腕向前用力,在球上升期击球的中下部(见图4-129)。

图 4-129

2.正手搓球

动作要领:身体稍向右转,手臂向右上方引拍,击球时,小臂和手腕向前下方用力、在球的上升后期和高点期击球的中下部(见图4-130)。

图 4-130

3.练习方法

(1)徒手模仿搓球动作,掌握技术要领。

(2)自己在台上抛球,将球搓过球网。

(3)一人发下旋球,一人将球搓回。

(4)两人对搓中路直线,再对搓斜线。

提示:搓球的重点难点是前臂和手腕的挥拍路线和用力方法。

4.易犯错误及纠正方法(见表 4-37)

表 4-37

易　犯　错　误	纠　正　方　法
引拍不够致使击球的前臂由上向下动作不明显	持拍练习前臂和手腕向上再向下做切的动作模仿
击球时拍面后仰不够	在下降期搓对方发来的下旋球,体会拍面后仰前送动作
前臂前送力量不够,击球后动作停止	两人对练慢搓,体会击球后小臂继续前送动作
击球点离身体过远,重心偏后,击球部位不准	两人近台站位对练慢搓,在下降期击准球的中下部

三、基本战术

战术主要是指运动员在比赛中根据对方的类型打法及技术特点,而采取的各种各样的原则和方法。运用战术总的指导思想是"以我为主,积极主动,机动灵活";另外,战术运用总的原则:对己是"扬长避短",对彼是"避长攻短"。战术的分类是多种多样,但大致可以分成两大类:一类是根据自己的技术特长去克敌制胜的基本战术;另一类是根据各种不同类型打法特点的对手所采用的针对性战术。乒乓球基本战术种类有:左推右攻战术、推挡侧身攻战术、发球抢攻战术、接发球战术、搓攻战术、对攻战术、拉攻战术、削中反攻战术。为了和教学相结合,只介绍乒乓球的基本战术的几种方法。

(一)左推右攻

左推右攻打法是以近台正手攻球为进攻,以反手推挡为防守和助攻的主要手段,其风格是"快、准、狠、变、转"。

1.动作要点

站位近台中偏左,判断准确,及时移动,抢占合理的击球位置,用适当的击球手法回击来球(见前述的推挡球和正手攻球)。

2.练习方法

(1)结合单步步法徒手模仿练习。

(2)两人台上练习,甲平击发球,互换练习。

（3）两人台上练习，甲不定推挡左方或右方斜线。

提示：左推右攻的重点难点是灵活熟练地移动步法和正确击球手法的协调配合。

3. 易犯错误及纠正方法（见表 4-38）

表 4-38

易 犯 错 误	纠 正 方 法
步法移动和手法配合不协调	徒手结合单步移动做左推右攻练习

（二）推挡侧身攻

推挡侧身攻是用推挡压住对方反手或中路，然后侧身攻击的一种方法。

1. 动作要点

站位近台偏左，左右脚替换要及时适当，身体右转舒展适宜，击球手法要正确。

2. 练习方法

（1）徒手结合步法模仿练习。

（2）两人台上练习，甲平击发球左方斜线，乙推挡甲方斜线；甲推挡中路，乙侧身攻球。

（3）同上，甲平击发球左方斜线，乙推挡甲左方斜线，甲推乙中路直线偏左，乙侧身攻球，互换练习。

提示：推挡侧身攻的重点难点是右脚向左脚后面移动熟练，侧身舒展保持正确的击球点。

3. 易犯错误及纠正方法（见表 4-39）

表 4-39

易 犯 错 误	纠 正 方 法
右脚向后移动不适度，侧身不够，致使击球动作不协调	徒手结合步法模仿推挡侧身攻动作，多实践

（三）发球抢攻

发球抢攻是快攻型打法利用发球力量争取主动和先发制人的主要手段。

1. 动作要点

发球手法正确，采用配套发球，移动转换快，手法和脚步协调配合，攻击果断有力。

2. 练习方法

（1）结合步法徒手模仿发球抢攻动作。

（2）两人台上练习，甲反手平击发球，乙回球中路稍高球，甲正手攻球。

（3）同上，甲正手平击发球，乙回球右方斜线，甲正手攻球。

（4）同上，甲反手发急球，乙回球中路直线，甲正手攻球。

（5）同上，甲正手发短球至对方右方或中路，乙回球，甲伺机抢攻。

（6）同上，甲正手发左侧上、下旋球至中路或左大角，飞回球，甲进行抢攻。

提示：发球抢攻的重点难点是发球多变，急、刁、转；手法和步法协调配合，攻击果断有力。

3.易犯错误及纠正方法（见表 4-40）

表 4-40

易　犯　错　误	纠　正　方　法
发球力量小	解除顾虑，有意加大发球力量
手法和步法移动配合不协调，移动不到位，击球点保持不好，抢攻不果断致使攻球动作变形	多鼓励以解除顾虑，树立必胜信心，多实践

四、乒乓球基本手语

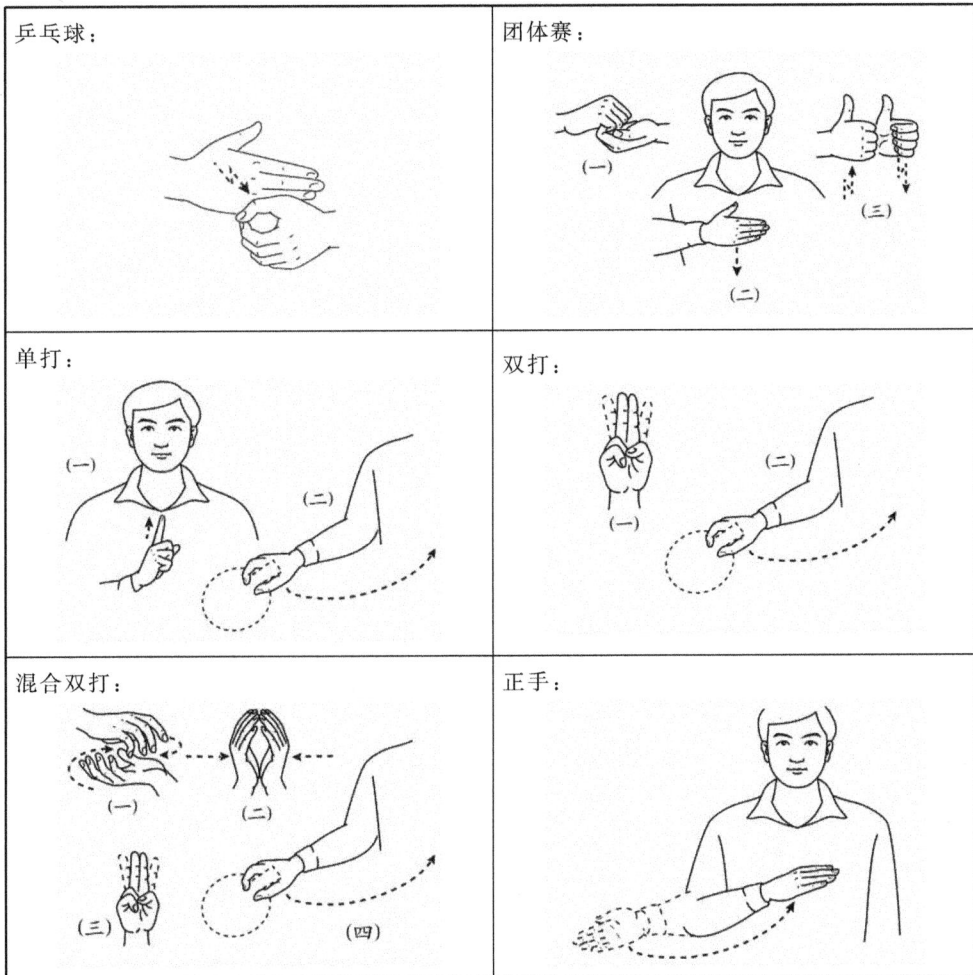

反手：	对攻：
抢攻：	下旋球：
侧旋球：	弧圈球：
抽球：	搓球：
削球：	提拉：

推挡：

近网：
（一）
（二）

近台：
（一）
（二）

远台：
（一）
（二）

直拍：

横拍：

正胶：
（一）　　（二）

反胶：
（一）
（二）

第七节　聋人网球

一、概述

聋人网球运动规则与健全人网球运动规则是一样的。聋人网球运动是隔网进行的对抗项目,参加者没有身体接触,可以自由地使用击球方法,体现着安全与优雅,勇猛与随意。除接发球外,每次击球可以迎击不落地的空中球,也可还击落地一次的来球。网球可以进行单打和双打,通过打球可以增进友谊,交流球艺,开展社交活动。

二、基本技术

(一)握拍法

当球触到球拍弦线时,击球者的球感是通过握拍来感受的,不同的握拍方法产生不同的击球方法。正确的握拍方法会使你感到球拍是你手臂的延伸和手掌的扩大,保证击球的效果和质量。初学者必须按正确的方法握拍,这里介绍四种基本握拍方法:东方式、大陆式、半西方式和双手反拍握拍法。每个人要根据自己的特点与习惯选择不同的握法。

1. 东方式正拍握拍法

东方式正拍握拍法如同我们与别人握手的姿势一样。先把手平贴在拍面上,保持手掌与拍面平行,手顺着拍面滑到拍柄上,握紧拍柄。具体握法是:大拇指与食指形"V"字形虎口对准拍柄上平面右侧与右上斜面交界的位置,食指稍离中指,拍柄底部与手掌根部齐。

2. 大陆式握拍法

"V"字形虎口对准拍柄上平面与左上斜面的交界线,手掌根部贴住上平面,食指的下关节紧贴在拍柄右上斜面上(见图 4-131)。

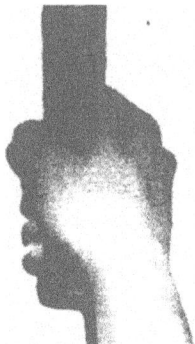

图 4-131　　　　　　图 4-132　　　　　　图 4-133

3.半西方式握拍法

半西方式握拍法是把"V"字形虎口对准拍柄右上斜面与右垂直面交界线,拇指压住拍柄上平面(见图 4-132)。

4.双手反拍握拍法

右手是东方式反拍握拍法,握在拍柄的后方,左手是东方式正拍握拍法,握在拍柄的前方(见图 4-133)。

(二)击球准备姿势

动作要领:面对球网,两脚自然开立略大于肩宽,双膝弯曲,重心落在前脚掌上,左手扶住拍颈,拍面与地面垂直,拍头指向对方,注意来球方向,做好击球准备(见图 4-134)。

(三)正拍击球

正拍击球是网球技术中的一项最重要的进攻技术,它根据触球时拍面的状况,分为正拍上旋球、正拍平击球和正拍下旋球。下面主要分析正拍上旋球。

图 4-134

1.动作要领(见步骤 1 至步骤 3)

(1)后摆引拍(见图 4-135)。当判断来球需要用正拍回球时,要快速转肩引拍,持拍手臂放松向后引拍,引拍应直接向后,球拍指向球场后端的挡网,拍底正对球网,拍头略高于手腕,左肩对着击球方向,尽量保持侧身击球,同时,左手一定要随着侧身转体指向前方的来球。

图 4-135

(2)挥拍击球(见图 4-136)。击球时应以肩关节为轴,用力蹬腿,转动身体,手腕固定,在身体右前方击球,击球时拍面与地面垂直。用大臂带动小臂,由后下向前上挥拍。

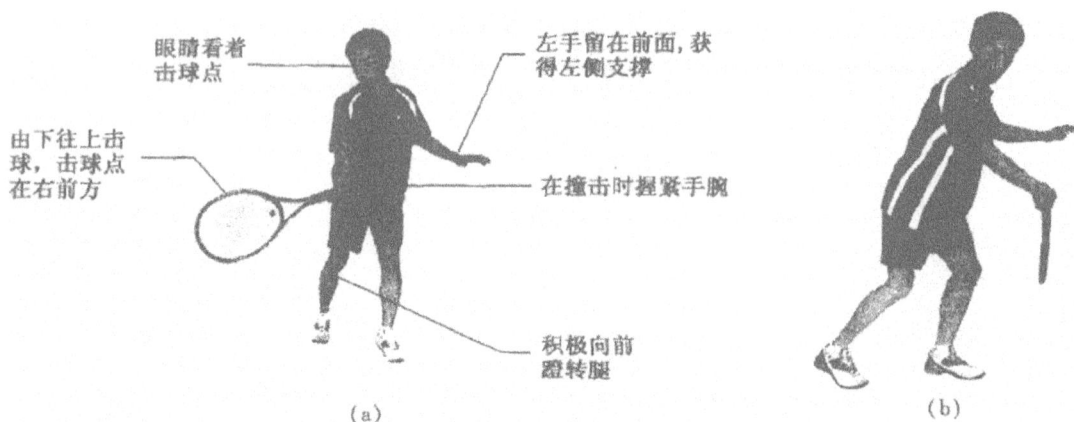

图 4-136

(3)随挥动作(见图 4-137)。球拍触球后,拍面向着击球方向前送的时间尽量长些,同时保持拍面对着击球方向,重心前移,拍头随着惯性挥到左肩上方,肘关节向前。随挥结束后,应立刻恢复到准备姿势。

图 4-137

正手击球的连续动作见图 4-138。

图 4-138

2.练习方法

(1)引拍练习,进行徒手或持拍练习,体会转体、转肩、引拍和身体重心转移等动作。

(2)以分解的方式体会完整动作过程。如:准备姿势后,转体引拍为 1,向前跨步为 2,转体击球为 3。

(3)结合步法做挥拍练习,体会移动和挥拍的协调配合。

(4)由教师或同伴持球、抛球。

①击固定球。

②击在击球点上方下落后的反弹球。

③击侧前方抛来的反弹球。

④击球网对面抛来或用球拍送过来的球。

⑤用较小的力量,隔网中场对打。

⑥隔网底线对打。

⑦距离网球墙 6～11 米,用一定的力量连续击打撞墙反弹后的球。

3.易犯错误与纠正方法(见表 4-41)

表 4-41

易 犯 错 误	纠 正 方 法
击球点太靠后,造成击球困难	明确正确的击球位置;练习者原地站立,击固定或击在正确位置上方下落的球
球拍拉拍太长或离身体太远	练习者从预备姿势开始,以右脚为轴向后转体引拍至拍头指向后方;练习者腋下夹球引拍,球不落地
击球后球拍随挥不够	反复模仿随挥动作;要求击球后随挥到左肩结束
击球时步法不协调或难以掌握击球点	积极移动,在正确击球位置用手接住球;反复进行小步幅、快频率接近球的练习

(四)双手反拍上旋击球

1.动作要领

(1)引拍(见图 4-139)。当判断来球在左侧时,扶住拍颈的左手迅速帮助右手变换为反拍握法,向左转肩转髋带动球拍向左后方摆动,后摆时左肘关节自然弯曲,拍头稍翘起,指向后方,右肩对着球网。

右肩对着击球方向,使躯干发力成为可能

当转动身体时加入另一只手,并使拍柄对着球网

弯曲的双腿、稳定的重心为击好球创造了便利条件

图 4-139

(2)击球(见图 4-140)。球拍由后下向前上击出,前挥时手臂保持一定的弯曲,直到随挥结束后才伸直,击球点在左前方,拍触球时手腕绷紧,拍面与地面垂直,要利用转体和转肩的力量击球。

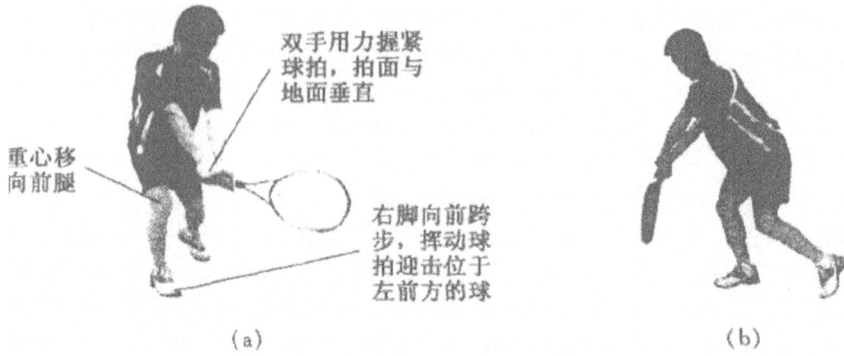

图 4-140

(3)随挥(见图 4-141)。随挥是沿着球的飞行方向前送,重心移到前腿,身体转向球网,拍头随着惯性挥到肩的另一侧上方。

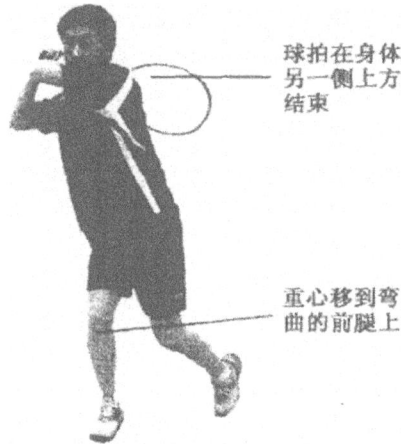

图 4-141

双手反拍上旋击球的连续动作见图 4-142。

图 4-142

2.练习方法

(1)引拍练习,体会转体、转肩、向后引拍和身体重心转移等动作。

(2)以分解的方式体会完整动作过程。如:准备姿势后,转体引拍为 1,向前跨步为 2,转体击球为 3。

(3)结合步法做挥拍练习,体会移动和挥拍的协调配合。

(4)由教师或同伴持球、抛球。

①击固定球。

②击在击球点上方下落后的反弹球。

③击侧前方抛来的反弹球。

④击球网对面抛来或用球拍送过来的球。

⑤用较小的力量隔网中场对打。

⑥隔网底线对打。

⑦距离网球墙 6～11 米,用一定的力量连续击打撞墙反弹后的球。

3.易犯错误与纠正方法(见表 4-42)

表 4-42

易　犯　错　误	纠　正　方　法
击球点太靠后,造成击球困难	明确正确的击球位置;在击球瞬间停住,检查击球点;及时引拍
球拍引拍离身体太远,造成手臂紧张	练习者引拍结束时,拍柄触及身体;前手臂靠近身体
击球时只用手臂力量	击球时降低身体重心,侧对来球,发力时先蹬腿
击球随挥动作不充分	徒手练习完整挥拍动作;强调蹬腿转腰

(五)单手反拍上旋击球

底线反拍上旋击球也称进攻性反拍击球,该球在空中的运行特点及落地后的弹跳特点与底线正拍上旋球相似。

1.动作要领

(1)引拍(见图 4-143)。

(2)击球(见图 4-144)。

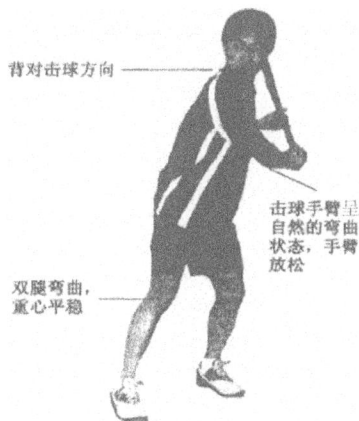

图 4-143

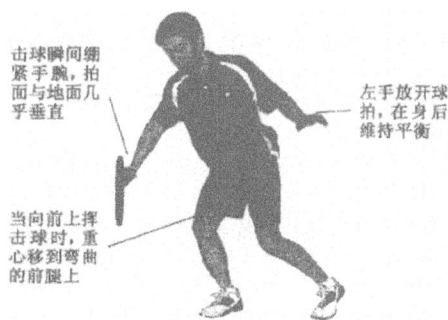

图 4-144

（3）随挥（见图 4-145）。

在身体前方和高于头部的高度上完成挥拍、握拍臂伸直

保持侧对击球方向

图 4-145

单手反拍上旋球的连续动作见图 4-146。

图 4-146

2.练习方法

（1）引拍练习，体会拉拍、转体、身体重心转移等动作。

（2）以分解的方式体会完整动作过程。如：准备姿势后，转体拉拍为 1，向前跨步为 2，转体击球为 3。

（3）结合步法做挥拍练习，体会移动和挥拍的协调配合。

（4）由教师或同伴持球、抛球。

①击固定球。

②击在击球点上方下落后的反弹球。

③击侧前方抛来的反弹球。

④击球网对面抛来或用球拍送过来的球。

⑤用较小的力量，隔网中场对打。

⑥隔网底线对打。

⑦距离网球墙 6～11 米，用一定的力量连续击打撞墙反弹后的球。

3.易犯错误与纠正方法(见表 4-43)

表 4-43

易　犯　错　误	纠　正　方　法
击球点太靠后,造成击球困难	明确正确的击球位置;在击球瞬间停住,检查击球点;及时引拍
后拉拍不充分	练习者引拍结束时,持拍手自然弯曲靠近身体;身体背对击球方向
击球时只用手臂力量	击球时降低身体重心,背对来球,发力时先蹬腿转腰
击球随挥动作不充分	徒手练习完整挥拍动作;强调蹬腿转腰

(六)反拍削球(下旋球)

一般采用大陆式握拍,将球拍回撤到左肩上方,拍头向上高于手腕,拍面稍后仰,右脚向前跨出,向前下方挥拍,在左前方击球,手腕绷紧,球拍与球的触球时间尽可能长一些。当向前挥拍击球时,朝着球网一鼓作气回身转腰,身体重心由后脚移向前脚,使身体重心顺畅地移到击球中去。

(七)发球

它是比赛中每一分的开始,也是网球比赛中唯一由自己掌握,不受对方影响的重要技术。

1.动作要领

(1)向上抛球(见图 4-147、4-148)。慢慢向下摆动双臂,当双臂位于臀部的位置时向前和向后分开。当球离手时,拍头和抛球手指向上方。

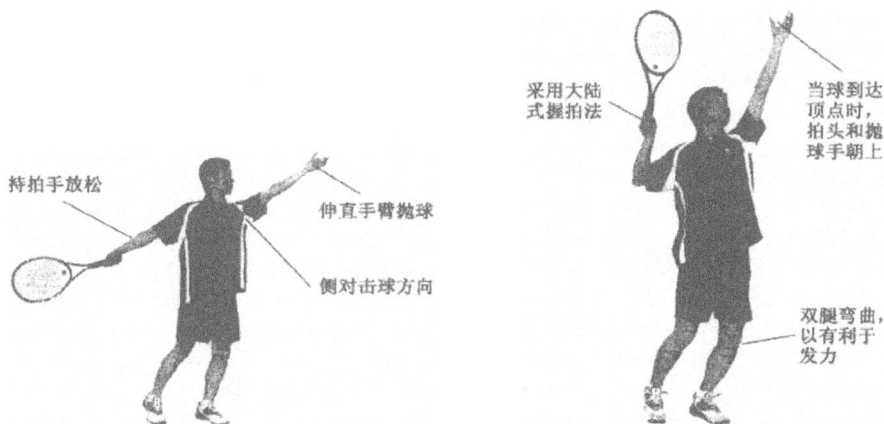

图 4-147

图 4-148

(2)挠背(见图 4-149)。
(3)挥拍击球(见图 4-150)。

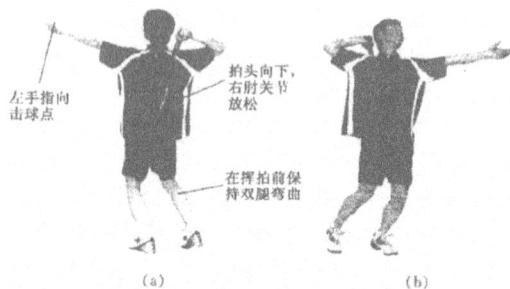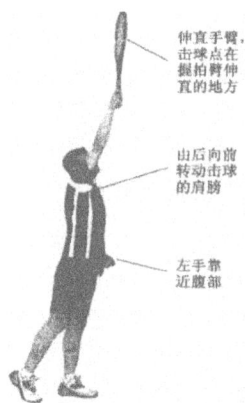

图 4-149　　　　　　　　　　图 4-150

（4）随挥（见图 4-151）。击球后，拍头以一个完整的动作挥到左侧，同时上右脚维持平衡。

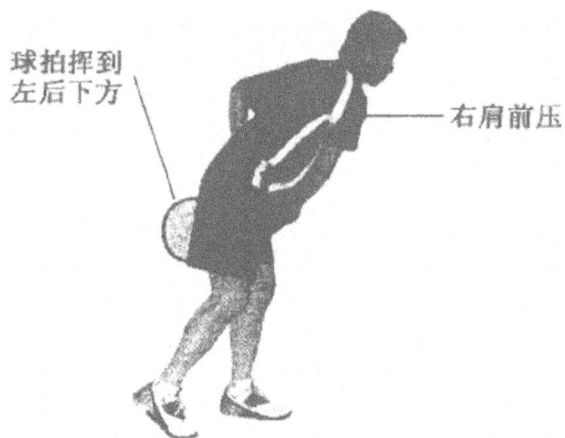

图 4-151

上手发球的连续动作见图 4-152。

图 4-152

2.练习方法

（1）徒手模仿发球的完整动作。了解动作过程并体会动作的放松、协调与节奏。

（2）抛球练习。要求抛球于右肩前上方，反复体会抛球的送球动作。

（3）抛球与引拍。要求抛球后球拍和抛球手指向上方，体会双手的协调配合。

（4）抛球与打球。右手持球拍，指向上方，然后左手抛球，当球下落时右臂做"挠背"与打球动作。

（5）面向铁丝网、挡网或在场地上做完整发球。

3.易犯错误与纠正方法（见表 4-44）

表 4-44

易 犯 错 误	纠 正 方 法
抛球不稳，离击球点过远	抛球时整个手臂随球平稳上送；反复练习抛球，提高手感
击球时缺少鞭打动作	多进行挥拍练习，体会鞭打动作
击球时拍面压不住球	将抛球点移向前方；注意鞭打和手腕下压

（八）正拍截击球

截击球是一种在网前进行的攻击性击球方法，即当球在落地前将来球击回对方场区。可以在网前截击，也可以在场地内任何地方截击空中球。其特点是：缩短击球距离，增大击球角度。截击可以成为一种打法和进攻武器。

1.动作要领

（1）准备姿势与站位（见图 4-153）。面对球网两脚自然站立，双膝微屈，重心落在前脚掌上，身体前倾，球拍放在身体前面，眼睛注视来球。采用大陆式握拍法。

图 4-153

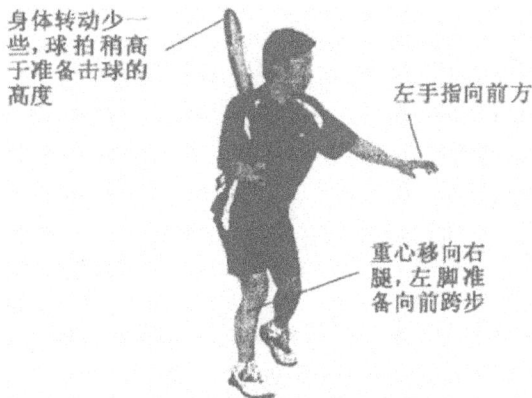

身体转动少一些，球拍稍高于准备击球的高度

左手指向前方

重心移向右腿，左脚准备向前跨步

图 4-154

（2）引拍（见图 4-154）。当判明来球后，立即转肩，球拍自然带向身侧或身后。

（3）截击（见图 4-155）。

（4）随挥（见图 4-156）。

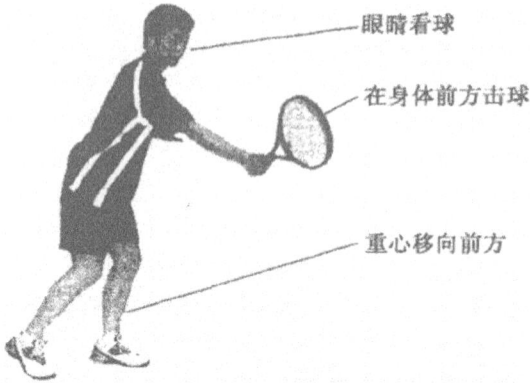

图 4-155

图 4-156

正手截击球的连续动作见图 4-157。

图 4-157

2.练习方法

(1)徒手模仿练习,做引拍和上脚打球。

(2)体会击球点练习。两人距球网 2~3 米互相抛球,在身体侧前方用手接球。

(3)球拍撞球练习,两人相距 3~4 米,一人向练习者抛球,练习者在身体侧前用球拍向前下方挡球。

(4)用多球进行单个动作的网前截击练习,体会触球时的拍面状况和向前的推送动作。

(5)底线同伴用球拍向网前的练习者送球,截击回球。

(6)一人网前截击,同伴底线回击球。

3.易犯错误与纠正方法(见表 4-45)

表 4-45

易 犯 错 误	纠 正 方 法
向后拉引拍幅度过大	背靠墙练习截击的引拍动作,要求球拍不碰撞;引拍时以转体(约 45°)为主,手臂引拍小
网前站立时腿过直,身体重心高	练习者膝关节弯曲,进行左右、前后移动

（九）反拍截击球

由于不受身体的限制，并且整个击球过程都明显在身体前面，因而它的挥拍更显短促和简单。

1.动作要领

（1）引拍（见图 4-158）。

（2）击球（见图 4-159）。

图 4-158

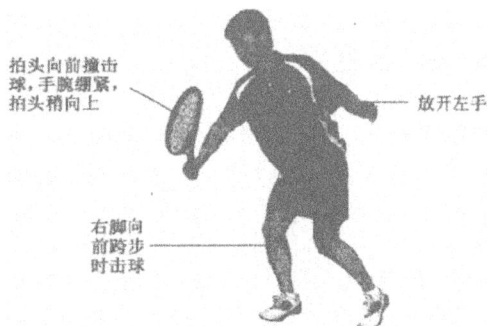

图 4-159

（3）随送（见图 4-160）。伸展握拍臂，球拍底边轻微向前向下的动作将产生一些下旋。

反拍截击球的连续动作见图 4-161。

图 4-160

图 4-161

2.练习方法

（1）徒手模仿练习，做引拍和上脚打球。

（2）球拍撞球练习。两人距球网 3～4 米，一人向练习者抛球，练习者在身体侧前方用球拍向前下方挡球。

（3）用多球进行单个动作的网前截击练习，体会触球时的拍面状况和向前的推送动作。

（4）底线同伴用球拍向网前的练习者送球，截击回球。

（5）一人网前截击，同伴底线回击球。

3.易犯错误与纠正方法（见 4-46）

表 4-46

易 犯 错 误	纠 正 方 法
击球时肘关节弯曲向前,造成击球无力	左前方击球,击球时手臂和球拍在一个平面,可反复进行徒手挥拍练习,体会击球瞬间手臂动作
不引拍,只用手臂力量击球	引拍时要拉拍转体,发力时要有转体打开身体的动作

三、基本战术

网球比赛,尤其是单打比赛,对运动员体力和精神的要求很高。要在比赛中取胜,运动员必须具备各种击球基本技术,良好的身体素质和心理素质,以及适应长时间紧张比赛的耐久力,这样才能在比赛中获胜。在掌握了一定的网球基本技术后,了解网球比赛的规律,形成自己擅长的打法,建立自己的风格。网球比赛中运用战术的主要目的是:争取进攻,保持主动,力争使对方随着自己的节奏走,要把球打到对手无计可施的地方,最终获得比赛的胜利。

(一)网球比赛的一般原则

第一,必须根据对手技术和战术特点,同时结合自身的技术和战术特点做出合理的对策安排,做到"知己知彼"。

第二,战术制订必须以能充分发挥自己的技术和战术特长,攻击对手的弱点为主,即要以己之长,攻敌之短。

第三,技术使用上要灵活多变,比赛中除了落点要有变化外,在旋转、速度上也应有一定的变化,抑制对手。

第四,既要敢打敢拼,又要沉着冷静、不急不躁,积极稳妥地处理好每一个球。

(二)网球单打战术的一般应用

1.发球战术

站在右区发球时,第一发球一般采用平击大力发球,力求发向对手右发球区中线附近,迫使对手用反拍接发球,使对手回球较困难。如果第一发球失误,则第二发球一般采用侧旋反球,发球速度相对慢一些,避免双误。发球不能总向着一个方向,避免对手提前做好准备,使对手搞不清楚你发向内角还是外角。

2.接发球战术

接第一发球,需集中精力使它过网,尽量做到少失误;接第二次发球时,力求避开反拍而以正拍进攻,把球击向对方端线两角之一,随即上网截击或留在端线附近接对手的回球。当对手发球上网时,最有效的方法是在对手上网跑动过程中把球击向他的脚部,即把球击向发球线附近,如果对手上网速度快,已占据了网前有利的位置,则有三种破网方法:一是把球直线击向对手的底线附近;二是斜线击向边线附近;三是挑高球。

3.底线对抽战术

在网球比赛当中,双方有许多时候都是处于底线对抽阶段,这时要不断变换击球方法,如采用上旋和下旋结合;斜直线结合;用大角度调动对手等。

（三）网球双打战术的一般应用

双打是业余网球比赛的主要项目,它比单打更具有娱乐性和社交性,体力要求也比单打低,深受网球爱好者的喜欢。

掌握了网球基本技术后,需要了解双打与单打不同的场上战术,其明显的区别是场地扩大了,在场上由原来一人增加到两人,其次是击球的路线和落点的不同,双打比赛战术同单打有一定的区别,具体应注意以下几点。

1.发球上网战术

用全身的力量发出平击、侧旋或上旋球,提高一发命中率,同时变换发球落点,然后快速上网。第二发球,应该让球保持侧旋,尽量减少双误。发球要有目的,水平一般的选手,反拍都比较差,所以发球应该以其反拍为攻击目标。

2.接发球的战术

双打接发球常常是打斜线球为主。但如果站在网前的对手不时地截击接发球时,可以打一些直线球,虽然直线球成功率较低,但较适合在此种情况下使用。如果接发球被拉开得很远,可以进行挑高球,让自己有充裕的时间回位,并迫使对手离开网前的控制位置。

3.位置的分工

双打比赛更讲究的是默契配合,所以正拍较好的选手应站在右区,反拍较好的选手宜站在左区。事先还要商量好由谁打中间的来球,通常情况下是正拍选手来打中路球。虽然,双打的关键是控制网前(特别是发球一方),但不要闷着头往前冲,要注意眼睛始终盯球和看清形势。

4.发球后的第一次截击球

当发球后向网前冲时,如果对手回球较高,这将是最好的位置,在这里能直接向下击球到对手的脚下。但如果对手的回球又低又斜时,自己只能被迫向上击球,如果接球员不上网,仍在端线,就对着他打深的截击球,迫使他继续留在后面,如果接球员上前来了,则不必发力击球,让球落在他的脚下,使他难以回击。

5.使用挑高球

挑高球是双打比赛中主要击球方法之一,挑高球时掌握好挑球的时机很重要,如果对手发球很好,那么接球方的两个同伴都可以待在后面,尽量用挑高球接发球。如果对手在网前有很强的封杀能力,当回球困难或离网较远时,可以考虑挑高球。当对手面向太阳光时,利用挑高球使他难以回球。

6.互相鼓励,协作配合

双打要求两个队员配合得像一个人,才能把两个人的长处结合起来,打出高水平的比赛。两个队员要紧密合作、互相鼓励,如同伴打了好球就要祝贺他,战术上要多商量,不可埋怨对方。

四、网球基本手语

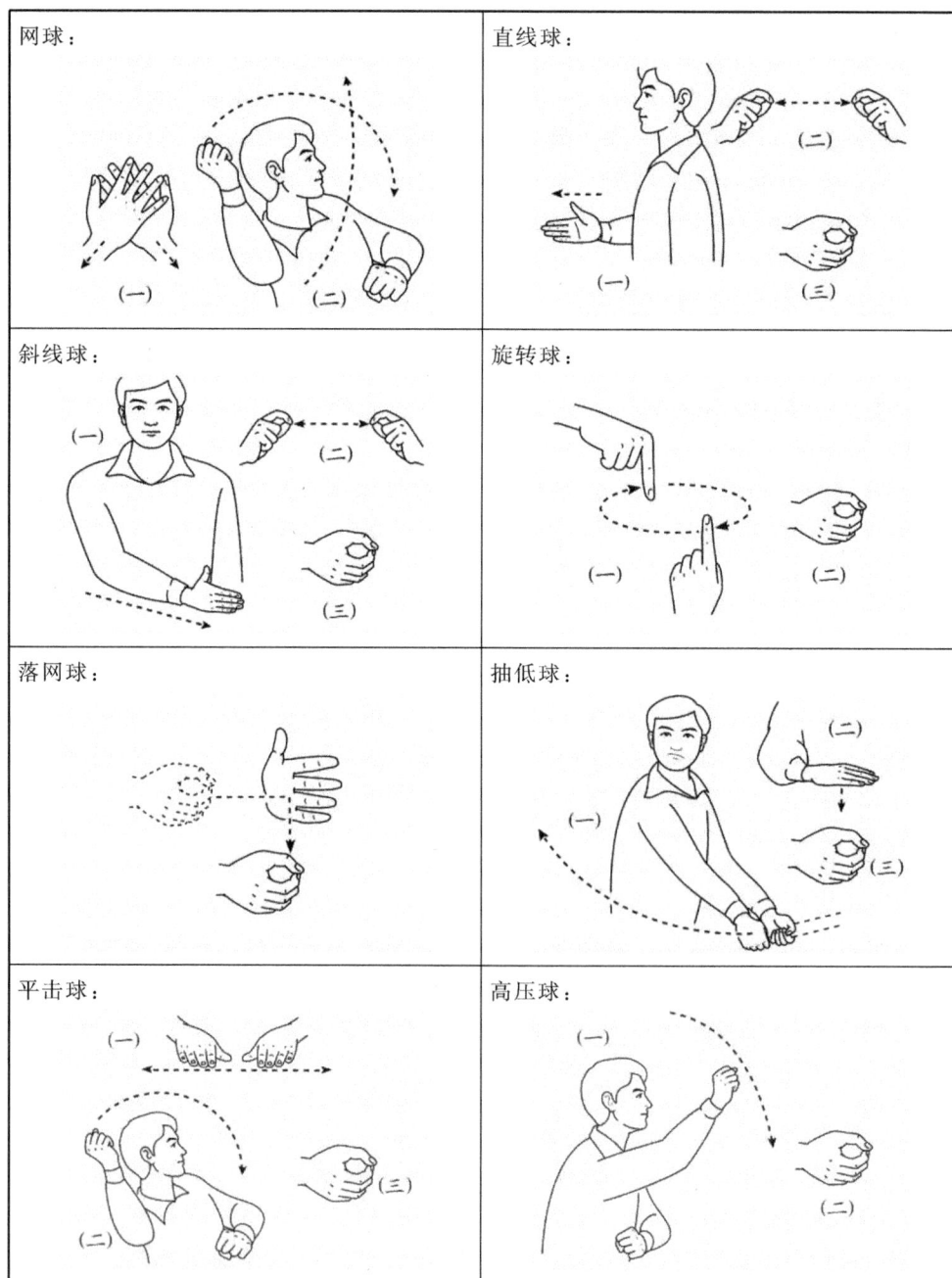

长球：	短球：
（一） （二）	（一） （二）

扣杀：	截击：
	（一） （二）

一发：	二发：
（一）　（二）	（一）　（二）

重发：	加赛：
（一） （二）	（一）　（二）

S 球：	占先：
（一）　（二）	（一） （二）

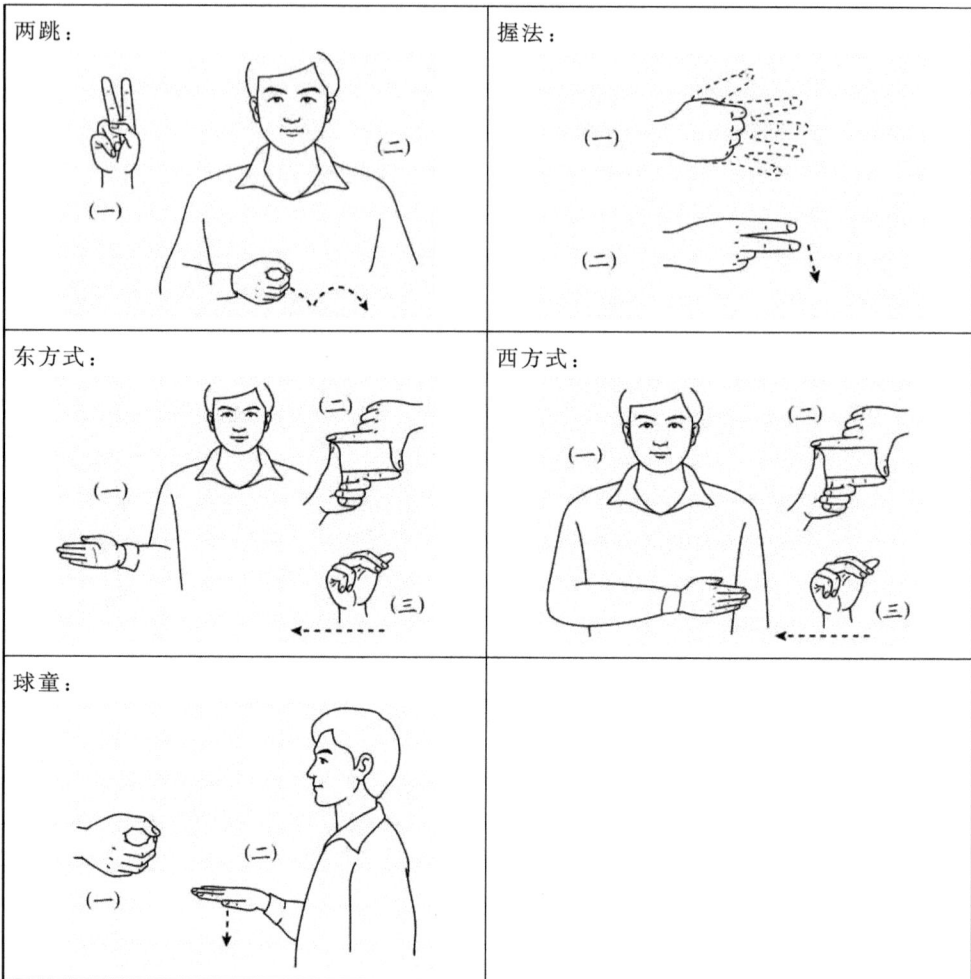

两跳： （二） （一）

握法： （一） （二）

东方式： （一） （二） （三）

西方式： （一） （二） （三）

球童： （一） （二）

第五章　视力残疾人体育教育

第一节　概　述

　　视力残疾学生因视觉的缺陷,导致身体运动发展的迟缓,影响他们体格的正常发育,因而出现了视力残疾学生体质虚弱、运动技能差等现象,因此视力残疾学生比普通学生更需要加强体育锻炼。增强他们的体质,使他们具有健康的身体,正确的定向和行走能力,坐、立、行等动作协调,姿势正确,懂得初步的卫生知识,掌握 2～3 门体育运动项目,养成锻炼身体和讲究卫生的良好习惯是视力残疾学生获得全面发展的重要内容。特殊教育学校体育教学的目的就是通过体育教学矫正视力残疾学生的生理缺陷,促进他们身体能够健康、全面地发展,同时通过体育教学培养他们形成优秀的思想品质,进一步提高专业知识学习效果,增强职业体能,养成终身体育锻炼意识,提高生存质量。

　　视力残疾人体育运动项目,是根据残疾人身体的特点,对健全人体育运动项目进行修改而成或专门创设的,如田径类项目,有领跑员带领从事体育竞技项目。在学校体育教学中,由班级低视力学生带领全盲学生进行体育活动。

　　视力残疾人参加田径项目规则依据国际业余田径联合会规则,执行国际残奥会(IPC)田径规则。国际残疾人奥林匹克运动会规定视力残疾的分级标准必须按照国际盲人体育联盟(IBSA)制定的标准,即以 B1、B2、B3 三个级别定级。径赛分为 T11 级、T12 级、T13 级,田赛分为 F11 级、F12 级、F13。

　　本篇主要介绍盲人田径、盲人足球、盲人门球、盲人瑜伽、盲人定向运动、传统功法易筋经等,能较好地在学校体育开展的项目,也是被盲人所喜爱的体育运动。

第二节　盲人田径

一、概述

　　田径运动中各单项和全能项目,对人体形态,主要身体素质水平和心理机能等有不同的要求,运动员要从个人实际和特点出发,选择运动项目,掌握具有个人特点的先进、合理的运动技术。视力残疾人在田径项目上和健全人并没有什么不同,唯一不同的是,根据残疾程度的不同,可配备领跑员进行分级别比赛。视力残疾人在历届残奥会、残运会的田径项目及其他大型赛事中都创下优异成绩。如优秀运动员郑金,在 2016 年伦敦世界残疾人马拉松比赛上打破女子残疾人 T11 级马拉松世界纪录,并赢得这个项目的世界冠军。2016 年 9 月,在里约残奥会女子 1500 米 T11 级决赛中夺冠,并将自己保持的世界纪录缩短了 5 秒 14。李端在 1999 年荣获第七届"远南"运动会跳远冠军。2000 年悉尼残奥会上,获得三级跳远银牌和跳远铜牌。2004 年,在雅典残奥会上夺得男子 F11 级跳远和三级跳远两枚金牌。2006 年,在 IPC 田径世界锦标赛,获男子 F11 级跳远金牌和三级跳远银牌。2008 年,北京残奥会上,李端以 13 米 71 的成绩让鸟巢沸腾了,他获得了男子三级跳远 F11 级的冠军,还将由西班牙运动员保持了 10 年的 13 米 47 的世界纪录提高了 24 厘米。

二、盲人田径运动特点与比赛规则

田径项目一般包括跑、跳、投以及全能项目,视力残疾人在田径项目上的可根据视力残疾程度不同,进行适当选择。

(一)视力残疾田径竞赛项目

表 5-1　视力残疾田径竞赛项目

视障组	T/F11、T/F12、T/F13
径赛项目 (T11—13)	100 米(男、女),200 米(男、女),400 米(男、女),800 米(男、女),1500 米(男、女),3000 米(女),5000 米(男、女),10000 米(男),半程马拉松(男、女),全程马拉松(男、女),4×100 米接力(男、女)公开级,4×400 米接力(男、女)公开级
田赛项目 (T11—13)	跳高(男、女),跳远(男、女),三级跳(男子),铅球(男、女),铁饼(男、女),标枪(男、女)
全能项目	男子(100 米、1500 米、跳远、铁饼、标枪);女子(100 米、800 米、跳远、铅球、铁饼)

(二)视力残疾 F11、F12、F13 三个级别田赛器械重量

男子为铅球 7.26 千克、铁饼 2 千克、标枪 800 克。

女子为铅球 4 千克、铁饼 1 千克、标枪 600 克。

(三)比赛通则

(1)11 级的运动员参加任何田赛项目、1500 米及 1500 米以下的径赛项目时必须戴合乎规定的不透明眼镜或适当的替代装置。运动员的不透明眼镜以及替代装置必须要经负责该方面的技术官员批准。当运动员未处在比赛过程中,运动员的眼镜以及替代装置可以取下。

(2)T11—12 级,径赛 800 米及 800 米以上的项目,官方不负责中途的报时,教练员

报时必须在跑道外指定的报时区进行。比赛中允许 T11、T12 级运动员的陪同员或引导员陪伴运动员进入比赛区域。陪同员或引导员必须身着组委会提供的与运动员服装颜色明显不同的背心。

（3）引导员的引导方式由运动员自己选择，可以选择用肘、用绳或者分开跑的方式引导。此外，运动员还可以接受引导员的语言提示。引导员禁止使用自行车或其他机械运输工具进行引导。

（4）鼓励运动员自己配备引导员，如果需要大会组织者提供引导员，必须在报名表上注明，并说明所需要的引导员特定水平的详细情况。

（5）在任何情况下，引导员都不准向前推或拉运动员。

（6）不管是否使用绳子引导，在任何情况下运动员和引导员之间的距离最多不能超过 0.5 米。如运动员因特殊原因或意外而违反本条规定，只能由 IPC 的技术官员裁定是否取消运动员比赛资格。指导裁定的原则包括对在同一组比赛的另一名运动员是否造成危险或不利。

（7）400 米以上的径赛项目，运动员允许有两个引导员。比赛过程中只允许更换一次引导员，但更换引导员不能影响其他运动员的比赛，并且必须在直道内完成。运动员更换引导员要事先通知裁判员和技术代表，技术官员将决定换人的条件，并预先向运动员传达这一信息。在国内举办的比赛中，更换引导员必须在距终点 50 米直道内完成。

（8）T11 级的运动员，比赛中可以用声音信号引导。不允许对已存在的设施进行任何视觉上的改进。在运动员借助声音引导的项目中（如

图 5-1

跳远、三级跳和跳高）观众必须保持绝对的安静。在任何时候只要有可能，为保持场内安静，运动员借助声音引导比赛的项目不要和其他跑的项目编排在一起。

对于 T12 级运动员，允许对已存在的设施进行视觉上的改进（如涂料、粉笔、细粉、圆锥体及旗帜等），同时也可以使用声音信号引导。

对于 T13 级的运动员，除上述情况外，必须完全遵守国际田联的规则。

IPC 承认盲人运动员的特殊需要，积极鼓励他们参加比赛，并为他们参赛创造条件。考虑到盲人运动员参加比赛的情况，对一些现有的规则进行适当的修改是必要的。但这种修改只有经过技术代表同意后方可进行。原则上，对于任何不利于其他参赛者规则上的修改都是不允许的。

三、基本技术

(一)径赛项目

(1)视力残疾人的 T11—12 级,11 级运动员在 100 米、200 米、400 米的比赛中必须使用引导员。分配给每一个运动员两条跑道,他与引导员各占一条;起跑时,运动员之间要相互间隔,分别占用 1、3、5、7 道。12 级运动员在任何跑的项目中可以选择是否需要引导员。如果需要引导员,遵守与 11 级运动员引导相关的规则。

根据视力残疾人径赛项目要求,在体育教学中,练习 100 米、200 米、400 米短距离项目时,需要安排陪跑员(如低视学生带领全盲学生)进行练习,教师在跑道前方以声音指导形式引导方向。

练习方法:①两人一组,陪跑员拉着练习者进行快速跑练习,也可用绳子互相牵引。30 米快速跑、50 米快速跑、80 米快速跑、100 米快速跑等辅助练习。②单人练习。教师用哨音或口令等方向指令,进行 30 米快速跑、50 米快速跑、80 米快速跑、100 米快速跑等辅助练习。

注意事项:陪跑员应根据练习者的奔跑能力做适当的速度调整,不能根据

图 5-2

自己的速度进行练习。在练习前应将田径场周围情况及跑道情况进行介绍,使视力残疾人对即将练习的环境做到心中有数。

(2)在 T11—12 级比赛中,运动员及其引导员被看成一个整体,当运动员冲过终点时,引导员必须位于他的后面。体育教学应根据比赛要求进行体育教学中的练习,培养视力残疾人的快速奔跑能力。

练习方法:初步练习时,可以手拉手,体会两人一起跑的节奏。随着默契度、配合度增加,改用牵引绳练习。可陪跑员在前,也可陪跑员在后,两人之间距离适中,牵引绳始终保持松弛状态。

注意事项:陪跑员应根据练习者的奔跑能力做适当的速度调整,不能根据自己的速度进行练习。牵引绳始终保持松弛状态。对练习环境进行介绍。

(二)田赛项目(持球和跳跃项目)

持球和跳跃的田赛规则:确定方位,F11 和 F12 级运动员由引导员带到投掷圈或助跑道,引导员的主要任务是在运动员试投或试跳之前帮助其适应投掷圈或助跑道方位。在运动员开始试投或试跳前,引导员必须离开投掷圈或助跑道。在比赛前、比赛中和比赛后允许利用声音引导方向。在裁判员判定成绩有效之后,运动员才可以在陪同员的

帮助下离开投掷圈或助跑道。如果裁判员认定引导员提供声音引导时所站的位置是一个不安全的位置,则裁判员有权要求引导员转移到合适地方。

1.铅球

可以在引导员的帮助下适应投掷圈,并在引导员的声音提示下进行比赛。

在体育教学中,铅球练习为常规练习项目。视力残疾人的铅球动作与健全人的铅球动作完全一致,没有特殊改动,动作以原地、侧向滑步、背向滑步三种姿势。应根据田赛规则要求来规范教学,培养学生练习中的方位、空间以及成绩的有效性。

练习方法:(1)徒手基本动作练习:转体挺胯、鞭打、拨指。(2)原地推实心球练习。(3)侧向滑步推实心球练习。(4)持球练习:原地推铅球、侧向滑步推铅球、背向滑步推铅球。

注意事项:(1)练习环境的安全性评估。(2)准备活动要充分。(3)教师提示语言简明扼要。

2.跳高

F11级的运动员可以在助跑之前通过触摸横杆来确定方位。如果运动员这样做的过程中碰掉了横杆,不会被认为一次试跳失败。F12级的运动员可以在横杆上面放置一个有助于视觉分辨的辅助物。

在体育教学中,以背越式跳高为主要练习内容。基本动作和基本技术同健全人一样,唯一不同之处,是可以设置一名引导员进行方向、位置、空间等声音上的引导。

练习方法:(1)下腰练习。(2)跳箱下腰练习。(3)无杆背跃辅助练习:教师站在垫子前,当学生跳起做背弓动作时,右手托其腰部,帮其体验背弓动作。(4)有杆背越练习(过杆练习)。

3.跳远

F11—12级,对F11、F12级运动员,从起跳线到延长线之间的内容更换为"起跳脚留下痕迹的最近点"。如果运动员的起跳点没有在起跳区之内而是在之前,则从起跳区距离沙坑较远的一端丈量。F11级、F12级运动员的起跳区应该是1米×1.22米的长方形,里面要倒入石灰、滑石粉制成的细沙,这样运动员起跳脚能够在起跳区留下印记。为了安全起见,建议助跑道的轴线与落地区两侧的最小距离为1.75米。如果达不到这一点要求,那么技术代表可以要求采取其他的安全措施。

体育教学中以跳远为主,三级跳远极少涉及。动作有蹲踞式、挺身式、走步式三种。技术动作同健全人跳远动作相同,无改动,唯一区别在于:助跑开始,在前方可以有引导员语言提示。

练习方法:(1)腾空步练习。(2)助跑练习:15米助跑、20米助跑。(3)节奏练习:原地高抬腿练习、击掌原地小步跑。(4)踏板练习。(5)挺身练习。(6)落地侧倒练习。(7)综合练习。

注意事项:(1)语言提示要准确、精炼。(2)练习环境介绍详细。(3)引导员位置要相对固定。(4)安全意识要强调。

第三节　盲人足球

一、概述

　　残奥会中的五人制（盲人）足球比赛是专门为视力残疾的运动员设立的项目，它起源于 20 世纪 70 年代的德国，这个项目的发展为热爱足球运动的视力残疾人提供了参与此项运动的便利与可能。1986 年，西班牙第一个举办国内五人制（盲人）足球比赛。从那以后，这项运动在许多国家广泛开展起来，而且发展迅速。目前，盲人足球运动在西班牙相当普及，已经有八个地方联赛。老牌足球强国英国也有四支盲人足球队。不少国家（地区）还拥有了国家队（或地区代表队）。

　　2002 年盲人足球世界杯在巴西举行，前三名是阿根廷、西班牙、巴西。2004 年雅典残奥会首次设立五人制（盲人）足球项目，对于五人制（盲人）足球运动这是一个里程碑。五人制（盲人）足球比赛是以攻破对方球门得分为目的，而进行的同场攻守对抗项目，每队由五名场上队员和五名替补队员组成，其中包括守门员和替补守门员各一名，除守门员外，其他队员都是视力残疾人。每支球队都有一名引导员在对方球门后以语言协助本队全场进攻。同时教练员与守门员分别是中场与后场的语言引导员。

二、盲人足球比赛特点与比赛规则

　　五人制（盲人）足球是专门为视力残疾的运动员设立的项目。比赛双方各派 5 名运动员出场，除守门员外 4 名选手的视力伤残程度应是 B1 级，即完全丧失视力并无光感；守门员的视力可以是 B2 级或 B3 级，也可以是健全运动员。

　　比赛时，每支队伍由 5 名场上队员和 5 名替补球员组成，其中包括守门员和替补守门员各 1 名。比赛分上下半时，各 25 分钟，中场休息 10 分钟。在半决赛或决赛中，如果 50 分钟未分胜负，则进行 10 分钟加时赛，仍未决出胜负，则以点球决胜。

（一）场地装备

　　五人制（盲人）足球使用无遮盖场地，长 32 至 42 米，宽 18 至 22 米，硬质地面。球场的边界是约有 1 米高的围栏，以便于提高比赛节奏和引导场上队员确定方位。球门高 2 米、宽 3 米，守门员区域长 5 米、宽 2 米，在距两球门立柱间中点 6 米和 9 米处各有一个罚球点。比赛用球直径约 20 厘米，重约 410 克，内部装有发声系统。场上除门将外的队员必须佩戴中间衬有吸水布料的眼罩和头罩。

（二）特殊规则

在比赛中，队员不能故意碰掉所戴的眼罩或头罩，否则将被判犯规。队员在比赛中也不能故意破坏安静，或用语言、噪音故意迷惑对方，否则也被判犯规。运动员在争球或抢球时，不能清楚地说出"我的"，否则也将被判犯规。某个队员个人犯规累计达到5次，将被替补队员换下场，该队员在本场比赛中将不能再上场。

守门员离开自己区域将被判犯规。发球时，不能将球直接发到对方半场，否则将由对方在中线任意地点踢间接任意球；而且守门员不允许参加罚除球门球之外的其他定位球。某队在半场比赛内犯规次数不超过3次时，对所判罚的点球，可以排人墙防守；从第4次开始，由对方队在距球门8米的第二罚球点处罚直接任意球，不允许排人墙防守；其他队员只能在8米线之后，并距离球最少5米。如犯规地点比第二罚球点更接近对方球门，也可以在犯规地点罚直接任意球。

每队换人次数不限，替补队员都可以上场，而且换下的队员可以重新上场。五人制（盲人）足球的比赛规则中没有越位。

需要注意的是，观看五人制（盲人）足球比赛与我们平时观看足球比赛不同。在比赛中，观众需要保持绝对的安静。因为这些运动员完全是靠听力来完成比赛的，所以在比赛进行时保持安静不仅是对运动员的尊重，也是比赛能够顺利进行的保证。

三、基本技术

足球的基本技术包括：踢球、接球、运球、跑位、抢截球、头顶球、掷界外球、守门员技术和无球队员技术等。

（一）踢球

踢球的方法很多，是运动员有目的地用脚的某一部位将球踢向预定目标的技术动作，是足球运动中的最主要、运用最多的一种基本技术，根据踢球时脚与球的接触部位不同，可分为脚内侧踢球、脚背正面踢球、脚背内侧踢球、脚背外侧踢球、脚尖踢球、脚跟踢球等，本内容主要介绍前4种常用踢球法。

动作要领：

（1）脚内侧踢球：这是足球比赛中运用较多的踢球技术，由于脚内侧接触球的面积大，容易控制出球方向，故准确性较强，常用于近距离的传球和射门。

它的动作要领包括：直线助跑，支撑脚踏在球的侧后方15cm左右处，膝关节微屈，踢球腿以髋关节为摆动轴，由后向前摆动。在前摆过程中屈膝外转，使脚内侧正对出球方向，小腿加速前摆，脚尖稍翘起，脚掌与地面平行，绷紧脚腕，用脚内侧（踝骨下面、跟骨前面）部位击球的后中部，将球向正前方踢出。

图 5-3　脚内侧踢球

　　(2)脚背内侧踢球(里脚背踢球):与出球方向约 45 度的斜线助跑。支撑脚以脚掌外侧积极着地,踏在球的侧后方 25～30cm 处,膝关节微屈,支撑脚的脚尖指向出球方向,身体倾斜于支撑脚一例。支撑脚落地时,踢球腿以髋关节为轴,大腿带动小腿向前摆动。膝盖摆到接近球的内侧垂直上方的刹那,身体转向出球方向,小腿加速前摆,脚尖稍外转,指向斜下方,脚面绷直,脚趾扣紧,以脚背内侧击球的中下部。踢球后,踢球腿随球继续前摆。动作特点是踢球腿的摆幅大,摆速快,踢球的力量大,并且由于助跑方向与支撑脚位置的灵活性较大,出球方向变化大。

图 5-4　脚背内侧踢球

（3）脚背正面踢球（正脚背踢球）：直线助跑，最后一步稍大，支撑脚踏在球的侧后方10～15cm处，脚尖伸向出球方向，膝关节微屈，踢球时脚向后摆动，小腿弯曲。支撑脚着地时，以髋关节为轴，大腿带动小腿前摆，当膝盖摆至接近球的垂直上方的一刹那，小腿加速前摆，脚背绷直，脚趾扣紧，以脚背的正面击球的后中部，且踢球腿随球继续前摆。动作特点是踢球腿的摆幅较大，摆速快，力量大，但出球方向比较单一，变化小。

图 5-5　脚背正面踢球

（4）脚背外侧踢球（外脚背踢球）：助跑、支撑脚的位置和踢球腿的摆动，基本与正脚背踢球相同。只是踢球脚膝关节和脚尖向内转，脚面绷直，脚趾扣紧，以脚背外侧触球。脚背外侧踢定位球的动作特点是与正脚背踢球一样：摆幅大，摆速快，力量大。它还具有脚腕灵活性比较大和摆动腿方向变化较多等优点。

图 5-6　脚背外侧踢球

（二）接球

接球是指运动员有目的地用身体的合理部位触球，改变运行中球的力量、方向的一种常用技术，包括：脚内侧接球、脚底接球、脚背外侧接球、脚背正面接球、大腿接球、胸部接球和腹部接球等。将球控制在自己所需要的范围内，可以为传球、运球和射门创造必要的条件。

动作要领：

（1）脚内侧接球：支撑脚脚尖正对来球，膝关节微屈。接球腿抬起，大腿外展，脚尖微翘，脚底基本与地面平行。脚内侧正对来球向前迎，当脚内侧面与球接触的刹那身体迅速后撤，将球控制在下个动作需要的位置上。

图 5-7　脚内侧接球

（2）脚底接球：面对来球方向，身体向前，移动前迎，支撑脚在球的侧后方，脚尖正对来球，膝关节微屈。同时接球脚提起，膝关节自然弯曲，脚背略屈，使脚底与地面约小于45度，脚跟要离开地面，以前脚掌接触球的上部为宜，在接球瞬间接球脚可微屈缓冲将球停住。

图 5-8　脚底接球

（3）胸部接球：面对来球站立（两脚左右或前后开立），两膝微屈，重心落在腰间，上体后仰，下颌微收，两臂自然张开。接球的瞬间，两脚蹬地，膝关节伸直，用胸部迎接球的下部，使球微微弹起于胸前的上方。

图 5-9　胸部接球

（三）运球和运球过人

运球是运动员在跑动中，用脚连续报拨球并有目的地将球控制在自己范围内的触球动作。运球的方法有脚背正面运球、脚背内侧运球、脚背外侧运球和脚内捆运球。运球过人是指运动员运用合理的运球动作越过对手。方法有拨球过人和挑球过人等。

动作要领：

（1）脚背正面运球：跑动时身体放松，上身稍向前顿，两贸自然摆动，步幅较小。运球腿提起时膝盖略微弯曲，脚跟提起，脚尖朝下，在迈步前用脚背正面推拨球前进。它的特点是可以快速运球，但不宜控制或保护球。

（2）外脚背运球：用脚背外侧推拨球，其余动作方法与正脚背运球相同。多在快速奔跑和向外改变方向时使用。

（3）内脚背运球：在改变方向并需要用身体掩护球的情况下使用，内脚背运球。跑动时身体放松，上体稍前倾并稍向运动方向转动，两臂自然摆动，步幅较小，运球腿提起时膝盖略弯曲，脚尖稍外转，脚跟提起，在迈步前用脚背内侧向前侧推拨球，使球向前做曲线或弧线运行。

（4）脚内侧运球：当运球接近对方，需要用身体掩护时，大多采用脚内测运球，它的特点是运球速度较慢。运球时，支撑脚稍向前跨，踏在球前侧方，膝关节稍弯曲，上身前倾并向里转。随着身体的向前移动，运球腿抬起，用脚内侧推球的后中部。

①　　　　　　　　　　　　　②

图 5-10　脚内侧运球

（5）拨球过人：当对手从正面来抢球时，先运球逼近对手，诱使对手伸脚抢球，然后运用脚和踝关节抖拨的动作，用脚背内侧或外侧触球，将球向侧方或侧前方突然拨动，摆脱对手。

①　②　③　④

图 5-11　拨球过人

（四）抢截球

抢截球是指运动员有目的地运用身体相应的部位，用合理的动作，把对方控制的球或对方传、射的球，夺过来或破坏掉的技术。常见的两种方法：一种是正面跨步抢截球，另一种是侧面合理冲撞抢球。

动作要领：

（1）正面跨步抢截球：两脚前后开立，两膝微屈，重心下降放在两脚间，在对手运球脚触球后即将着地或刚着地的瞬间，支撑脚立即后蹬，抢球脚以脚内侧对准球跨出。膝盖弯曲，上体前伯，身体重心移至抢球脚上，同时另一脚立即前跨成支撑脚。如双方的脚同时触球，要顺势向上提拉，使球从对方脚背滚过，自己的身体重心也要迅速跟上，把球控制好，这也是控制对方从正面运球推进时采用的方法。

①　②

图 5-12　正面跨步抢截球

（2）侧面合理冲撞抢球：在与对手并肩跑动或从后面迫成平行并肩跑动时，身体重心迅速下降，同时接触对手一侧的手臂要紧贴身体。当对手靠近自己一侧的脚离地时，用肘关节以上肩关节以下部位冲撞对手相应部位，使其失去平衡并趁机将球夺过来。冲撞时，不可用手或肘、臂推对方，以免造成犯规。

图 5-13 侧面合理冲撞抢球

（五）掷界外球

掷界外球是指在比赛中，运动员将对方触球后越出边线的球掷入场内的动作。

动作要领：面对掷球方向，两脚前后或左右开立，膝关节弯曲，上体后仰，双手持球屈肘置于头后方。掷球时，脚用力蹬地，两脚迅速伸直向前摆体，两臂急速前摆，身体重心前移，当球摆至头上时，用力甩腕掷球入场内。

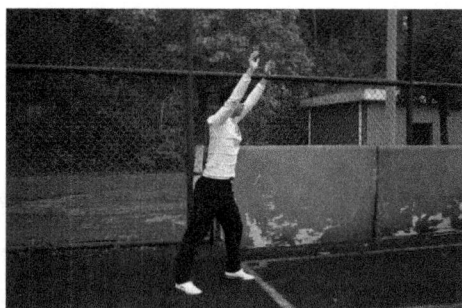

①   ②

图 5-14 掷界外球

四、基本战术

足球是一项对抗性极强的运动，在双方比赛中，有效实施基本战术是保证比赛得分的关键。视力残疾人因看不见，只依靠声音来判断来球方向，战术的实施显得尤其重要。

（一）局部战术练习

局部战术是全队整体战术的基础，局部战术练习主要服务于局部配合能力的发展，练习中队员应进行攻防素质锻炼，增强攻防意识。

1. 二过一

二过一是指两个进攻队员通过传球与跑位配合，突破一个防守队员的防守。经常用斜传直插、直传斜插和交叉掩护等二过一方式。

2. 保护与补位

保护、补位是局部地区集体防守的基础。其中保护是补位的前提，没有保护不可能有效地补位。队员之间距离适当、斜线站位要能及时弥补位置上出现的漏洞。

3. 快速反攻

练习方法：防守队在抢下球以后以尽可能少的触球次数通过中场。练习要领：进攻队在快速反击中应有大量同伴随行跑位，力争为控球者创造更多的传球点，控球队员在控球中应注意观察全场并敢于冒险。防守队在回撤中临近球的队员应延缓进攻速度，回撤到位时应注意保持位置间的适当距离和相互保护，并随时准备抢下球后发起快速反击。

（二）进攻战术

全队进攻战术是指比赛中一方获得球后，通过队员之间的传递配合达到射门的目的而采用的配合方法。与局部进攻战术相比较，全队进攻战术的进攻面比较广，参加进攻和快速反击等。

1. 边路进攻

利用球场两侧地区发起进攻的方法叫边路进攻。边路进攻是全队进攻战术的主要形式之一，其主要特点是有利于发挥进攻速度，打破对方防线制造缺口。常用的战术有两翼齐飞、声东击西。

2. 中路进攻

中路进攻是利用球场中间区域组织的进攻，这种进攻虽能直接射门，但难度最大，因中路防守最为严密，攻击手必须是反应极其敏锐、意识强、技术高、敢于冒险、速度快和善于路位策应的队员。常用战术有不断为站桩前锋喂球的强力中锋战术。

3. 快速反击

比赛中当攻方进攻时，后卫线往往压至中场附近，防守人数也由于插上进攻和助攻而相对减少，此时如能抓住对方防区空隙较大和回防较慢的机会，乘其失球发动快速反击，往往能取得良好的效果。

快速反击是最有威胁的进攻手段，有效的进攻在于突然快速地反击，但其难度较大，既要冒险，又要有准确、快速的传切配合技能。快速反击要有组织，配合得要极为默契，必须进行专门性的训练，否则很难在比赛中实施。常用战术有后卫长传等。

在教学中，因根据盲人特点，反复模拟练习，使得队员间配合默契，熟练掌握在具体情况下适用什么战术，熟能生巧，游刃有余。

第四节　盲人门球

一、概述

盲人门球运动是根据盲人视力障碍特点而专门设计的一项集体性球类项目,它需要运动员根据触觉来确定自己在场上的位置、方向;根据听觉来判断球的方向、速度,从而迅速做出反应。这项运动的形式不受盲人视觉功能障碍的局限,集安全性、竞技性、观赏性于一体,既突出运动员个人技术又强调团队配合。有人做了这样的比喻:"盲人门球运动是一项球似篮球,球门似足球,而掷球动作像保龄球的运动。"

1946 年,盲人门球起源于德国和奥地利。早期的盲人门球运动以康复娱乐为目的,为失明的患者发明的一种集体游戏活动,因其活动的内容适合盲人的特点而逐渐得到发展,多流行于欧美国家。

1976 年,在加拿大多伦多市举行的第 5 届残奥会上,盲人门球运动第一次被列入比赛项目,当时只有男队参加了比赛,奥地利队取得冠军。1980 年第 6 届残奥会被列为正式比赛项目。1984 年在美国纽约举行的第 7 届残奥会上,女子盲人门球作为正式项目列入比赛。

二、盲人门球运动特点与比赛规则

(一)比赛场地、器材、设备

1. 比赛场地

盲人门球比赛场地长 18 米、宽 9 米,场上不允许有与比赛无关的标志,每个半场从底线依次被分为防守区、着地区和中立区三个部分。球门宽 9 米,高 1.30 米,门柱与横杆直径为 0.15 米,本队防守区场地长 3 米、宽 9 米,它的底线也就是球门线,门柱内侧与底线在同一直线上。

①

②

图 5-15　盲人门球比赛场地

2.比赛用球

盲人门球的比赛用球为重1250克、周长76厘米的橡胶球,球上有8个直径1厘米的圆孔,而且内置响铃。

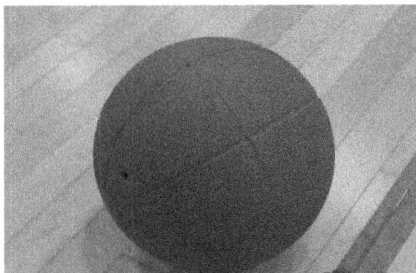

图 5-16　盲人门球的比赛用球

3.眼罩与服装

每个场上队员都要戴国际盲人体育协会门球分会规定的眼罩。在裁判员鸣哨示意比赛开始直至此半场结束的全过程中(含加时赛和罚球),场上队员均要戴眼罩;暂停过程中,替补队员进入场地时,也应戴眼罩。穿着的比赛服装应对运动员扑球具有保护作用,服装的宽松程度不得超过身体10厘米,衣服前后的号码应为永久性号码,其尺寸不得小于20厘米。服装广告需符合组委会的广告要求。

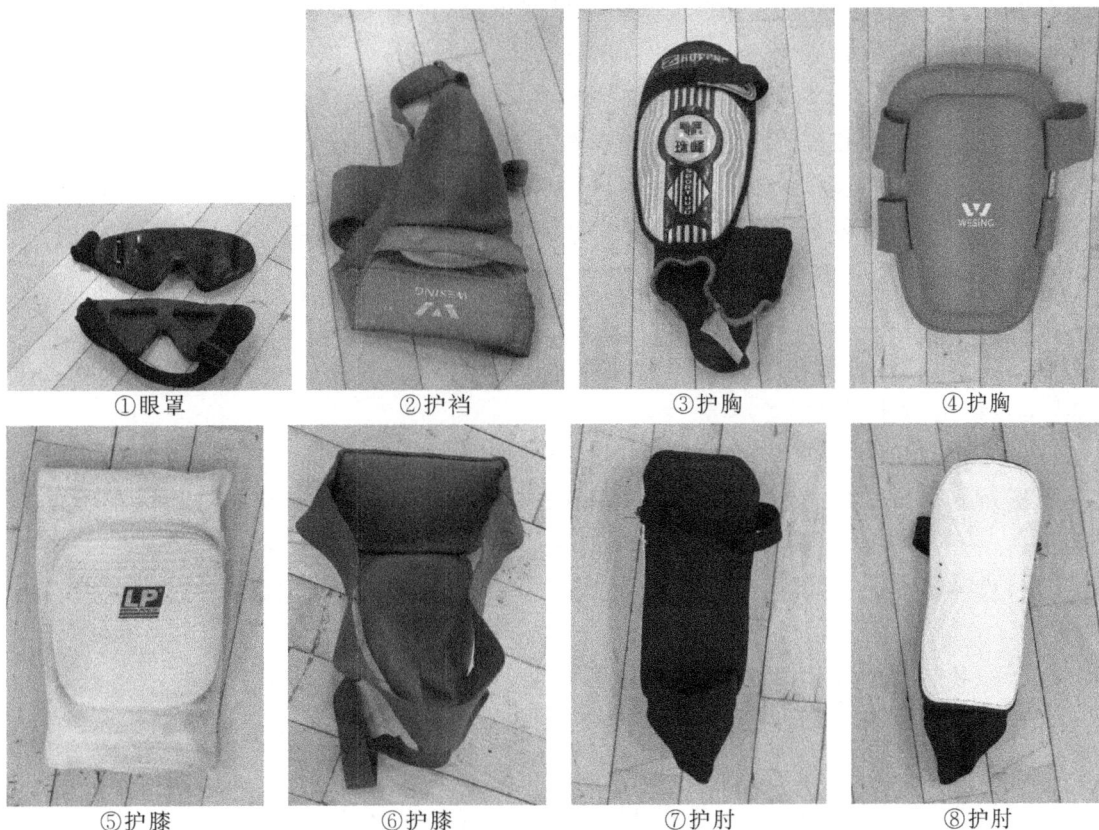

①眼罩　　　②护裆　　　③护胸　　　④护胸

⑤护膝　　　⑥护膝　　　⑦护肘　　　⑧护肘

图 5-17　盲人门球比赛的眼罩和服装

(二)参赛队员分级

进行医学分级检测时,测试的视力应为最佳已校正的视力。凡使用隐形眼镜或其他视力校正镜的运动员,在检测时均应佩戴。但在比赛时,场上队员无论是 B1 级还是 B3 级一律戴眼罩参加比赛,不允许佩戴眼镜或隐形眼镜。

运动员只有符合具体的比赛分级要求及已确定的国际级别才有资格参加残奥会。部分根据相关规定已经进行了医学功能分级检测并获得永久分级确认资格的残奥会运动员,可直接参加竞赛而不需再接受医学功能检测的复查。但是多数运动员需要在赛前和比赛过程中接受医学功能分级检测的初检和复检。

(三)比赛规则

盲人门球比赛开始时,每队应有 3 名比赛队员和 3 名替补队员,攻守双方各上场 3 名运动员,各队参赛运动员必须穿着统一的比赛服装。上场运动员还必须在技术官员的监督下佩戴官方提供的纱布眼罩及遮光眼镜。

比赛开始前裁判员或其他指定的官员进行挑边,确定开始的投球方,下半场开始时进行球权转换。攻方队员持球,运用规则允许的各种进攻技术动作,将球滚入对方的大门;而防守方队员在防守区域内采用各种防守技术,如倒地、扑球等防守动作防住对方进攻的球。在比赛正常进行中的入球称为投球得分,每进一球记 1 分,每个投球手连续投球不能超过 3 次,否则将进行一对一判罚。

全场比赛时间为 20 分钟,分上下半场,各 10 分钟,半场间歇 3 分钟。两场比赛的间隔至少 5 分钟,但在残奥会和世锦赛中两场比赛的间隔至少为 15 分钟。比赛中,只要球在球门区内穿过球门线就算得分,得分多者为胜。若比赛结束,双方比分相同,而又要决出胜负,则需要进行上下半场各 3 分钟的加时赛,先得分方为胜者;若还相同,将采用投点球的方法决定胜负。

1. 特殊规定

(1)比赛中,球员依靠球滚动发出的声音来辨别方位,观众必须保持安静,只有在进球或半场结束时才能鼓掌。

(2)每队在比赛中换人最多进行三次,加时赛允许换人一次。

(3)所有场地的标志线宽 5 厘米,厚 3 毫米,并且清晰、能触知、容易让运动员确定位置。

(4)投球离手后必须至少在着地区或防守区触地一次,否则为高球犯规,由对方罚球。

(5)一名队员连续投两次球,在队友投球前第三次投掷将受到处罚。

(6)比赛中触摸眼罩,或一方防守转进攻的过程超过了 10 秒都将被处罚。

2. 个人犯规

(1)短球:无论任何时候,球被投出后,球停留在比赛区未达到防守队员的范围,这时裁判员鸣哨成死球并被判为短球,应交由防守队执行罚球。

（2）高球：进攻投球球离手后，必须至少在着地区或防守盲人门球区触地一次，否则投球无效（投球队员被罚）。

（3）远球：在球投出并触地后，球必须在中立区至少触地一次，否则此投球无效。

（4）触摸眼罩：任何场上队员触摸眼罩都将受到处罚，运动员在受罚情况下离开赛场时也不能触摸自己的眼罩，否则将再一次给予处罚。如果在比赛途中，暂停或比赛中的任何中止期间运动员想要触摸眼罩，必须要先征得裁判员的许可，在得到许可后，要转身背对赛场然后才可以接触眼罩。

（5）第三次投球：一名队员只能连续投两次球，在队友投球前第三次投掷和任何其他投球，都将受到处罚。

（6）非法防守：防守时，运动员应该使身体的任何一部分接触在本队防守区内，否则将被认为非法防守。

（7）个人非体育道德的行为：如果裁判员确定一名场上比赛队员的行为是非体育道德的，那么这名队员将受到个人处罚。而且，任何非体育道德的行为都可以导致被取消比赛资格、驱逐出比赛场甚至取消参加本届比赛。如果裁判员认为这一情形是无可辩解的，被取消比赛资格的队员在比赛中将不得再替换。运动员任何有意地同比赛技术官员进行身体接触将导致被取消比赛资格、驱逐出比赛场地。

（8）噪音：任何队员在投球时发出的妨碍防守队员追踪球的噪音，都将受到判罚。

3. 全队犯规

（1）全队延误比赛：如果出现下列情况，将给予全队延误比赛的处罚。

①一个队没有按裁判员发出的指令开始比赛；

②一个队的行为妨碍了比赛继续进行；

③一个队在任何半场结束时替换了队员，而没有告知裁判员；

④一个队在要求第四次暂停时；

⑤一个队在要求第四次换人时。

（2）全队非体育道德的行为：如果裁判员确定教练席上有队员做了非体育道德的行为，那么将给予那个队集体处罚；而且，如果裁判员认为这情形是无可辩解的，任何非体育道德的行为者将被取消比赛资格、驱逐出比赛场地甚至取消以后参加比赛的权利。

（3）10秒：某队防守时触到球后，必须在10秒钟内将球投出，否则将判为10秒犯规。

（4）非法指导：除了暂停和每半场结束外，教练席上任何人不能对场上队员进行任何方式的指导。否则，将对该队进行处罚。同场比赛中出现第二次非法指导，该指导人将被请出馆外。

三、基本技术

盲人门球基本技术由投球技术、扑挡技术两部分组成。

(一)投球技术

投球的方式可以是双手也可以是单手,可以原地投球也可以助跑投球。但是最基本最实效最常用的投球方式是助跑单手投球,在此基础上发展了弧线球、左侧旋、右侧旋、前冲球等。

1. 投球前的位置

门球运动员最基本的技术本能是在做任何动作时都要明确自己在什么位置,投球时更应该明确自己的方位和起点。一般情况应该是靠球门起步,两侧的运动员一手拿球一手扶门边,熟知自己的位置,脑海中呈现出对方三人的位置及自己进攻的路线。

2. 助跑步伐

助跑步伐要直要稳,还要保持正确头步方位,这样投出去的球方向性较准。球门到着地区线为 6 米,步幅较小的运动员可采用 4 步助跑。若助跑 5、6 步则离着地区太近容易造成高球犯规,若助跑 2、3 步则球离着地区太远,造成力量缓冲大,影响球速。步幅较大的运动员可采用 3 步助跑,既不形成高球,又敢于发力。用几步助跑,要根据个人的特点,反复练习。如果采用 4 步助跑,右手投球的运动员应先跨右脚,第 1 步要小些,以后第 2、3、4 步逐渐加大,第 4 步,重心在左脚上,球出手后右脚可顺势前冲落稳。如果采用 3 步助跑,右手投球的运动员应先跨左脚,步幅也是逐渐增大。

3. 引球和出手

引球动作的协调决定了球的力量,出手的方向决了球投出的质量。投球前良好的站位及协调准确的助跑,都是为最后投球服务的。如果是右手投球,则左手助握,当右脚向前跨出第一步时,右手持球开始向前伸,做引球动作,顺着步伐很自然的向右后上方摆臂、扭腰转体;出手时,利用腰腹和摆动臂的力量,重心落在左脚上,球被投出时,手离地面高度应掌握在 15 厘米左右,若超过 20 厘米,易形成“高球”犯规。球出手时,大拇指、中指及食指要控制好球的旋转,手腕控制好球的方向。运动员要在训练时不断体会感觉,并记住这些感觉。

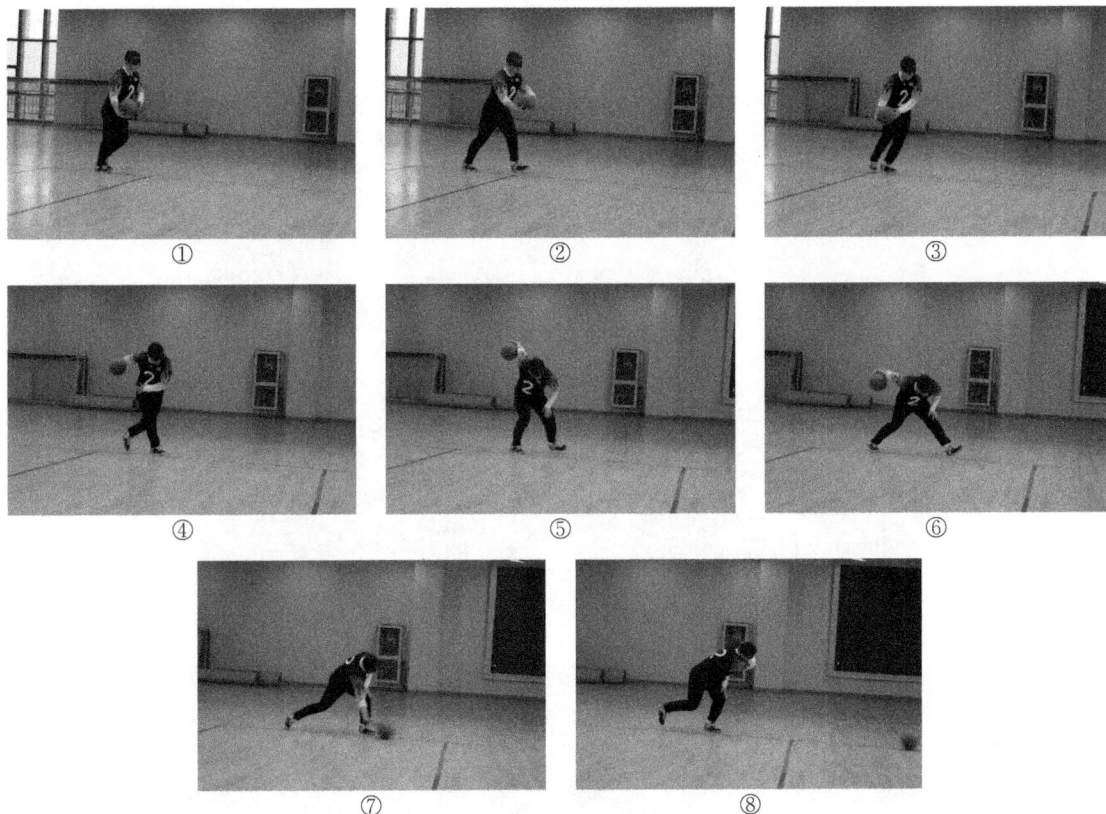

图 5-18　盲人门球的投球技术

(二)扑挡技术

扑挡的目的并不是一定要把球扑捉住。在比赛中许多球是被挡住不是被抓住,因此扑的动作一定要伸展、有力,既要挡第一落点又要挡第二落点。

1. 扑挡的落位

当本方处于防守时,每位运动员都要照教练事先布置好的位置迅速落位,并要清楚同伴的准备情况及位置情况。自己重心自然下沉、前蹲,双手扶地,脚后跟提起,两耳集中精力倾听对方移动及球铃的声音,立刻做出准确判断并能迅速倒地扑挡。

2. 扑挡的动作技术

当判断出对方投出球的方向和速度时,保持蹲姿势的上体,依靠弯曲下肢的脚尖发力,迎着来球的方向侧出一步,迅速沿着地面滑扑过去,上下肢打开,身体伸直侧立着,用身体的最大面积去挡球,这时手指微扣,两臂夹耳并保护好自己的脸部,两腿伸直,两脚并起脚尖绷直,身体展开后略向来球方向成前弓。

3. 挡球的后续动作

扑挡动作做出,如不是战术要求则不应过于紧张的转换为进攻的状态,应冷静的判断球的去向,是出界还是同伴已控制住球,还是球正在移动中,只有了解清楚才能决定自己的下一个动作,是继续扑球还是做好防守,是准备传接球,还是准备进攻,优秀的运动员要能控制比赛的节奏。

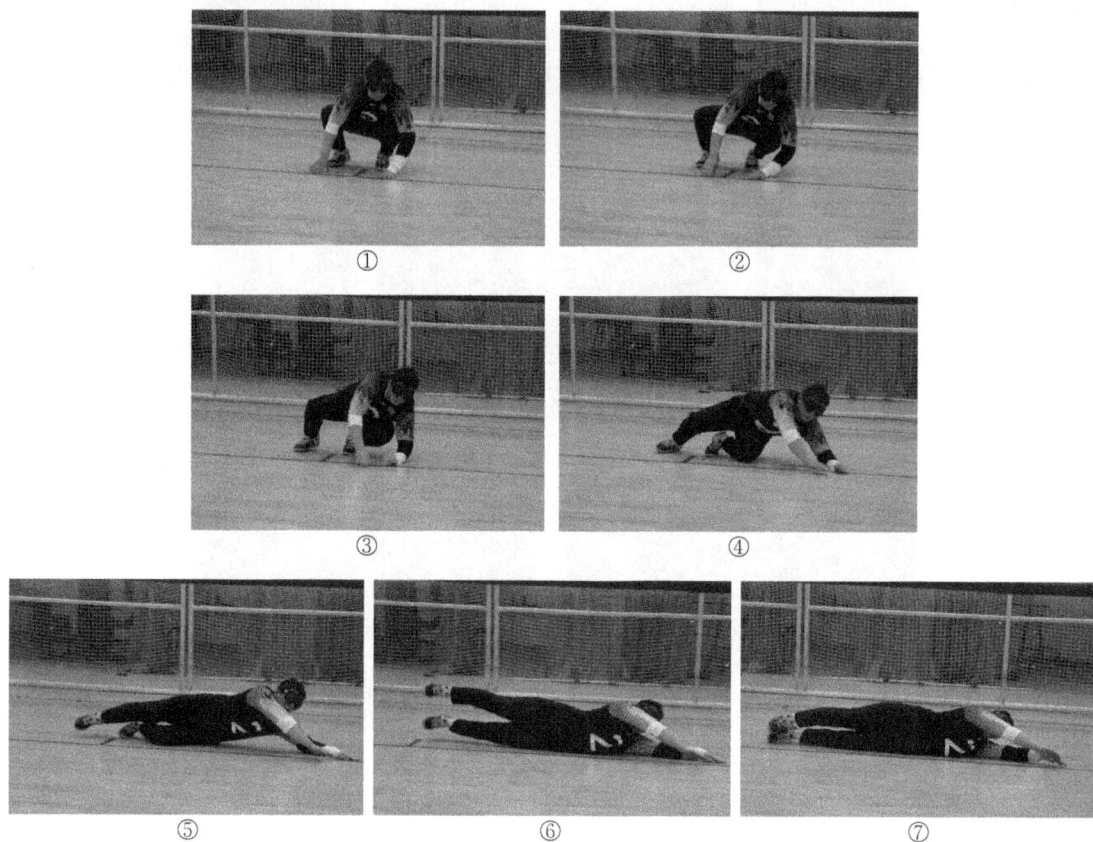

图 5-19　盲人门球的扑挡技术

四、基本战术

门球的基本技术相对较为简单,在盲人门球越来越竞技化的今天,基本战术的运用就显得尤为重要。盲人门球运动发展到目前阶段,紧靠投球的力量来冲破由三人防守的大门已经越来越不容易,利用灵活多变的战术是有一定水平的盲人门球队得分的主要手段。进攻战术首先体现在站位上,三名队员要有一个合理的分工。主攻手一般都安排在两边的位置,在两边投出的球余地大、角度大,中间位置一般是第一防守位置,另一位置则是副攻位置。从战术发起到结束,一般都是围绕主攻手进行,这是战术变化的核心。主要分为个人进攻战术、集体进攻战术、防守战术。

(一)个人进攻战术

以主攻手在右边为例,进攻队员拿到球后,脑海中应立刻呈现出对方防守的阵型,分析对方哪个环节比较薄弱,是中间还是两边,是对方主攻与中间位置还是副攻与中间的位置。

1.投球线路的多样性

比赛中,投球线路要多变,让对方不适应,打乱对方的节奏,以提高进攻的成功率。

(1)投直线球。投球时身体距右边线半米左右,直线助跑,将球投出,球最好投到距对方球门柱半米左右。

(2)投小斜线球。投球时直线助跑(也可斜线助跑),球出手时,手腕稍向里扣,手指手腕控制好球的方向,球最好投在对方中间队员与副攻手的中间(球距对方左边线3米左右)。

(3)投中斜线球。斜线助跑,球最好投到对方中间队员与主攻手中间(球距对方右边线3米左右)。

(4)投大斜线球。斜线助跑投球,球最好投到对方主攻手的右边(球距对方右边线半米左右)。

2.时间差

进攻队员助跑投球时,突然急停,停顿1~2秒钟,又突然将球投出,打乱对方防守的节奏。

3.快攻

防守队员接球节奏加快,抓住球后立刻反攻,打对方一个措手不及。

(二)集体进攻战术

1.直线掩护

裁判员将球递给位于右侧的主攻手,这时,主攻手将球快速递给副攻手,主攻手递完球后佯装助跑投球,副攻手同时在左侧将球投出。

2.移动进攻

主攻手从右侧控制球后,沿门楣尽快地移到左侧副攻手的位置,副攻让开位置,主攻手在副攻的位置进攻,球出手后,立刻回到自己的位置。

3.交叉掩护

中间队员接球后,到主攻位置将球交给主攻手,然后直线助跑佯攻,掩护主攻手。主攻手斜线跑到中间队员的位置投球。

比赛中要了解对手防守的特点,找出其薄弱环节,出其不意,攻其不备,打对手个措手不及;同时,还要根据场上形势的变化运用灵活多变的进攻战术,个人战术与集体战术相结合,在不同的时期,运用不同的战术,只有合理的运用战略、战术,才能提高自己的进攻成功率。

(三)防守战术

盲人门球的防守是整体防守,主要依靠联防。严密防守会给本队建立制胜的信心,否则将使全队心理上造成崩溃。防守时应全神贯注,积极勇敢,不应互让互抢,要相互保护,弥补第二落点球。目前基本都采用"一、二"联防这一防守战术,过去有过"二、一"联防和"一、一、一"联防,但实践证明都不如"一、二"联防。

"一、二"联防的核心队员是中间第一防守队员,他的移动面积大,应担负起全队的防守责任。其他两名防守队员要有默契的配合,要善于补漏、防漏,当球在中间队员与主攻手之间或中间队员与副攻手之间时,两人异向扑挡球,这时应注意两人之间的距离,不要太近,否则易出现危险。当对方右边的主攻手投大斜线球时,中间防守队员向右边扑挡球,本方主攻手扑挡时,应原地侧扑,脚离边线 0.3 米左右。否则,若向左滑行扑挡,球容易在自己的右边进门。在比赛中,根据对方进攻的战术,应采用积极灵活的防守战术,防守队员可随时换位,打乱对方的进攻意图,取得最佳的防守效果。

第五节　盲人瑜伽

一、概述

瑜伽是一项有着 5000 多年历史的关于身体、心理以及精神的练习,起源于印度,其目的是改善人的身体和心性。它能改善人们生理、心理、情感是一种促进身体、心灵与精神和谐统一的运动方式,包括调身的体位法、调息的呼吸法、调心的冥想法等,勤加练习可以达至身心的合一。视力残疾人由于视力的低下或全无,看东西模糊不清或看不见,导致移动不迅速或困难,很多体育活动难以开展,如球类项目、跑跳类项目等。为了改善视力残疾人的身体素质,改善视力残疾人的"盲态",体育运动缺之不可。因此综合各方面情况,根据视力残疾学生的身体特点和生理特点,瑜伽运动非常适合视力残疾人来进行体育锻炼,能有效提高身体机能,增强体质,改善体态,特别是"盲态"。

因瑜伽适用于身体素质的柔韧性静态类练习,本章主要对瑜伽的基本技术进行阐述。

二、基本技术

根据视力残疾人生理特点,因长时间摸索行走形成的特殊的身体姿态——"盲态",结合瑜伽独特的运动规律和特点,有针对性地进行瑜伽动作创编,使其更适合视力残疾人练习,本套动作共有十式。

(一)拜日式

1. 动作要领

动作 1:全身直立,双脚并拢,双手自然下垂,抬头挺胸,吸气,准备开始(图①)。

动作 2:呼气,双手经胸前合掌,慢慢向上向后,吸气,上体向后仰,手臂贴于耳际,向上向后伸展(图②)。

动作 3:吸气,向前向下弯曲上体,慢慢地靠近双腿,尽量靠近大腿,双手掌出心触地(或双手之间触地,也可抱小腿)(图③)。

动作 4：吸气，双手不动，右腿向后伸右膝着地，头向上抬起，伸展脊柱（图④）。

动作 5：屏住呼吸，将左腿往后伸，用双手和双脚脚趾支撑全身。身体成一直线，腹部、腿部、要尽量伸展并用力保持平衡（图⑤）。

动作 6：吸气，膝盖着地，放低胸部和脸部，保持抬高，胸、额头贴地，成胸、膝盖、额头三点着地姿态（图⑥）。

动作 7：吸气，抬头，身体往前上方挺起，放低髋部，脚背、大腿着地，肩部下压，让头颈部及肩部完全放松（图⑦）。

动作 8：呼气，手脚不动，抬高臀部，全脚掌着地，保持膝盖伸直。头向下垂，置于两臂间，成为倒"V"姿态（图⑧）。

动作 9 同 4，方向相反。动作 10 同 3。动作 11 同 2，动作 12 同 1（图⑨、图⑩、图⑪、图⑫）。

图 5-20　拜日式

2. 要点

注意运动前的拉伸练习;呼吸要均匀绵长,配合动作。

（二）桥式

1. 动作要领

动作1:平躺在地,双手置于体侧,两膝弯曲,两脚稍分开(图①)。

动作2:双手虎口向上放于腰部,抬高臀部至最高点,头和肩膀平贴于地(图②)。

① ②

图 5-21 桥式

2. 要点

双手肘关节要夹紧尽量靠近身体,双手撑越上面越容易成桥。

（三）鱼式

1. 动作要领

动作1:仰卧,双脚并拢伸直,双手掌心向下置于臀部下方,头部自然放松平躺,呼吸自然(图①)。

动作2:手肘弯曲,使上半身抬起,重心在手肘上,其余部位动作不变(图②)。

动作3:头向后仰,用头顶着地,胸部向上拱起,身体重心在手肘上(图③)。

① ② ③

图 5-22 鱼式

2. 要点

头和肘关节两支撑点要靠近,靠得越近越容易完成动作。

（四）前弯式

1. 动作要领

动作1:坐在地上,头、颈、背呈一直线,两腿伸直并拢,膝盖不要弯曲,两手置于大腿上(图①)。

　　动作2：吸气,两手向上举,放在两耳侧,尽量伸直脊柱,双手尽量向上伸,人有种被拔高的感觉(图②)。

　　动作3：呼气,上半身向前弯曲,头尽量向前伸,手抓住双脚,胸部完全贴牢腿部,背部不得拱起,如无法抓住脚,也可以抓小腿,保持此姿势10秒以上(图③)。

①　　　　　　　　　②　　　　　　　　　③

图 5-23　前弯式

2.要点

抬头挺胸,双手抓脚同时胸部靠近大腿。

（五）前伸展式

1.动作要领

　　动作1：坐在地上,头、颈、背呈一直线,两腿伸直并拢,膝盖不要弯曲,两手置于大腿上(图①)。

　　动作2：双手向后方在地上,手指朝后,头尽量向后仰(图②)。

　　动作3：吸气,臀部尽量抬高,脚底完全贴地,静止10秒以上,然后臀部回到原位,坐于地上(图③)。

①　　　　　　　　　②　　　　　　　　　③

图 5-24　前伸展式

2.要点

双手撑地与肩同宽,绷脚尖。

（六）前弯屈膝变化式

1.动作要领

　　动作1：坐于地上,右腿向前伸直,左膝弯曲并使左脚底平贴于右大腿内侧,右手放右腿上,左手放左膝盖上(图①)。

动作 2：吸气，两手向上伸直贴于耳际，身体向上拉长，背部挺直（图②）。

动作 3：呼气，身体向前弯曲，右手抓住右脚，胸部贴于腿部，静止 10 秒以上。换成左脚来一次，动作要求同上（图③）。

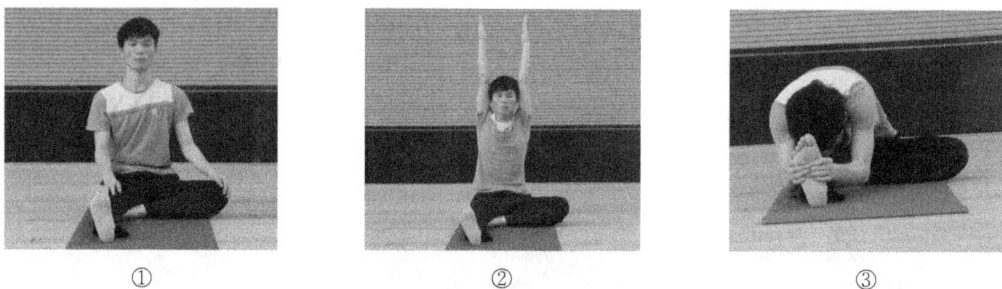

图 5-25　前弯屈膝变化式

2. 要点

胸部要尽量贴近大腿。

（七）树式

1. 动作要领

动作 1：右脚站立，用手抓住左脚，抬高，将左脚脚底贴于右脚大腿内侧，身体保持直立，抬头挺胸（图①）。

动作 2：左手放开左脚，双手合掌于胸前，身体试着保持平衡（图②）。

动作 3：慢慢伸直双手合掌，身体保持平衡，眼睛平视前方，背挺直（图③）。

图 5-26　树式

换左腿站立坐动作，要求同前。

2. 要点

屈膝腿脚要贴近直立腿大腿上部，身体保持平衡。

（八）站立前弯式

1. 动作要领

动作 1：双脚并拢，将两手向上伸直，贴于耳际，身体有种被拔长的感觉（图①）。

动作 2:呼气,弯腰向下,抓住小腿后部,尽量使胸靠近或贴于腿部,膝盖不得弯曲(图②)。

图 5-27　站立前弯式

2. 要点

前弯时,双手能尽量收紧抱腿,使胸部贴紧大腿。

(九)三角式

1. 动作要领

动作 1:两脚开立与肩同宽,双手放于体侧,两眼平视前方(图①)。

动作 2:吸气。右手向上伸直,贴于耳际(图②)。

动作 3:呼气,身体向左侧弯曲,左手自然向下滑,保持姿势 30 秒以上。

换一边练习,要求同上(图③)。

图 5-28　三角式

2. 要点

侧弯腰时,两腿脚后跟不离地。

(十)三角式变化式

1. 动作要领

动作 1:双脚开立略宽于双肩,双手放在体侧。两眼平视前方,挺胸(图①)。

动作 2:双手侧平举,两眼平视前方(图②)。

动作3：左膝向外屈膝，身体重心左移（图③）。

动作4：左手撑在左脚前，右手向上伸贴于耳际。重心在左脚上，背部挺直。右侧动作相同，方向相反（图④）。

①　　　　　　　　　②　　　　　　　　　③　　　　　　　　　④

图 5-29　三角式变化式

2. 要点

侧弓步要大，手撑脚前。

视力残疾人在静态项目上有着独特的优势，教师在指导瑜伽练习时，应根据视力残疾人的视力上的不足，对空间方位的敏感，使用体操专业方位术语引导视力残疾人进行瑜伽练习中的身体姿态在空间中位置（如时钟方位）。结合视力残疾人专业特点（推拿专业），在练习中可阐述瑜伽练习对身体机能所带来的身体补偿与健康收益。

第六节　传统功法易筋经

一、概述

传统功法易筋经是一门历史悠久、流传广泛的中国传统功夫，是推拿功法课中的实践教学内容，也是一指禅推拿流派的重要组成部分。至清代咸丰年间，李鉴臣继承并发展了一指禅推拿疗法，传扬州丁凤山，丁凤山传十三弟子。1956 年，上海卫生学校推拿班创办，以十二大手法为经，以十二式易筋经功法为纬，编织机体经纬，充分体现出"手法循经取穴、功法舒理肌筋"的学术特色。一指禅推拿流派强调易筋经锻炼，是希望通过练功，增强腰力、腿力、臂力、指力，并使肩、肘、腕、指等关节变得柔软有力，易于手法操作。

（一）调身

有利于改变盲人的身体形态。易筋经动作平稳舒展、松紧结合、协调完整，符合人体的生理运行规律，是一种比较好的体疗方法。每一个动作都有锻炼的重点，对五官、头颈、躯干、四肢、腰、腹等全身各部位进行了相应锻炼。练习易筋经时要求动作姿势工整、方法准确,合乎规格,以外形、躯干和四肢的伸展开合为主,全身肌肉放松,骨骼和关节符合人体各关节自然弯曲的状态。总之,调身主要注重身体形态和身体运动,有目的地把自己的形体控制在一定的姿势和一定动作范围内,这对盲人身体素质有着积极的影响作用,有利于提高他们的肌肉力量、柔韧性、平衡能力和协调能力,从而增强了盲人的体质。

（二）调息

有助于增强盲人的呼吸系统功能。易筋经非常重视呼吸的练习,通过顺腹式呼吸、逆腹式呼吸、闭气呼吸等呼吸方法有意识地控制呼吸,通过意念改变自然的呼吸节律,以适应身体内部状态和外部活动的需要,对机体内环境的平衡调节很有好处。盲人由于自身生理缺陷,缺乏必要的身体锻炼,致使身体机能低下,通过易筋经调息练习,对提高肺换气十分有益,肺通气量大大增加,有助于呼吸肌力量增大,呼吸器官得到了很好的锻炼。同时又促进血液循环,有效地维持心血管机能的稳定。对盲人健康水平的提高产生了直接、有效、积极的影响。

（三）调心

有益于改善盲人的心理健康。易筋经不仅注重身体的锻炼,更注重心理的调节,是一项自我身心锻炼的方法。调心,主要是通过意识调节来练心,使心静,进而练精神、练思维,在良性意识的指导下,达到思维敏捷、反应灵活、气血通畅,从而达到健身目的。易筋经要求形神合一、内外兼修、心神宁静、身心健康。从而有益于盲人在生活、学习等压力下得到放松,调整心理状态,愉悦身心,减轻盲人的心理压力和精神焦虑,保证了健康的心理状态。

传统功法易筋经是视力残疾人推拿专业中的一项实践教学内容,它有别于武术,本章主要介绍传统功法易筋经的基本技术。

二、基本技术

盲人是我们中华大家庭中的一部分,由于生理上的缺陷,给他们的生活、学习、工作带来许多困难,同时也严重地限制了他们的活动空间,给他们身心的健康发展带来极其不利的影响,因此我们应尽力给予他们更多的关爱。发挥我们体育工作者的聪明才智,为他们提供更多更适合他们锻炼的体育项目。适合盲人锻炼的体育项目应该是既经济又安全且应该有适合他们的活动空间,中国的传统体育项目易筋经是一种对促进人的身心健康具有良好效果且方便练习的项目,它的安全性早已被现代科学所证明。练习易筋经不需要特定的场地、器材,也不受时间、条件的影响,既经济又方便。而且,我们所介绍的易筋经特点是原地操练,简单易学。对于行动不便的盲人来说是非常合适的,健身效果明显。

（一）预备式：调息凝神

1. 动作要领

双脚并拢站立，双手自然垂于体侧，五指并拢微屈下颌微收，百会虚领，唇齿合拢，舌自然平贴于上腭，头正颈直，目视前方（图 5-30）。

2. 要点

平息调气。

图 5-30 预备式

（二）第一式：韦驮献杵第一势

1. 动作要领

口诀：立身期正直，环拱平当胸，气定神皆敛，心澄貌亦恭。

（1）左脚向左侧开步，约与肩同宽，两脚平行，两膝微微弯曲，成开立姿势；双手自然垂于体侧，五指自然并拢。（图①）

（2）两臂自体侧向前平举，至与肩平行，掌心相对，指尖向前。（图②）

（3）两臂屈肘，自然回收，两掌合于胸前，两手掌根与膻中穴同高，指尖向前倾斜约30 度，虚腋；目视前下方，动作稍停。（图③）

① ② ③

图 5-31 韦驮献杵第一势

2. 要点

呼吸自然，精神集中。上肢抬起形成抱球姿势时，髋、膝关节自然放松，两手相距约15 厘米，肘关节夹角约 120 度。

（三）第二式：韦驮献杵第二势

1. 动作要领

口诀：足趾挂地，两手平开，心平气静，目瞪口呆。

（1）两肘向上慢慢抬起，直至掌、臂约与肩平，两掌伸平，掌心向下，手指相对。（图①）

（2）两掌水平向前伸展打开，保持掌心向下，指尖向前，至两臂平行。（图②）

（3）两臂向左右分开至侧平举。（图③）

（4）五指自然并拢，坐腕立掌，两足趾抓地，目视前下方。（图④）

图 5-32　韦驮献杵第二势

2. 要点

呼吸自然，意念可集中在手掌，意想中指向两侧伸展。胸部要舒展放松。

（四）第三式：韦驮献杵第三势

1. 动作要领

口诀：掌托天门目上观，足尖着地立身端，力周髋胁浑如植，咬紧牙关不放宽，舌可生津将腭抵，鼻能调息觉心安，两拳缓缓收回处，用力还将挟重看。

（1）松腕，两臂平举自然，向前画弧，内收至胸前平屈，掌心向下，举与胸相距约一拳，目视前下方。（图①）

（2）两臂同时内翻，且抬高至耳垂下，掌心向上，虎口相对，两肘外展，约与肩平行。（图②）

（3）身体重心前移，感到全身的支撑点在前脚掌上，缓慢提脚后跟；同时，两掌上托至头顶，掌心向上，展肩伸肘，微收下颌，舌抵上腭，咬紧牙关，稍立片刻。（图③）

图 5-33　韦驮献杵第三势

2. 要点

呼吸自然,思想集中。足跟缓缓提起与手掌上抬协调,足跟尽量离地,上身微前倾,不可挺腹。握拳回收与足跟下落同时。

（五）第四式:摘星换斗势

1. 动作要领

口诀:只手擎天掌覆头,更从掌内注双眸,鼻端吸气频调息,用力收回左右眸。

（1）两脚跟缓缓落地,同时,两手握拳,拳心向外,两臂下落至侧上举。（图①②）

（2）两拳缓缓展开成掌,掌心斜向下,全身放松,目视前方。（图③）

（3）身体左转,膝盖微屈;同时,右臂上举经体前下摆至左髋关节外侧,右掌自然张开"摘星";左臂经体侧下摆至体后,左手背轻贴命门;目视右掌。（图④）

（4）直膝,身体转正;同时,右手经体前向额上摆至头顶右上方,松腕,肘微微弯曲,掌心向下,手指向左,中指尖垂直于肩髃穴;左手背轻轻贴召命门。右臂上摆时,眼随手走,定势后目视掌心。（图⑤⑥⑦）

（5）静立片刻,两臂向体侧自然伸展。换右侧,做右摘星换斗势。（图⑧）

图 5-34　摘星换斗式

2. 要点

呼吸调匀,气沉丹田。前脚脚尖着地,脚跟自然提起。重心以 3：7 比例分配在前后,做到前虚后实。上举的前臂垂直地面,眼光关注手掌心。

（六）第五式：倒拽九牛尾势

1.动作要领

口诀：两髋后伸前屈，小腹运气空松，用力在于两膀，观拳须注双瞳。

（1）接上式。双膝微屈，身体重心右移，左脚向左侧后方约45度撤步，右脚跟内转，右腿屈膝成右弓步；同时左手内旋，向前、向下画弧后伸，手指从小到大逐个内屈成拳，拳心向上；右手向前上方画弧，伸至与肩平，手臂微向上弯，且手指亦逐个内屈成拳，拳心向上，身体重心向后移，左膝微屈，腰稍右转，以腰带肩，以肩带臂，右臂外旋，左臂内旋，屈肘内收，目视右拳。（图①②）

（2）身体重心前移，屈膝成弓步，腰稍右转，以腰带肩，以肩带臂，两臂放松前后伸展，目视右拳。（图③）

（3）身体重心前移至右脚，左脚收回，右脚尖转正，成开立姿势，同时，两臂自然垂于体侧；目视前方。

①　　　　　　　　②　　　　　　　　③

图 5-35　倒拽九牛尾势

2.要点

马步屈髋屈膝，大腿与地面夹角需45度以下，气沉丹田。弓箭步前屈腿，大腿与地面夹角小于45度，后退膝关节伸直，两脚踏实，脚跟不要离地。两臂内外旋转自然，两拳自然握紧。

（七）第六式：出爪亮翅势

1.动作要领

口诀：挺身兼怒目，推手向当前，用力收回处，功须七次全。

（1）接上式。两肘向上慢慢抬起，直至掌、臂约与肩平，两掌伸平，掌心向前。两臂平行前移，环抱至体前，两手成柳叶掌立于云门穴前，间距略小于胸宽，指尖向前，目视前下方。（图①②）

（2）打开肩膀，扩展胸部，然后放松肩部，两臂缓缓前伸，并逐渐转掌心向前，成荷叶

掌,指尖向上;瞪目。(图③④)

(3)松腕,肘微屈,收臂,十指微屈,虚掌。重复(3)(4)做3～7遍。

(4)立柳叶掌于云门穴,目视前下方。(图②)

图 5-36 出爪亮翅势

2.要点

上肢动作与脚跟的起落要协调一致。手指撑力时,思想集中,不要憋气。

(八)第七式:九鬼拔马刀势

1.动作要领

口诀:侧首弯肱,抱顶及颈,自头收回,弗嫌力猛,左右相轮,身直气静。

(1)躯干向右转,同时,右手外旋,掌心向上,左手内旋,掌心向下,两掌相对。(图①)

(2)打开身体,右手由胸前内收,经右腋下后伸,掌心向外;同时,左手由胸前伸至前上方,掌心向外。(图②)

(3)身体稍稍向左转,双手反向画弧,右手经体侧向左前方摆至头左前方后屈肘,由后向左绕头半周,头右转,右手中指按压耳郭,手掌扶按玉枕六;同时,左手经体左侧下摆至左后,屈肘,手背贴于脊柱,掌心向后,指尖向上;定势后视后方。(图③)

(4)身体向右转,展臂扩胸;目视右方,动作稍停。(图④)

(5)微微屈膝,同时,上体左转,右臂内收,含胸;左手沿脊柱尽量上推,目视右脚跟,动作稍停。重复(4)(5)做3遍。

(6)伸直双膝,身体转正;右手向上经头顶上方向下至侧平举;同时,左手经体侧向上至侧平举,两掌心向下;目视前下方。右九鬼拔马刀势与左九鬼拔马刀势动作、次数相同,唯方向相反。

2.要点

手项相争,同时用力,动作协调。屈颈仰颈,呼吸自然。

图 5-37 九鬼拔马刀势

(九)第八式:三盘落地势

1.动作要领

口诀:上腭坚撑舌,张眸意注牙,足开蹲似距,手按猛如拿。两掌翻齐起,千斤重有加,瞪眼兼闭口,起立足无斜。

(1)左脚向左侧开步,两脚距离约宽于肩,脚尖向前,两手经体侧向上至平举,掌心向下;目视前下方。屈膝,下蹲,沉肩,坠肘,两掌逐渐用力向下按,约与环跳穴同高;两肘微微弯曲,掌心向下,指尖向外;同时,口吐"嗨"音,吐尽时,舌尖向前轻抵上下牙之间,吐音终止。(图①)

(2)掌心向上翻转,肘微屈,双掌上托至侧平举,同时,缓缓起身直立,重复此套动作3遍。(图②)

图 5-38 三盘落地势

2.要点

沉肩、松肘,上肢运动要缓慢、柔和,变换动作要自然。下按两掌,意念集中掌心,凝神调息,气沉丹田。上托两掌,高不过眉,两掌距离不大过肩宽,掌心摊平。

（十）第九式：青龙探爪势

1. 动作要领

口诀：青龙探爪，左从右出，修士效之，掌平气实。力周肩背，围收过膝，两目注平，息调心谧。

（1）左脚收回半步，约与肩同宽；两手握固，两臂屈肘内收至腰间，拳轮贴于章门穴，拳心向上，目视前下方。（图①）

（2）右拳变掌，右臂伸直，经下向右侧外展，略低于肩，掌心向上，目随手动。（图②）

（3）右臂屈肘，松腕，右掌变"龙爪"，指尖向左。（图③）

（4）身体随之向左转约90度，目视"右龙爪"所指方向。（图④）

（5）"右龙爪"变回掌，身体随之向左前屈，掌心向下按至左脚外侧，目视下方。（图⑤⑥）

（6）身体由左前屈转至右前屈，并带动右手经左膝或左脚前画弧至右膝或右脚外侧，手臂外旋，掌心向前，握固，目随手动视下方。（图⑦）

（7）上体抬起，直立，右拳随上体抬起，收于章门穴，拳心向上；目视前下方。（图⑧）
右青龙探爪势与左青龙探爪势动作相同，唯方向相反。

① ② ③ ④

⑤ ⑥ ⑦ ⑧

图 5-39 青龙探爪势

2. 要点

两脚平行之间距离与肩同宽。两脚踏平，膝直，腰放松。

（十一）第十式：卧虎扑食势

1. 动作要领

口诀：两足分蹲身似倾，屈伸左右髋相更，昂头胸做探前势，偃背腰还似砥平，鼻息调元均出入，指尖着地赖支撑，降龙伏虎神仙事，学得真形也卫生。

（1）右脚尖内扣约45度，左脚收至右脚内侧成丁步，同时身体左转90度，两手握固于腰间章门穴不变；目随转体，视左前方。（图①）

（2）左脚向前迈一大步，成左弓步状；同时，两拳提至肩部云门穴，并内旋变"虎爪"，肘稍屈，向前扑按，如虎扑食；目视前方。（图②）

（3）身体由腰到胸逐节屈伸，重心随之前后适度移动；同时，两手随身体屈伸向下、向后、向上、向前绕环各一周。（图③）

（4）上体下俯，两"爪"下按，十指指腹着地；后脚屈膝，脚趾着地；前脚跟稍抬起，随后塌腰、挺胸、抬头、瞪目；动作稍停。（图④）

（5）起身，双手握固重新收于腰间章门穴，身体重心随之后移，左脚尖内扣约135度，身体重心左移，同时，身体右转180度，右脚收至左脚内侧，成丁步。

①　　　②　　　③　　　④

图 5-40　卧虎扑食势

2. 要点

呼吸自然，意念集中掌指。身体前后运动要波浪状。

（十二）第十一式：打躬势

1. 动作要领

口诀：两手齐持脑，垂腰至膝间，头唯探胯下，口更啮牙关，舌尖还抵腭，力在肘双弯，掩耳聪教塞，调元气自闲。

（1）接上式。起身，身体重心后移，然后再将身体转正；右脚跟内扣，脚尖向前，左脚收回成开立姿势；同时，两手随身体右转放松，外旋，掌心向前，双臂外展至侧平举，目视

前方。(图①)

(2)双臂屈肘,以两掌掩耳,十指扶按枕部,指尖相对,并以两手十指弹拨中指击打枕部 7 次(即鸣天鼓);目视前下方。(图②)

(3)身体前俯,由上向下,经过头、颈椎、胸椎、腰椎、骶椎、逐节缓缓牵引前屈,动作要缓慢,两腿伸直,目视脚尖,停留片刻。(图③)

(4)由尾椎至腰椎、胸椎、颈椎、头,由下向上依次缓缓逐节伸直后直立;同时两掌掩耳,十指扶按枕部,指尖相对;目视前下方。(图④)

①   ②   ③   ④

图 5-41 打躬式

2. 要点

两手掌心贴耳门。两肘开合要自然。

(十三)第十二式:掉尾势

1. 动作要领

口诀:膝直膀伸,推手至地,瞪目昂头,凝神一志。

(1)接上式,起身直立后,两手猛然拔离双耳(即拔耳)。(图①)

(2)手臂自然前伸,十指交叉相握,掌心向内。(图②)

(3)屈肘,翻掌向前伸,掌心向外。(图③)

(4)再次屈肘,转掌心向下,内收于胸前。(图④)

(5)身体前屈,塌腰、抬头,两手交叉缓缓下按;目视前方。(图⑤)

(6)头向左后转,同时,臀向左前扭动目视尾闾。(图⑥)

(7)两手交叉不动,放松,还原至体前屈。

(8)头向右后转,同时,臀向右前扭动,目视尾闾。(图⑦)两手交叉不动,放松还原至体前屈。重复(6)~(9)做 3 遍。

图 5-42 掉尾势

2.要点

呼吸与动作协调自然,意念集中,身体要稳定。

(十四)收式

1.动作要领

(1)双手松开,两臂外旋;同时,上体缓缓直立,两臂伸直外展于体侧,上举,掌心向上。(图①)

(2)松肩,两臂内收,两掌经体前下引至腹部,掌心向下;目视前下方。(图②)

(3)左脚收回,两臂垂于体侧,舌抵上腭;目视前方。(图③)动作重复做3遍。

①　　　　　　②　　　　　　③

图 5-43　收式

2. 要点

松肩落手,气沉丹田。

在进行易筋经练习时,要注意服装,最好穿着武术服如太极服,轻便的运动鞋,能够使练习者尽快进入练习氛围,神形合一,练习效果较佳。对于初练者,可以口令教学,将节拍和动作名称贯穿教学,使动作连贯,易于掌握动作。

第七节　盲人定向行走

一、概述

定向是指个体运用感觉信息,确定个体在环境中的位置以及确认自己与环境相互关系的心理过程;行走是个体在定向的基础上,从一个地方移动到另一个地方的过程。

（一）定向行走训练的主要内容

1. 定向训练

包括定向训练前的准备,如概念准备、感觉训练,以及各种定向技能,如方向方位辨别、阳光定向法、时钟定向法、路标线索定向法、建筑物定向法、应用地图等。

2. 行走训练

包括行走训练前的准备,如心理训练、身体姿态与步态的训练、避险与应急防卫训练;以及各种行走技巧,如导盲随行、独行技巧、盲杖技巧等。

3. 实际应用训练

包括在家庭生活中的应用训练,如个人卫生、家务劳动、休闲娱乐等以及在社会生活中的应用训练,如道路行走、乘坐交通工具、到目的地、沟通交流等。

(二)影响定向与行走训练的因素

1.心理需求

盲人对定向与行走的需求决定了其学习定向与行走技能的动机,如果盲人认为定向与行走对其学习、工作和生活十分重要,他们学习的效率就比较高,他们会千方百计地掌握这一重要技能。

2.环境状况

环境是盲人重要的参照系统。盲人若能利用环境中各种物体建立自我与环境、环境与环境的关系,他们对环境的了解就越多,其定向行走的能力也就越强。

3.视力丧失程度、失明时间

剩余视力的充分利用可以提高盲人的定向与行走能力。失明的时间对定向行走有很大影响,后天失明的学生在定向与行走能力方面明显忧于先天失明的学生。

4.年龄及身体状况

年龄差异对定向行走有很大影响。对视障人士来说,学生由于身体尚未发育完善,老人则由于功能的退化,客观上限制了他们定向行走技能的发挥,相对而言,年富力强的视障人士具有较强的定向行走能力。当个体身体健康时,嗅觉、听觉都很灵敏,能感知环境中微小的变化;而当身体状况不佳时,特别是感冒咳嗽、头晕鼻塞时,定向能力相对较差,在这种情况下,盲人独立行走就很困难,外出时最好结伴而行。

5.亲友的态度

父母对盲人的态度会严重影响其定向与行走的能力,父母过度保护或放任不管,都会严重影响盲人定向与行走能力的发展。父母要对盲人持正确的态度,既鼓励他们独立地定向与行走,又提供合理的行走环境、安全的保护措施,逐步培养他们独立定向与行走的能力。

6.教师的态度

教师对盲人的态度,一方面直接影响定向与行走的训练效果,另一方面又间接影响父母对盲人的态度。

7.生活经历

生活经历丰富与否直接影响盲人的定向技能和行走能力。有的盲人在生活中积累了一定的经验,能够利用视觉、听觉、触觉、嗅觉等进行定向,在定向行走时根据已有的经验判断自己所在的位置、何时到达目的地,遇到危险能够及时防范。

(三)定向与行走对盲人的影响

盲人经过定向行走训练,掌握了定向与行走的技能后,能增加与他人交往的机会,增强自尊心和自信心,使受伤的心理得到有效康复;可以扩大活动范围,不再局限于一个有限的空间,从而促进个体身体各方面功能的健康发展.有效提高身体素质和运动能力;还能改善盲态,保证身体的正常发育。这为帮助盲人树立自身良好形象进而获得自信心打下了基础。

一些盲人由于从小受他人照顾,失去了解周围事物及锻炼生活自理能力的机会。通过定向行走训练能让他们认识环境,学会生活自理的技能,提高了独立性,从而提升生活质量,提高自立自强意识;定向行走训练还能扩大盲人的社会交往范围,丰富社会阅历,提高社会适应能力,增加学习和就业机会,从而更好地融入社会。

盲人定向行走是盲人走向社会的一项基本技能和生存技能,在学校教学中应加以强化,使盲人的定向行走能力规范和有序,本章主要介绍盲人定向行走的基本技术。

二、基本技术

盲人定向行走训练是视力残疾人出行的必备技能之一,可以最大化减少自我伤害和外界的伤害,本部分内容主要由定向训练、行走训练、实际应用训练三部分组成。在本章中,主要介绍在体育教学中可以开展的一些项目。

(一)定向训练

1. 定向训练前的准备

(1)概念准备。盲人进行定向行走训练时需弥补的概念领域主要包括:形体的构成,形体的方位关系,方向概念,身体与物体、物体与物体之间的位置关系,动作概念,室内外环境概念,距离概念,量的概念,地形概念,地址及关系,时间概念,复杂的空间概念、道路交通知识等。

(2)感觉训练。定向的基础是各种感知觉,因此对盲人进行感知觉训练是他们定向行走能力发展的客观需要,也是定向行走课程训练的基础。

2. 定向训练的内容

在体育教学中,带领盲人进入一个全新的场所,需要对盲人所处的环境做一个简要介绍,以此让盲人辨别自己的位置,从而加以强化训练。

(1)方向方位辨别。方向辨别是指视障学生以自己为基点确定方向。盲人首先要学会在不同场所(如在家中、单位)判断东、南、西、北、中等;然后再练习在不同场所判断东南、西北、西南、东北等;再学习将简单方位进行组合后进行判断,如左上、左后、右前等。

(2)阳光定向法。了解太阳由东升起,自东向西而行,由西而落;懂得利用阳光定向。学会阳光定向法:根据不同时间太阳在不同位置的原理可以判断方向。

课堂上,迎面和背面教学中,需要对盲生指出,让他们感觉光线的不同,告诉他们此时的站位,来辨别上课场所的地理位置,以此能掌握上课环境。

(3)内时钟定向法。这是盲人常用的对大环境定向的方法之一,指盲人将自己看作处于时钟的轴心处,将自己周围的事物按照时钟钟点的位置来确定方向。学习内时钟定向法首先必须了解钟面上钟点的位置。先从简单的 12 点、3 点、6 点、9 点四个方位入手,然后再学习诸如 1 点、2 点等方位。运用内时钟定向法可以不受东西南北固定方向的限制,随时随地都可以用,但在使用时要注意内时钟确定起始点位的依据。

(4)外时钟定向法。这是盲人常用的定向的方法之一,指盲人将自己面前的事物按照时钟钟点的位置确定方位,通常将自己定位在6点钟位置上。常用外时钟定位法的地方,如确定圆桌上菜的摆放位置。

体育教学中,可利用球类摆放来辨别方位,如3点钟方位拍球提示,6点钟位置拍球提示。

(二)行走训练

1. 行走训练前的准备

(1)心理训练。盲人在陌生的环境中常常不同程度地表现出一些心理障碍,如恐惧、冒失、害羞、自卑等。这些心理障碍对他们的定向行走往往会造成不利的影响,因此,在定向行走训练之前要对盲人进行矫正训练。

第一次上体育课,教师要亲自带领全班盲生从教室走向田径场,用坚定的语气告知沿途危险的地方,如台阶有多少个,左转有什么,直行前面大约多少米会有什么等等,减少盲生的恐惧感,心理上可以获得安全感。在课堂上,教师应给予盲生积极、向上、向善的正能量的暗示。

(2)身体姿态与步态的矫正、训练。异常的身体姿态和步态会使盲人难以掌握正确的行走技巧,影响行走的安全性和有效性,同时也容易导致社会人士对盲人的不正确认识,有损盲人的社会形象,所以需要进行矫正训练。

盲生体态的改善,是体育教学重要的一个教学目标。因长期摸索行走,导致颈部前屈,形成向前探的"盲态",长此以往会形成病理性的改变,颈椎变形,从而影响身体健康。为此体育教学中纠正和改善盲生的盲态,形成正确的走姿和身体形态,是体育教学目标之一。

(3)避险与应急防卫训练。盲人应知道外界环境有哪些危险情况,以及如何进行应急防卫。外界环境常见的危险情况有:运动的人,器械的投掷,突然滚来的球,横穿进来的人等。遇到运动场上有人在运动,方向辨别困难时,盲人必须冷静,先站着不动,或语言提示,或然后再慢慢挪动到场地边上。

2. 行走训练的内容

(1)导盲随行。

盲人在别人带领下行走的过程称为"导盲随行",如图5-44。导盲随行的方式虽然很多,但都是在导盲随行基本动作的基础上,做不同形式的改变,切不可随意推或拉着盲人的手、盲杖行走,因为这样是把盲人置于被动状态,不便主动感知导盲者传递的信息。他人见到盲人有困难时,及时进行援助,但必须方法得当,可以试用以下方法来帮助盲人。

图5-44 基础导盲

①一人导多盲。一人导多盲,指一个导盲者带领多个盲人同时随行的方式。导盲者先将多个盲人由高到矮纵队排列,在导盲者的帮助下,最后一人抓握前面一人的异侧臂;被抓握者用被抓握手抓握前面一人的异侧臂,以此类推。所有人按要求抓握好后,形成一个左右交替排列的队伍,导盲者接触最前一个盲人的被抓握臂,进行导盲。

图 5-45　一人导多盲

②换边随行。换边随行指盲人跟随导盲者行进过程中,需从导盲者的一侧换到另一侧的随行。换握方式有"间接换握"和"直接换握"两种。注意,在换握过程中随时保持至少有一只手要抓握导盲者。

③向后转向。导盲随行过程中如需向后转向行进时,导盲者停止行进并做语言提示,然后逐步引导盲人向后转向。导盲者语言提示后抬起被抓握臂,同时两人转向面对站立;导盲者主动伸臂以便盲人抓握,盲人以非抓握手抓握导盲者的对侧臂,然后松开原抓握手;导盲者与盲人向后转退并排同向站立;盲人后退半步即成转向后的导盲站位姿势。

①

②

图 5-46　向后转向

④过狭窄通道。导盲随行过程中如遇道路狭窄或人多拥挤时,为了保证盲人的安全和顺利通过,导盲者需要把盲人引导至背后随行。

导盲者将被抓握臂屈肘置于体后,手背轻贴腰部,慢步行进并可语言提示;盲人察觉导盲者手臂变化后,迅速伸直抓握臂并主动移至导盲者的正后方,抓握手下移至导盲者的前臂或手腕,同时放小随行步幅,以免踩到导盲者脚跟。走过狭窄通道后,导盲者被抓握臂从体后恢复到原位,盲人也要随之过渡到正常的随行位置。

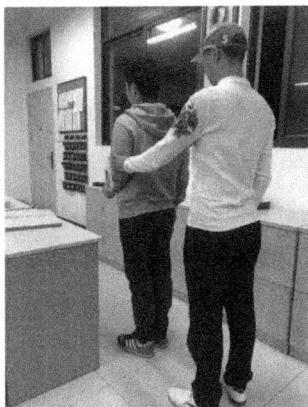

图 5-47　过狭窄通道

⑤导盲上下楼梯。导盲随行上下楼梯时，导盲者首先在楼梯口处稍作停顿，语言提示上（下）楼，盲人向前迈出半步与导盲者并排站立；导盲者起步上（下）楼时，盲人会感到导盲者手臂上升（下降），便可一步一级随之上（下）楼。上（下）楼过程中，导盲者始终在盲人的前面一级楼梯；当导盲者走完最后一级楼梯时略加停顿，使盲人得知到了楼梯的尽头，待盲人也走完最后一级楼梯站稳后继续导盲随行。导盲随行上下楼梯的方法，也适用于上下台阶。

（2）随行技巧。

随行是指盲人不使用助行用具，在相对熟悉的环境中独立行走的方法。盲人独立行走时，容易被门窗、桌椅等设施和其他墙壁上的附设物件碰伤，因此，加强自我保护是安全行走的有效措施。

在体育教学中，危险时常就在身边，良好的保护意识和保护动作是盲生安全行走的必要前提。开展教学时，教师应经常提示盲生在什么状况下，需要适用什么技巧来保护自己，加强盲生部位保护方法，确保自己的安全。

①上部保护法。盲人一臂屈肘抬起，上臂略高于肩，使前臂横于头面部前方 20 厘米左右，掌心向外，指尖略超过对侧肩。

②下部保护法。盲人一侧手自然下垂，前移至身体中心线前约 20 厘米处，掌心向内，五指放松。必要时应与上部保护法一起使用。

图 5-48　下部保护法

③沿物行走。沿物行走是盲人以墙、桌子或其他物体为导向走到目的地的一种独行方式。盲人面对行进方向,体侧与物体相距约 20 厘米,手臂自然向前下伸约 45 度,手指微屈,用小指和无名指的指背轻触墙面或桌沿,遇到粗糙墙面时可以大拇指向下转动手掌,以掌心面对墙面用指甲叩击,以免受伤。

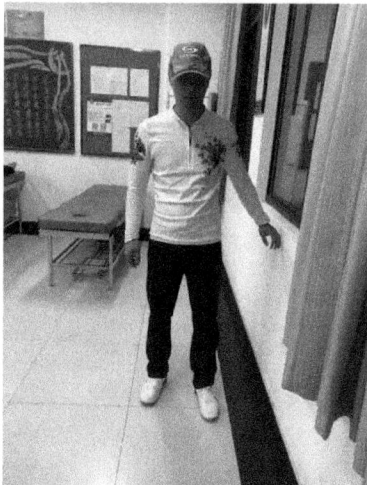

图 5-49　沿物行走

④穿越空间。当盲人穿过一个空间的时候,假如事先知道这个空间,可以利用上部保护或下部保护通过。假如空间较大,盲人没有把握准确穿越时,可以先转包一个墙角,然后进行垂直定位,利用直线行走技能通过,再恢复到原来的行进方向。特别是去田径场等运动场馆,需要穿过的空间特别大特别长,那么需要盲生运用多种行走技巧来顺利到达目的地。

⑤独行上下楼梯。独行上楼:盲人走到楼梯初始阶时,要靠近扶手一侧站立,先用脚尖试探楼梯下沿,脚与楼梯的下沿要垂直,触摸到楼梯扶手后,用沿物行走技能一步一级上楼。独行下楼:盲人走到楼梯顶部时,要靠近扶手一侧站立,先用前脚掌试探楼梯的前沿,并与楼梯垂直,触摸到楼梯扶手后,用沿物行走技巧或抓住扶手一步一级下楼。

⑥寻找失落物。寻找失落物时,首先要进行听音定位。盲人要根据物体落地的声音迅速、正确地判断失落物体的方向和大致距离,将身体转向该方向,然后走上前去采用正确的下蹲方法寻找物体。下蹲时可上体保持与地面垂直,下体弯曲蹲下;或使用上部保护法保护头及面部弯腰下蹲,以免身体碰撞到其他物体。搜索物体时,双手手指分开,用指尖轻触地面,在体前从小到大、由外向内划圆;或用双手向两侧来回移动、逐步推进的方法进行搜索。

在体育教学中,此方法用得非常多,器械遗落如篮球脱离自己的控制,或实心球抛出后的方向,或跳绳甩出了等等,需要盲生迅速地听音做出判断,再将器械捡回来。

(3)盲杖技巧。

盲杖的实质作用是将盲人的手臂感觉进行延伸,帮助他们了解自己身体周围的情况。使用盲杖行走是盲人最常见的行走方法,具有很高的经济性和有效性,因此盲人对盲杖技巧必须要熟练掌握。针对现在大多数盲人不习惯使用盲杖的现象,在教学中,可以将此项作为练习的一个教学要求,穿插在别的项目教学里,锻炼盲生熟练使用盲杖技巧。盲杖提法分为斜握法和直握法两种。

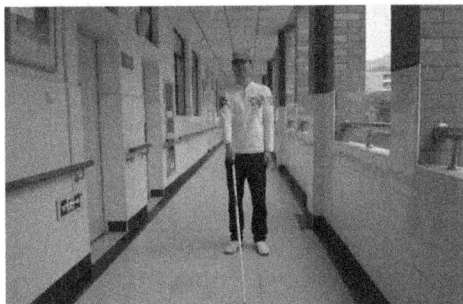 

图 5-50 斜握法　　　　　　　　图 5-51 直握法

①两点式技巧。两点式技巧又称为左右点地式技巧,是最基本的盲杖技巧,在大多数环境中可以使用。用斜握法握住杖柄,手保持在身体中心线附近前 20 厘米左右,以手腕关节部位为支点,很自然地像鱼尾巴甩动那样左右摆动手及盲杖,手臂保持相对静止;盲杖的杖尖在地面的左右两侧击地,左右两侧击地点的距离稍宽于肩约 5 厘米;杖尖弧状摆动,弧顶高度大约离地 2～5 厘米;注意步伐与节奏的配合。

在路面光滑的地方,可以改变为两点式滑行。在有边缘线的地方行走时,又可以变换为两点沿边行走,这时沿边的一点就点击边缘线。

① ② ③

图 5-52 两点式技巧

②斜杖技巧。斜杖技巧又称为"对角线技术",一般在过宽阔通道、较大空间、有边缘线线索时使用这种方法,有时在室外比较熟悉的环境中行走也采用这种方法。使用时要求路面一定要平整,没有坑洼,使用此技巧会比较省力。用斜握法握住杖柄,手臂伸直在身体的一侧放松下垂;盲杖杖尖触地向前滑动,直至手臂完全伸直;持杖手手腕内转使盲杖尖端滑向身体对侧,杖尖略超出对侧肩约 5 厘米。

③触地辨别。盲杖在与地面敲击或滑行时,会将地面信息通过盲杖传递到盲人的手上和耳中,盲人可以根据手部获得的触觉信息和耳朵获得的听觉信息判断地面的情况,如辨别不同质地的路面、察觉路面上的障碍物等。

④探索障碍物。盲人在行走过程中,若杖尖碰到障碍物应立停止前进,不可随意弯腰触摸,否则可能会碰伤头。这时,可将杖尖抵住物体,将盲杖缓缓地竖起靠近物体,以了解物体的高度;将不持杖的手虎口靠紧盲杖,手指外展,拇指在杖身侧,从手柄处沿杖身慢慢地向下滑动,以了解障碍物的高度和种类。

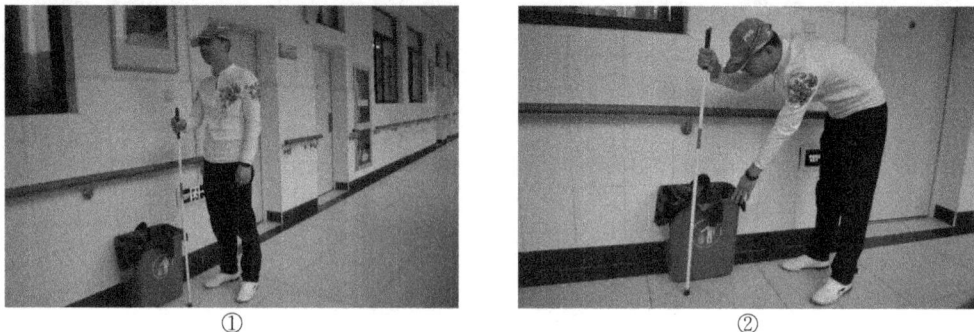

图 5-53　探索障碍物

⑤持杖上下楼梯。上楼:盲人走到楼梯正前面停下,用盲杖探索楼梯的高度、宽度及深度,脚尖接触楼梯且与之垂直。用直握法持杖,杖尖碰触第一层楼梯的边缘,手臂自然向前伸直,杖尖自然上移叩响上一层楼梯,随着上行,当盲杖接触不到上层边缘线时,表明楼梯已走完。走上最后一级台阶后,用盲杖"清扫"前方路面,然后行走。

下楼:盲人在下楼时,首先用盲障探索楼梯最上一层的边缘,用双脚的前脚掌感觉楼梯的前沿,用盲杖测量楼梯的高度、宽度及深度,然后用斜提法持杖。下楼时,每下一级台阶杖尖就敲一下下一级台阶的边沿,当盲杖杖尖触及地面时,盲人便知道楼梯下完了。走下最后一级台阶后,用盲杖"清扫"前方路面,然后行走。

图 5-54　持杖上楼　　　　　　　　　图 5-55　持杖下楼

⑥持杖上下滚梯。盲人用盲杖找到该梯的入口,感觉杖尖被拖动时即为电梯的第一级。站在入口边缘与滚梯台阶垂直,一只手轻放在扶手上且在身体前面一点,另一手用直握法持杖。上电梯时,抓紧扶手,跨上滚梯并调整脚的站立位置,杖尖放在前一级梯面上。当感觉到扶手不再往上(下)而是平直,或感觉杖尖不再上升(下降)时,则表明电梯快到顶(底)部。当杖尖被顶住时往前跨一步,跨出台阶并迅速撤离滚梯口。

⑦持杖进出门。盲人先要找到门的把手,靠近铰链侧的手把门开到充分大,另一持杖手把盲杖移到身体的中间,盲杖尖触地,前后来回在地面上"清扫"以探索门内是否有门槛或台阶等,然后左右点地进出门,同时把门轻轻关上。

(三)实际应用训练

定向行走的技巧在家庭生活、社会生活中都可以得到应用。因此,要对盲人进行实际应用的训练,引导他们在生活中应用定向行走的技巧。

1. 应用训练前的准备

(1)明确行走目的。盲人外出一般不会像明眼人那样闲逛,所以,每次外出前,需要明确为何外出、到什么地方、如何去、如何回来等。

(2)熟悉行走路线。简单的路线,可以由明眼人导盲随行带领盲人边行走边描述;较为复杂或者盲人即时记忆有困难的,可以把路线用文字的方式写下来,或者制作简单的触摸地图,让盲人逐步建立心理地图;如果路线十分复杂,可以用录音笔或手机中的录音功能录下路线,有条件上网的可以学习在网上查询公交路线情况,为以后行走到陌生环境打下基础。

(3)了解主要难点。遇到人车混行路段、道路施工地段和过马路、乘坐交通工具、夜间行走、迷失方向等情况,都是盲人外出时感觉比较困难的。这时,需要盲人更加谨慎,使用合理的技巧,必要时通过求助达到目的,千万不可莽撞行事。尤其是在夜间行走对,尽可能使用可以反射光线的衣服和盲杖,也可以使用手电筒,这样低视力学生可以看清路,全盲学生则可以让别人看到自己,避免因天黑遇到车辆发生危险。

2. 应用训练的内容

(1)道路行走。校园里的盲道、人行道、楼宇间道路、草地、山路、塑胶跑道等不同道路的定向行走训练,要结合盲人在生活中的实际环境,由易到难进行。

(2)过马路。过马路是盲人外出时的一大难点。训练前,除了让盲人在车少或者没车的时候练习摸过马路技巧,还要让他们多在路边听车的声音。通过训练达到能初步判断车行方向、距离、速度,在十字路口能大致判断通行方向。通过车声能确定自己的行走方向等,然后再到实际环境训练。

过马路时要先了解路口的情况,寻找一个合适的位置,最好是在有人行横道线的地方通过。行走前先用垂直定位法以及内时钟定向法确定好行走方向,可以直握盲杖举高让更多的人看到,当听到车停后用两点式保持一定的速度通过,如遇到有车按喇叭时要原地站住,千万不可后退。

在学校里,可以训练盲生从教学楼到宿舍楼到行政楼到食堂等学习生活区域的行走方法,或者教学区到运动场馆的行走方法,使盲生在学校这个小社会生活出行无忧,有较高的安全感。

第六章　肢体残疾人体育教育

第一节　概　述

我国成功地举办了九届全国残疾人运动会,与此同时还举办了近 50 次全国单项赛事,参加全国性比赛的残疾人运动员累计超过数万人次,其中肢体残疾运动员占了相当一部分。肢残人根据残疾情况分为截肢、脊髓损伤、脑瘫三种类型。

适宜截肢和其他类别的肢残人参加的体育活动有:举重、健身操、棋类、田径、游泳、射箭、射击、轮椅篮球、轮椅击剑、乒乓球、轮椅网球、排球等。其中竞赛项目为:田径、游泳、举重、射箭、射击、轮椅篮球、轮椅击剑、乒乓球、轮椅网球、排球等。

适宜脊髓损伤类型的肢残人参加的体育活动有:举重、健身操、棋类、田径、游泳、射箭、射击、轮椅篮球、轮椅击剑、乒乓球、轮椅网球、轮椅橄榄球、轮椅舞蹈等。其中竞赛项目为:田径、游泳、举重、射箭、射击、轮椅篮球、轮椅击剑、乒乓球、轮椅网球、轮椅橄榄球等。

适宜脑瘫类型的肢残人参加的体育活动有:健身操、棋类、田径、游泳、乒乓球、射击、硬地滚球、足球、轮椅网球、轮椅橄榄球等。其中竞赛项目为:田径、游泳、乒乓球、硬地滚球、足球、轮椅网球、轮椅橄榄球等。

本章主要介绍适合学校体育开展的项目,有田径、轮椅篮球、坐式排球、轮椅太极拳、体操、游泳等。

第二节　田　径

一、概述

田径运动作为竞技体育项目最早可以追溯到古希腊时代,公元前 776 年至公元 393 年田径类项目就是作为古代奥运会的主要项目。近代田径运动则开始于 18 世纪前半叶的英国,而后慢慢传遍整个欧洲大陆和美洲的部分地区,直到 1896 年第一届现代奥运会的召开,田径运动才逐步传遍整个世界。田径运动是人类最为古老的运动项目之一,是从人类的社会劳动生产实践中分离出来的。它是由走、跑、跳、投等基本的技能构成,这些也是人类社会生存必不可少的技能。田径运动是一种综合力量、速度、耐力和技巧等素质的综合性体育运动。

在国际性赛事中,肢体残疾运动员在田径项目上获得荣誉也很多。如我国优秀残疾运动员郭伟,获得第 13 届残奥会田径 F35 级 3 块金牌,获得男子铁饼 F35/36 级金牌,并打破世界纪录,获得男子标枪 F35/36 级金牌,并打破世界纪录,获得男子铅球 F35/36 级金牌,并打破世界纪录。著名残疾运动员张立新,2003 年 10 月 26 日,在第 17 届大连国际马拉松轮椅组的比赛中,张立新不负众望,夺得全程冠军。2004 年张立新参加了第 12 届雅典残奥会,获得轮椅竞速 400 米项目第六名的好成绩。2008 年在北京残奥会的田径比赛中,为中国队获得男子 4×100 米接力 T53/T54 级别的冠军。

肢体残疾人在田径项目上并没有和健全人有什么不同,唯一不同的是,根据残疾程度的不同,分级别进行比赛。肢体残疾人在田径项目教学中,可根据肢体残疾程度不同,进行适当选择。

田径是所有残疾人或多或少需要练习的项目。在本书中,听力残疾人与健全人运动项目基本一致,与肢体残疾人运动项目也大致相同。本章节介绍的田径运动内容,同样适用于听力残疾人,在听力残疾人体育教育章节中不再另外描述。

二、基本技术

(一)跑

田径运动中跑的项目分为短跑、中长跑和长跑。它是要求运动员在最短时间内完成规定距离。其中,长跑技术同中长跑技术。

1. 短跑

短跑是所有跑的项目中对速度要求最高的项目,通常包括 100 米、200 米和 400 米跑。短跑一般可以分为:起跑、起跑后加速跑、弯道跑(200 米与 400 米)、途中跑、冲刺跑几个阶段。

(1)起跑。起跑时指短跑项目中,后脚蹬离起跑器所采取的方式。起跑的决定因素包括反应时和个体的爆发力。

①起跑器安装。安装方法一般包括两种:普通式和拉长式两种,如图 6-1、6-2 所示。前起跑器抵足与地面的夹角约成 40°~45°,后起跑器约为 60°~80°,起跑器前端距离线约一脚半的距离,两个起跑器之间宽度约为 15cm,安装起跑器应根据个人情况和习惯来确定,但总的原则应有利于起动和发挥速度,在 200 米和 400 米的起跑中,由于开始是弯道,故起跑器的安装要与起跑方向一致,即起跑器的方向要切于所在弯道的外切线。

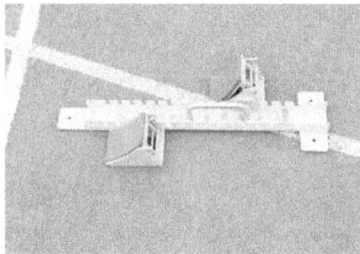

图 6-1   普通式起跑器安装

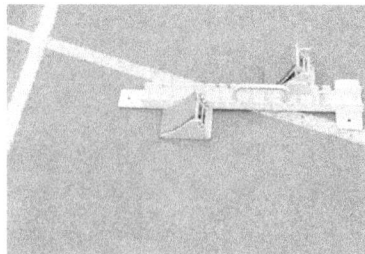

图 6-2   拉长式起跑器安装

②起跑过程。如图 6-3、6-4 所示,起跑过程包括"各就位""预备"和"鸣枪"(或"跑")三步。

第一步:"各就位"。当听到"各就位"的口令后,做好身体和心理的调整,到起跑器前面,用两手撑地,四指并拢或分开与拇指形成"人"字形,撑于起跑线后。双脚依次在前、后起跑线的抵足板上,有力的腿在前,后膝跪地,两臂与肩同宽,臂伸直,肩稍前移超过身体重心或起跑线齐平,头与躯干保持自然放松姿势,注意力集中,听预备口令。

图 6-3   各就位姿势

图 6-4   预备姿势

第二步:"预备"。听到"预备"口令时,抬起臀部,稍高于肩,重心前移,两脚掌压紧起跑器,前腿大小夹角约 90 度,后腿大小夹角约 120 度,静听枪声。

第三步:"鸣枪"。听到"鸣枪"声,手迅速推离地面,两臂屈肘有力地前后摆动,两脚猛蹬起跑器,后腿蹬离起跑器后,以膝领先,大腿积极前摆。前腿充分伸展髋、膝、踝关节,用力蹬离起跑器,后腿前摆并积极下压,身体保持较大的前倾角度,向前冲出。

(2)起跑后加速跑。起跑后加速跑顾名思义是指在起跑后,在最短的时间内将速度提高至最大,为途中跑做准备,100 米中此段距离一般为 20～25 米,200 米和 400 米的加速距离略长些。起跑出发的第一步不宜过大,身体不要突然抬起,重心靠前,身体与地面呈现明显的前倾,前倾角度根据个人能力有所差异,跑进时,后蹬快速、充分、有力,摆动腿积极前摆、下压,用脚掌着地,同时注意两只脚的运动轨迹是呈"八字",即左右脚的轨迹是逐渐的向内靠近,这样有利于起跑时,更稳定的加速。

(3)弯道跑。弯道跑是 200 米与 400 米中非常重要的技术之一,当进入弯道时,整个身体向左倾,右肩高于左肩,同时要保证外侧的摆臂幅度和蹬地力量也要高于内侧,这样才能保证在弯道跑的过程中个体的身体能够稳定地加速或保持原来的速度。

(4)途中跑。途中跑的任务是继续发挥和保持高速跑直到终点。其技术特点是:步幅大、频率快、上体稍前倾,如图 6-5 所示。

图 6-5　途中跑技术分解

①途中跑之后蹬与前摆阶段

a. 支撑腿的后蹬是在摆动腿的前摆配合下,迅速伸展髋、膝、踝 3 个关节,最后由脚趾蹬离地面完成的。前摆动作是当摆动腿大腿摆过支撑腿后,大、小腿保持折叠并迅速带动同侧髋部向前上方摆出。

b. 摆臂动作:以肩为轴,手指半握或自然伸直,轻快有力的前后摆动,前摆时不要超过身体正中线和下颚,后摆时稍向外,大臂不超过肩,小臂几乎与躯干平行。整个动作要积极有力、协调自然、重心平稳、直线性好,向前用力。

c. 途中跑之腾空阶段:进入腾空阶段,后蹬结束的支撑腿的小腿随大腿的摆动和惯性作用下迅速向大腿靠拢形成折叠前摆的动作。同时,摆动腿积极下压,膝关节放松,小腿随大腿惯性向前下方摆出,做积极下落动作。

d. 途中跑之着地缓冲阶段:摆动腿积极伸展下落,用脚前掌富有弹性地着地支撑,同时,异侧腿继续以大、小腿折叠的姿势迅速向前摆动当大腿接近垂直地面时,大、小腿折叠到最小限度,脚跟几乎接近臀部。

(5)终点跑。终点跑一般是在比赛的最后阶段,通常为比赛的最后 20 米左右的距离,运动员在这一阶段需要将重心前压,加速以最快的速度到达终点。

终点撞线技术:在距离终点线约一步距离时,上体急速前倾,双臂后摆,以躯干部分撞线。跑过终点线后逐渐减速,不要突然停止,以免发生伤害事故。

图 6-6　终点跑技术

2. 中长跑

中长跑是指 800 米及以上距离的跑,包括 800 米、1500 米、3000 米、5000 米、10000 米以及马拉松跑。一般而言,长距离跑对于机体长时间有氧耐力的要求比较高,是典型的耐力性项目。

在中长距离跑的技术与短跑项目的技术基本相同,只是动作细节上稍有差异,步频、步幅相对较小,其技术环节主要包括:起跑、起跑后加速跑、途中跑、终点跑和极点呼吸。

(1)起跑。中长跑比赛或测试时,采用站立式起跑。起跑前,先做1~2次深呼吸,然后就站在起跑线3m集合线处听候起跑令。当"各就位"口令下达后,慢跑或走向起跑线,两脚前后开立即有力腿的脚放在起跑线的后沿,另一脚放在距离前脚跟约一脚长的地方,两脚左右间隔约半脚长。两腿弯曲,上体前倾,重心落在前脚上,后脚用前脚掌着地。两臂在体前自然下垂或前腿异侧臂在前同侧臂在后。身体保持稳定,集中注意力听候枪声。

(2)起跑后加速跑。听到枪声后,后脚立即蹬地以膝领先并迅速前摆,前脚也迅速用力充分蹬直。两臂配合两脚动作做迅速有力地前后摆动,使身体迅速向前冲出,进入加速跑阶段。加速跑时,上体前倾较大,两腿交换较快,摆臂、摆腿和后蹬都应迅速而积极。应尽量按跑道内突沿的切线方向和朝着自己有利的位置跑去。

(3)途中跑。途中跑是决定中长跑运动成绩的主要环节。途中跑应强调轻松、省力、节奏好。技术动作与短跑中途中跑技术相似,幅度与频率稍低些。

(4)终点跑。终点跑是指临近终点时的冲刺跑。此时比赛或训练者要凭顽强的意志,加大摆臂,加强腿部的蹬摆,奋力跑到终点。一般情况,800米可在跑到最后约300米,1500米跑到最后约400米,3000米以上在最后400米或更长一些的距离进行冲刺跑。

(5)极点呼吸。中长跑时,应注意呼吸节奏。呼吸的节奏取决于个人特点和跑的速度。一般是跑两或三步一呼气,跑两或三步一吸气。随着跑速的提高,呼吸频率也相应加快。在强度大、竞争激烈的情况下,应采用半张口与鼻同时呼吸的方式,来最大限度地满足机体对于氧气的需要。

中长跑时,由于内脏器官机能的惰性,氧气的供应暂时落后与肌肉活动的需要,跑一段距离后便会不同程度地出现胸部发闷、呼吸困难、动作无力现象,迫使跑速降低,甚至有难以坚持下去的感觉。这种生理现象叫"极点",它与准备活动、训练水平有关。训练水平高,内脏器官的适应能力强,"极点"出现就缓和、短暂。当"极点"出现时,可适当降低跑速,主意加深呼吸,同时要以顽强的意志坚持下去。

(二)跳

1.跳远

跳远的基本技术由助跑、踏跳、腾空和落地四个部分组成。跳远的最终距离主要由助跑速度和合理的有力踏跳所决定,腾空落地保证了踏跳所取得的效果。

(1)助跑。一个好的助跑是取得好的跳远成绩的必备因素,它是为获得最大的水平速度,并强有力地踏跳做准备。助跑的距离根据个人发挥速度的迟早来决定。助跑的动作与途中跑相似,最后一步应比倒数第二步小,以利于快速而有力地踏跳。

助跑的方法一般采用站立式起跑,用两个标志,第一个标志是助跑的起点,第二个为离踏跳板6~8步的地方,助跑时要用脚踏跳在第二标记上。通常采用走步法测量步点:采用自己的便步走,助跑步数乘2减2等于走步数,如助跑8步:8×2－2＝14步。若助跑步数超过10步时,则每多助跑一步增加走两步的距离,如助跑12步:(10×2－2)＋2×2＝22步,经过反复助跑进行调整,最后确定下来。

(2)踏跳(如图6-7、6-8)。

在获得足够大的水平速度时,最后四步,要开始估摸着踩踏点,即在最后几步时调整步伐,保证起跳点准确。一般初学者踩踏点比较难掌握,需要多加练习,肢体残疾的学生在学习踩踏动作时,受身体条件的影响,需要增加身体整体的协调性的练习,以此来补偿身体的不协调。当身体重心移至起跳腿的支撑点时如图6-7、6-8所示,起跳腿迅速用力蹬伸,使踝、膝、髋关节充分伸直,同时摆动腿以膝领先积极向前上方摆起,两臂积极配合腿摆动作用力摆动,当双臂肘关节摆至略低于肩或肩同高时,做"突停"动作,这样借助摆臂的惯性提肩、拨腰、挺胸、顶头,帮助身体重心提高,增大起跳效果。

图 6-7 踏板支撑 　　　　图 6-8 踏板起跳

(3)腾空。身体在经过助跑和起跳阶段后,会进入腾空阶段,在没有外力的作用下,身体会遵循抛物线的轨迹进行飞行,腾空时,身体应该做好充分的落地准备,同时还要保证腾空的时间,经过助跑与起跳,身体便进入腾空阶段。腾空动作主要是保持身体平衡,为落地做好准备。腾空后起跳腿留在后面,膝稍屈,在空中形成腾空步。

空中姿势一般有蹲踞式、挺身式和走步式三种。

图 6-9 三种腾空动作

①蹲踞式。腾空步后,上体仍保持正直,摆动腿继续抬高,两臂向前上方提起与摆动腿并拢,形成空中蹲踞的姿势。随后两腿上收,上体前倾。将要落地时,两臂由前向下、向后摆动同时向前伸小腿落地。蹲踞式跳远的优点:比较简单,容易掌握。缺点:空中屈髋时间太长,容易造成两腿过早地下落。另外,落地时身体前倾,使得两腿的高抬并向前伸的动作受到一定的限制,因此,这种姿势的效果较差。

②挺身式。腾空步后,随后摆动腿的大腿积极地下放,小腿向前、向下、向后弧形摆动,使髋关节伸展,两臂向下、向后上方摆振,这时留在身后的起跳腿向后摆的摆动腿靠拢,臀部前移,胸腰稍向前挺,形成展体挺身的姿势,落地前两臂由后上前、向下,向后摆

动,两腿向前摆,收腹举大腿,接着小腿前伸,上体前倾准备落地。挺身式跳远的优点在于由于空中挺身动作能使体前肌拉长,有利于收腹举腿落地,其效果较蹲踞式要好,但要注意几点:a.不能片面地追求腰部后屈或反弓形,否则会使动作紧张,不利于空中平衡和稳定;b.挺身动作要依靠摆臂动作的配合维持平衡,并要有较长的时间;c.落地的屈体动作不要做得太早,应先向前上方抬举大腿,然后上体前倾,小腿前伸。

③走步式。腾空后,摆动腿下落摆,起跳腿屈膝前摆,完成自然换步,成为起跳腿在前,摆动腿在后的空中动作,换步时,保持跑的自然动作,大腿带动小腿走动,摆动幅度要大。在走步式中,起跳后两腿在两臂的配合下,在腾空时采用2步半和3步半两种动作技术。要求在空中做大幅度的前后环绕摆动迈步换腿动作来维持身体的平衡,并与两臂协调配合。落地前,收腹举小腿前伸,上体前倾,两臂同时向后向下后方摆动。技术要求较高,一般很少用于学校体育的教学。

(4)落地。落地的好坏直接影响到跳的远近,而且有可能影响身体健康,因此,落地也是跳远技术中的一个重要环节。在完成腾空动作后,两大腿向前提举,腿向前伸,同时臀部向前移动,上体前倾,落地时,双腿膝关节伸直,脚尖勾起,两臂在体后,待脚跟触沙面后,双腿迅速屈膝,双臂积极前摆,借助向前的惯性作用,使身体尽快移过支撑点,避免后坐或后倒。

图 6-10　落地动作

2.跳高

随着跳高技术的不断发展,目前学校体育比较流行的是背越式跳高。背越式跳高是由人体经过一段直线与弧形助跑后,以远离横杆的脚起跳,摆侧手臂、头、肩、腰、髋两大腿、小腿与脚依次仰卧旋转过杆,用肩、背的上部着海绵垫的一种跳高技术。背越式跳高技术是由助跑(预先助跑、直线助跑、弧线助跑)、过渡阶段、起跳、过杆和落地5个部分组成的有机整体。

(1)助跑。

①预先助跑。预先助跑的任务是使运动员摆脱静止状态,在助跑前获得一定的适宜速度,为运动员全程助跑建立起合理的节奏。合理的预先助跑对运动员踏准起跳点有重要的作用。预先助跑的形式概括起来有3种:a.走几步踏上第一标志线开始正式助跑;b.走几步后主要为图6-11中BC的延长线上,加一小跳步踏上第一标志线开始正式助跑;c.慢跑几步踏上第一标志线开始正式助跑。

②正式助跑。为了使运动员获得自己力量与技术的理想速度,获得良好的助跑节奏,使运动员进入适宜的起跳位置,为起跳做好准备如图 6-11 中 C—E—A 段。

背越式跳高运动员采用曲线助跑,大多数运动员跑 8～12 步,少数运动员跑 6～17步。助跑的长度为 16～30m。起动时助跑方向在 70°～90°之间,在开始进入弧线时的助跑方向在 25°～35°之间,放脚方向在 15°～35°之间或与横杆平行。

各种姿势的跳高对助跑第一阶段的动作形态和技术要求区别不大,可以说是一般加速跑的技术。步伐要有弹性,动作幅度逐渐加大,上体保持前倾,身体重心波动较小。

运动员助跑的倒数第四步到倒数第二步摆动腿的脚着地为助跑第二阶段。这一阶段的任务是使运动员在过渡阶段前获得适合自己力量与技术的理想的起跳速度并获得良好的助跑节奏,使运动员获得适宜的起跳位置,为起跳做好准备。

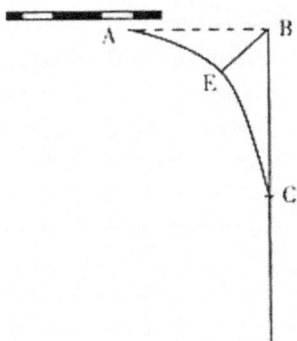

图 6-11　背越式跳高助跑路线

图 6-12　跳高助跑

背越式跳高助跑第二阶段采用的是弧线助跑,以外侧脚的前脚掌内侧、内侧脚的脚掌外侧着地,脚着地点离身体重心投影点较大,摆侧髋高于并领先与跳侧髋,摆侧肩高于并领先于跳侧肩,身体重心较高,整个身体内倾。

(2)过渡阶段。过渡阶段的位置:从倒数第二步摆动腿脚着地至最后一步起跳脚着地。(如图 6-13 所示)

图 6-13　过渡阶段：起跳——腾空

①过渡阶段的主要任务是使运动员获得理想的起跳垂直速度，使运动员从水平位移转变为垂直位移并获得良好和适宜的起跳位置，为运动员起跳做好准备。

②过渡阶段的动作结构：背越式跳高倒数第二步摆动腿采用"硬撑式"的快速摆动，膝关节弯曲度小，以摆动前脚掌内侧着地，后蹬角度较大，有利于起跳脚的快速踏跳动作。过渡阶段中起跳脚着地的方法是以起跳脚距地面较近地向前插出，脚跟外侧着地，迅速沿外侧滚动到前脚掌，膝关节角度大约为 $155°\sim169°$，小腿与地面夹角为 $59°\sim69°$，脚着地点离身体重心投影点较近，起跳脚方向是助跑弧线的切线方向，摆髋领先并高于跳肩，眼看斜上前方，整个身体内倾。

（3）起跳（如图 6-14 所示）。起跳的任务是使运动员获得适宜的身体重心腾起角度，在起跳离地瞬间使运动员获得最高的身体高度，并获得最快的起跳垂直速度，以便获得最高的身体重心腾起高度。

两臂摆动，摆臂的方法有交叉双臂摆动和交叉单臂摆动两种。前者有利于加大摆动力量，后者由于积极快速，则有利于迅速完成起跳动作。

图 6-14　起跳

交叉双臂摆动的方法是，在起跳腿阶段，随着起跳腿的前伸，起跳腿同侧臂交叉后引，而异侧臂像自然跑进一样向前摆出，但保持在相对较低的位置。当起跳腿同侧臂屈肘前摆时，双臂同时向前上方摆起，带动躯干伸展。为了加速身体围绕纵轴旋转和防止上体过早倒向横杆，摆动腿同侧臂最后一摆应高于另一臂，并带动肩部超越横杆。

交叉单臂摆动的方法是，当起跳腿踏向起跳点时，两臂仍然自然地前后摆动，随着摆动腿的摆动，起跳腿的同侧臂顺势迅速上举。

无论是哪种摆臂方法都应与摆动腿一样，在起跳蹬伸结束阶段与摆动腿相配合，采用制动动作，以增加起跳的蹬地力量。

（4）过杆。起跳结束后身体在摆侧臂的引导下，保持起跳结束时的身体姿势图 6-15（此时身体的倾角为 $94°\pm1.49°$），以头顶部和脊椎为冲击轴向横杆上方腾起并完成背对横杆的旋转动作。当运动员的头部超越横杆后,两肩开始放松,头部积极后仰,两臂也由肩上方开始向身体两侧下放,当运动员的胸部越过横杆后积极向上顶髋,头和两肩继续后仰,两大腿放松下垂完成杆上"桥"的动作。

图 6-15 过杆

图 6-16 落地

(5)落地。落地是指运动员过杆后身体重心下落到身体着地的过程,如图 6-16。当运动员的臀部和大腿越过横杆后,身体重心已经下落,此时应在挺髋的基础上,以大腿带动小腿加速向后上方甩腿,使整个身体脱离横杆,然后低头含胸,屈髋伸膝,以肩背部及双臂着垫借过杆旋转力顺势后翻,做好缓冲。

(三)投掷

投掷是人体利用自身能力,通过一定的运动形式,将器械掷至最大远度的一种运动方法。它由相互紧密衔接的四个部分组成,即持握器械、助跑(直线形式或旋转形式)、最后用力、维持平衡。投掷的项目有推铅球、掷铁饼与掷标枪。

1. 推铅球

推铅球的方法目前主要有背向滑步推铅球和旋转推铅球两种。因为场地规则限制,对旋转推铅球的水平提高有所阻碍,所以大多采用背向滑步推铅球。完整的背向滑步推铅球技术可分为握球、持球、滑步、转换和最后用力等五部分。这五部分都要注意身体平衡。

①握、持球技术。握球的手五指自然分开,将球放在食指、中指、无名指的根处。拇指和小指贴在球两侧,以保持球的稳度。握好球后,将球放到锁骨内端上方,紧贴颈部,掌心向上,右肘微抬起,右上臂与躯干约呈 90°,躯干与头部保持正直。如图 6-17、6-18所示:

图 6-17 持球正面

图 6-18 持球侧面

②滑步技术。预备姿势(以右手为例,如图 6-19):运动员持好球后,背对投掷方向,身体重心落在右脚掌,左脚置于右脚跟后方 20～30cm 处,以脚尖点地,帮助维持平衡。

上体与头部保持正直,两眼平视,两肩与地面平行。这种预备姿势较为自然,有助于集中精神开始滑步。

团身动作(如图 6-20):运动员持球站立好以后,采用平稳从容的动作,上体逐渐前倾,当躯干近水平位置的同时,左腿向后上方抬起,右腿向后上方抬起,右腿膝关节主动弯曲,身体各部分都向右腿一侧靠拢,运动员呈"团身"状态,并且髋部略向投掷方向移动,为进入滑步阶段做好准备。

图 6-19　滑步准备　　　　　图 6-20　团身滑步　　　　　图 6-21　转体

这种高姿态预备动作的优越性在于滑步开始时,右腿肌肉发力较为容易,身体重心起伏较小,完成最后用力比较自然。

滑步动作:滑步是由身体重心后移,左腿向投掷方向伸摆开始,经过蹬伸右腿,回收右腿而完成的动作过程。其技术要点:两腿动作顺序,伸摆左腿在先,蹬伸右腿在后,最后回收右小腿;左腿与躯干的关系是左膝伸开后应保持与躯干成一直线,直至最后用力开始;处理好铅球的位置。当右膝伸开后,铅球约处于右小腿的 1/2 处,外侧的垂直面上;当右腿回收后,铅球约处在右膝上方外侧。

③转换(过渡步)技术。滑步即将结束时,上体稍起。由于左腿后摆、左腿外展落地,左髋也被带动向左转动,这时两脚连线与髋轴几乎在同一垂面,与肩轴则扭成 90°,预先拉长了躯干以及下肢肌群。此时右腿弯曲约 90°。承担大部分体重。铅球处于右膝上方外侧。运动员形成用力推球前的预备姿势。

滑步技术的好坏,直接关系到运动员最后用力的效果,影响运动成绩。滑步技术掌握较好的运动员,比原地推球的成绩远 1.5～3m。决定滑步效果的主要因素:一是左腿摆动的力量、速度和方向;二是右腿蹬地的力量、速度、和角度;三是蹬摆配合。左腿摆动后的积极下落和右腿蹬地后快速收腿,不仅直接决定滑步速度的快慢,而且是完成"超越器械"动作的关键,保证滑步后能迅速连贯地转入最后用力阶段。

④最后用力。滑步结束,左脚落地瞬间,右脚即右膝继续向投掷方向转动并积极蹬伸,同时配合左腿有力的支撑,阻止身体水平前移,把力量传导至髋部,使右髋向前向上送出,骨盆围绕身体纵轴做转动,如图 6-21。原来向后扭紧的上体,由于挺转髋的带动,和左臂一起也随着向左上方转动,前俯的上体逐渐抬起,此时肩轴仍落后髋轴,运动员身体形成"侧弓状",预先拉长的工作肌群成待发之势,为最后用力推球做好了身体和技术上的准备。这时运动员的身体重心位置在两腿之间,为进入下阶段的推进创造了条件。

滑步动作是水平方向加速,最后用力的开始阶段主要是垂直方向加速,两阶段产生的合速度最终帮助运动员形成合理的出手角度。

躯干形成"侧弓"后,右体侧以右髋为主导继续向前转动。由下肢产生的力则继续向上传导(如图 6-22),使运动员胸部对准投掷方向,在由左臂做出的向斜上方再向斜下方急振动作的自然引导下,躯干绕右髋水平轴做"鞭打"动作。急振同时,右肩高于左肩,"鞭打"动作到达高峰时机,右髋在肘关节处做有力的伸展,手腕内转屈腕,手指在离球瞬间有弹性地拨动球体,将铅球向前上方推出,完成用力推球的全过程。

图 6-22 最后用力

图 6-23 随后动作

在伸臂推球前,运动员重心大部分已由两脚之间移至左腿,左腿配合推球动作,积极向上蹬伸起强有力的制动支撑作用,帮助重心上升,提高出手点,并加长躯干及手臂向前用力距离,提高出手速度,增强了"鞭打"效果。铅球出手后,为了防止犯规,通常采用换步(如图 6-23)和降低身体重心的方法来减缓冲力,以维持身体平衡。

2.掷铁饼

(1)握饼。五指自然分开,拇指和手掌平靠铁饼,其余四指末节扣住铁饼边缘,手腕微屈,铁饼上缘靠于前臂。铁饼握好后,持饼臂自然放下垂于体侧,握饼时五指分开的大小和四指节扣住铁饼边缘的多少,可以根据自身情况适当调整。

预摆是为了使投掷者获得最有利的工作状态,为了进入旋转从身体姿势、肌肉状态和心理上做好准备。投掷者背对投掷方向,两脚左右分开,比肩略宽。站立于投掷圈投掷方向中线的两侧,双膝微屈,两脚平行,左脚稍稍离开投掷圈后沿。预备姿势站好后,重心靠近右腿,持饼臂于体侧前后放松摆动。当饼摆至身后时,右腿稍微蹬地,同时,以微收腹的躯干带动投掷臂向左充分转体摆动。当铁饼摆至左右约同肩高或低于肩时,左手托饼,重心移至左腿。然后,躯干带动放松的投资臂向右后方摆动,保持微收腹,躯干大幅度向右转动。两腿保持微屈,重心移向右腿。头随着肩轴的转动而自然转动。摆至回摆点时,铁饼约与肩同高。在预摆结束时形成人体的充分扭紧。

(2)进入旋转。预摆结束后,右脚稍蹬地,以左脚掌为旋转轴,左脚尖、左膝和左臂同时向投掷方向转动,投掷臂充分伸展并保持在身后。保持较低身体重心,躯干稍稍前倾,体重由右腿逐渐移向左腿,形成左侧旋转轴。进入旋转时,身体重心由右腿向左侧旋转轴移动得到充分与否以及人体能否保持良好的超越器械状态,对于后续技术动作的是否顺利完成尤为重要。

(3)旋转。旋转的目的是使人体和铁饼在最后用力之前获得一定的预先速度,并形成人体扭紧和超越器械,同时为最后用力形成有利的预备姿势。当重心移至左腿过程中,左膝、左肩和视线转向投掷方向,形成身体左侧旋转轴。右腿以大腿带动,右脚贴近地面,沿大半径围绕左侧旋转轴摆动。身体重心通过弯曲的左腿时,左脚稍蹬地推动身体重心向投掷圈的中心移动。左脚蹬离地面进入人体腾空状态。在保持上肢充分伸展的同时,右髋迅速向内转动,缩小下肢转动半径和提高角速度,取得身体的进一步扭紧和超越器械。

右脚以前脚掌积极着于投掷圈中心附近,并且不停顿地快速转动。体重压在右脚上,形成以身体右侧为轴的单脚支撑旋转。同时左脚迅速后伸外旋,以前脚掌内侧主动落地,形成投掷最后用力预备姿势。整个旋转过程中注意投掷臂和铁饼置于身后,躯干跟随骨盆和双腿转动,保持较低的身体重心。

(4)最后用力。最后用力是掷铁饼完整技术中最重要的阶段,它的主要目的是进一步为铁饼加速,并形成铁饼出手的适宜初始状态。在这个阶段中,人体用力工作距离越长,作用于铁饼的力量越大、速度越快,则铁饼出手时的初始速度就越大,加之合理的出手角度和适宜的飞行状态,投掷距离就越远。

最后用力动作完成的质量,主要取决于以下三方面的因素:①形成正确的最后用力预备姿势;②旋转于最后用力连贯衔接;③动员全身最大力量,在人体——器械系统预先获得的旋转速度基础上,继续大幅度地为铁饼加速,直至铁饼出手。

(5)维持身体平衡。铁饼出手后,为了避免犯规,投掷者应降低身体重心,及时交换两腿位置,并顺转动惯性转体维持平衡。

3.投掷枪

投掷枪,是一个比较复杂的多轴性旋转项目。它的完整技术是由肩上持枪经过一段预先助跑连接投掷步获得动量,通过爆发式的最后用力作用于标枪的纵轴上,将标枪经肩上投出去。

(1)握法和持枪动作要领(以右手为例)。投掷枪时,投掷者必须单手握在标枪把手处。

现代标枪运动员握枪主要采用两种方法:第一种是用右手拇指和食指末端握住标枪把手后端边缘;另一种是用右手拇指和中指末端握住把手后端边缘,其余手指自然扶握在枪身上。握法的选用应根据合理的技术要求和运动员握枪时感觉而定。

持枪:现在多数人都采用肩上持枪。持枪于右肩上方,稍高于头,枪尖稍低于枪尾,这个持枪法使手腕放松,便于向后引枪。目前采用的较多。持枪于右肩上方右耳旁,枪身与地面几乎平行,用这种方法引枪能较好地控制标枪的角度,但投掷臂与手腕比较紧张。

(2)助跑。助跑的目的,是为了在最后用力前获得预先速度,并在助跑中做好引枪动作,为最后用力创造条件。助跑全程需跑 14～18 步,距离一般为 25～35 米之间。助跑可分为预跑和投掷步阶段。

①预跑阶段:预跑是从开始助跑时起至开始引枪时止。

②投掷步阶段:当预跑结束时开始进入投掷步阶段,此时左脚的落地位置应在第二

标志物的延长线附近。投掷步阶段通常从右腿前迈开始,到最后一步左脚接触地时结束。

投掷步第一步:左脚踏上第二标志线,右脚积极向前迈进,脚掌落地部位稍偏右,右肩向右转动并开始向后引枪,左肩向标枪靠近,左脚离地前迈时,髋轴向右转动,右肩继续向右转动并完成引枪动作。上体转成侧对投掷方向,左脚掌落地后,与投掷方向成较大的角度,左臂摆至身体左侧,上体正直,眼前观。

投掷步第二步:当右脚落地,左脚离地向前迈时,髋轴向右转动,右肩继续向右转动并完成引枪动作。上体转成侧对投掷方向,左脚掌落地后,与投掷方向成较大的角度,左臂摆至身体左侧,上体正直,眼前观。

投掷步第三步(交叉步):投掷步第二步左脚落地时,右脚自然弯曲,大腿带动小腿积极向前迈步,左腿猛蹬伸,使右大腿加速前迈,成交叉步,左臂自然摆在胸前,投掷臂伸直充分后引,右脚尖与投掷方向成 45°角左右,躯干与右腿成一条直线。

投掷步第四步:从助跑过渡到最后用力的衔接步。交叉步结束前,左腿积极迈第四步,用脚掌内侧落地。投掷步的步骤通常有四步、五步、六步。四步投掷步:当左脚踏上第二标志线后,迈右腿开始第一步,第一、二步进行引枪,交叉步,第四步过渡到最后用力。

现代世界优秀的标枪运动员在投掷步阶段所表现出来的运动学特征可以概括为"低、平、快"。具体来说,即助跑时身体重心的腾起高度相对较低,人体运动的轨迹较平,助跑速度较快,特别是要求人体和器械具有较高的水平速度,并与最后用力的衔接较好。在此阶段,如果人体和器械出现过大的上下起伏是没有任何意义的,只会造成水平速度的损失、

(3)最后用力和缓冲。最后用力:投掷步第四步落地后,右腿积极蹬地转髋,肩轴向投掷方向转动,投掷臂上臂向上转动,带动前臂和手腕向上翻转。当上体转到正对投掷方向时,投掷臂翻到肩上,左肩内,成"满弓"姿势,使标枪沿纵轴顺时针方向转动。

缓冲:标枪出手后,运动员随着向前的惯性,继续向前运动,为了防止犯规,应及时向前跨一至二步,身体稍向左转,并降低身体重心,维持平衡。

第三节 体 操

一、概述

体操运动在我国有着比较悠久的历史,早在春秋战国时期,民间就流传着模仿鸟兽动作做的早期的基本体操运动。早期在长沙马王堆汉墓出土的文物中,就有记载着人们以立、跪、坐等姿势为基础的引导图,这些也都是现在体操中的动作的雏形。东汉末年,名医华佗根据养生原理等创编了"五禽戏",通过模仿虎、鹿、熊、猿、鸟这五种动物的

活动姿态来达到锻炼身体各部位的目的。

到了近现代,随着封建统治的逐步瓦解,资产阶级逐渐的兴起,欧洲列强们将具有现代意义的体操传入中国,到了 1917 年,毛泽东在《新青年》杂志上发表了《体育之研究》,并在这篇文章中他介绍了自己编的一套健身方法,这一方法包括了手部、足部、躯干、头部、打击和调和运动。抗日战争时期与解放战争时期,延安大学体育系开设了徒手体操课程。

中华人民共和国成立后,国家体育部门先后组织编制了 10 多套广播体操,这些广播体操也伴随了一代又一代人,增强了他们的体育锻炼,形成了正确的身体姿态,提高他们的体育活动能力,促进其健康。体操一般包括队列队形、徒手体操、轻器械体操、专门器械体操,以及利用其他各种器械而进行的身体练习等多方面的内容。

肢残人与健全人相比,仅仅肢体上有部分功能障碍,并不能影响他们练习体操,如有部分动作较难,可以在教师的帮助下进行练习,总之,体操虽然项目很多,但是部分基本的体操动作,肢体残疾人还是完全能胜任的。由于肢体残疾的种类比较多,在本章介绍内容练习者以上肢残疾为主、行动较方便的肢体残疾学生,主要阐述部分项目的基本技术。

二、队列队形

（一）立正

口令:立正。

要领:两脚跟靠拢并起,两脚尖向外分开约 60 度,两脚挺直,小腹微收,自然挺胸。上体正直,微向前倾。两肩要平,稍向后张。两臂自然下垂,手指并拢自然微屈,拇指尖贴于食指的第二节,中指贴于裤缝。头要正,颈要平,口要闭,下颌微收,两根向前平视。

（二）稍息

口令:稍息。

要领:左脚顺脚尖方向伸出约全脚的 2/3,两脚自然伸直,上体保持正姿势,身体重心大部分落于右脚。稍息过久,可自行换脚。

（三）整齐

整齐是使列队人员按规定的间隔、距离,保持行、列齐整的一种队列动作。整齐动作有四种,即向右看齐,向左看齐,向中看齐,向前看齐。前三种主要用于横齐的整齐,第四种用于纵队的整齐。

1. 向右（左）看齐

口令:向右（左）看——齐！向前——看！

要领:听到动令后,基准（排头或排尾）学生不动,其他学生同时向右（左）转头,眼睛看右（左）邻学生的腮部。迅速用碎步向前或向后调整位置,使眼光能通视全线。如多列横队时,后列学生先对正后看齐。

听到"向前——看"的口令,恢复立正姿势。

2. 向中看齐

口令:以……为基准,向中看——齐! 向前——看!

要领:当教师(指挥官)发出"以……为准"口令时,被指定为基准的学生,左手握拳高举过头,大臂前伸与肩略平,小臂垂直上举,拳心向右。听到"向中看齐"口令后,基准学生臂放下,其他学生按左、右看齐要领实施。

看齐完毕,仍应下达"向前——看"的口令,动作要领同上。

3. 向前看齐

口令:向前看——齐! 向前——看!

要领:听到动令后,基准学生(排头)不动,其余学生逐次看前面学生的后颈,并向前对正以看不到前面第二人的后颈,前后距离一臂(约 75 厘米),看齐完毕,下达"向前——看"的口令。

(四)报数

口令:报数。

要领:听到口令后,横队从右至左,纵队由前向后,向左转头依次用短促洪亮的声音报数,最后一名不转头。数列横队时,后列最后一名"满伍"或"缺……名"。

在教学中通常有按序数和指数两种报数。所谓序数报数,即照 1,2,3,4,5,……的顺序报下去;指数报数就是按照指定的 1——2,1——3,1——4……或按"1,3,5,7"或"2,4,6 报数"等重复报数。采用何种报数应根据教学的需要来解定。前一种是为了检查或了解全班或各组的人数。如需根据分组教学或散开的需要,则采用后一种报数。

(五)踏步、立定

1. 踏步

口令:①停止间口令:原地踏步——走! ②行进间口令:踏步!

要领:停止间听到动令后,从左脚开始,两脚在原地上、下起落。抬起时,脚尖自然下垂,离地面约 15 厘米;落下时,前脚掌先着地。上体保持正直,两臂按齐步摆臂的要领摆动。

行进间听到"踏步"的口令后,停止行进,两脚在原地上、下起落,要领同停止间踏步走。踏步时,横队以右翼为准,向右标齐,纵队向前标齐。

2. 立定

口令:立——定!

要领:踏步时,听到"立定"的口令(动令落于右脚)后,左脚原地踏一步,脚尖稍向外,右脚向左脚靠拢,成立正姿势。

（六）原地转法

1. 向右（左）转

口令：向右（左）——转

要领：听到动令后，以右（左）脚为轴，左（右）脚掌前部同时用力，使身体和脚一致向右（左）转90度，重心落在右（左）脚，左（右）脚迅速靠拢右（左）脚成立正姿势。转体和靠脚时，两腿挺直，上体保持立正姿势。

2. 向后转

口令：向后——转！

要领：听到动令后，以右脚跟为轴，右脚跟和左脚掌前部同时用力，使身体和脚一致地从右向后转180度，重心落在右脚，左脚迅速靠拢右脚，成立正姿势。转动和靠脚时，两腿挺直，上体保持立正姿势。

（七）原地队列变换

1. 由一列横队变二队横队及还原

口令：先进行横队1、2报数，然后下达口令。

要领：听到口令后，单数学生不动，双数学生左脚退后一步，右脚经左脚跨一步，左脚向右脚靠拢，站到单数学生后面，即按直角法完成，然后对正看齐，成二列横队。

用斜插法完成，听到口令后，单数学生不动，双数学生右脚向右后侧方跨一步，左脚向右脚靠拢，站到单数学生后面，然后对正看齐，成二列横队。

2. 二列横队还原成一列横队

口令：成一列横队——走！

要领：变换队形前，如间隔不够，应先间隔一步散开，然后在下达口令。听到口令后，单数学生不动，双数学生左脚向左一步，右脚经左脚向前一步，左脚向右脚靠拢，进到单数列学生左侧，取好间隔看齐，成一列横队，即直角法还原。用斜插法完成，听到口令后，单数学生不动，双数学生左脚向左前方跨一步到单数学生的左侧，成一列横队。

动作要求：变换队形时，上体始终保持立正姿势；动作整齐，协调一致。

三、徒手体操

徒手体操一直以来都是体操运动中最基本的，也是最常见的锻炼方法。受肢体残疾情况的影响，如何编制出一套适合大多数肢体残疾人练习的徒手体操，就成为一个比较困难的问题。在参考一般徒手体操编制的原则的基础上，我们结合肢体残疾的情况，在体育教学中进行下列练习。

（一）头部运动（前屈、后展、侧屈、转动，如图6-24）

预备姿势：直立，双手叉腰。

动作要领：前屈、后展、左屈、右屈、顺时针转动、逆时针转动，前四个动作每个动作做两次共计 2 个 8 拍，后两个动作各做 1 个 8 拍。

图 6-24　头部运动

（二）上肢运动（前、后、上、下击掌，如图 6-25）

预备姿势：直立。

动作要领：前击掌、后击掌、上击掌、下击掌，每个动作做两次，共计 2 个 8 拍。

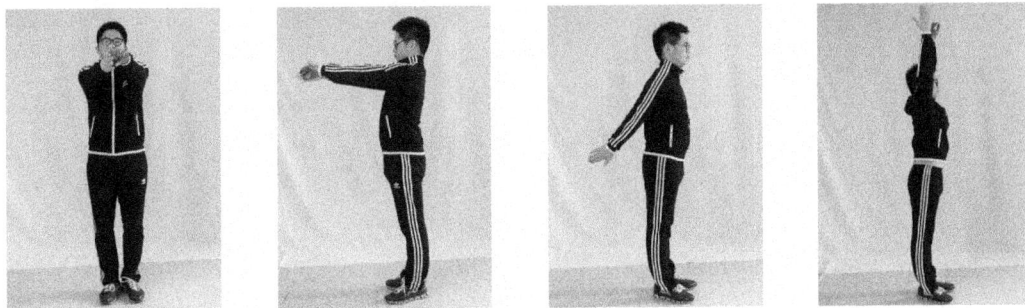

图 6-25　上肢运动

（三）踢腿运动（前踢腿后振臂、侧举侧踢，如图 6-26）

预备姿势：直立

1. 前踢腿后振臂

动作要领：第 1 拍右脚上前一步，重心在右脚，左脚脚尖点地，同时双臂经前向上举，掌心相对（图①）；第 2 拍左腿前踢，双臂经前向后振动，掌心向后（图②）；第 3 拍还原成第1拍;第4拍还原成准备姿势。1~4拍踢左腿,5~8拍动作不变,换踢右腿,共2个8拍。

2.侧举侧踢

动作要领:第1拍双手平举掌心向下,同时左脚向右脚的右侧交叉跨一步(图③);第2拍右腿侧踢,保持侧举,掌心向下(图④);第3拍还原成第1拍;第4拍还原成准备姿势。1~4拍踢右腿,5~8拍动作不变,换踢左腿,共2个8拍。

①　　　　②　　　　③　　　　④

图 6-26　踢腿运动

(四)体侧运动(如图 6-27)

预备姿势:直立。

动作要领:右脚向右侧迈一步与肩同宽,双手侧平举;右手叉腰,左手手臂贴紧耳朵,向右侧屈压两次;还原成直立;后4拍动作相同,方向相反。共4个8拍。

①　　　　②　　　　③　　　　④

图 6-27　体侧运动

(五)全身运动(弓步冲拳、弓步体前侧屈,如图 6-28)

预备姿势:直立。

1.弓步冲拳

动作要领:第1拍双手抱拳于腰际,拳心向上,直立(图①);第2拍左腿上前成弓步,同时右拳从腰际冲出,拳心向下(图②);第3拍还原成第1拍;第4拍还原成准备姿势。1~4拍左弓步,5~8拍动作不变,换右弓步,共2个8拍。

2.弓步体前侧屈

动作要领：预备式双脚自然站立，双手握拳贴于腰际，拳心向上，目视前方（图①）；第1拍右脚向前一大步，成弓步，同时双臂侧上举贴在耳边，掌心相对（图③）；第2拍上体前屈，两臂后举（图④）；第3拍还原成第1拍；第4拍还原成预备式。1～4拍右弓步，5～8拍动作不变，方向相反，共2个8拍。

| ① | ② | ③ | ④ |

图 6-28　全身运动

（六）整理运动（原地踏步、双手摆臂交叉，如图 6-29）

预备姿势：直立。

动作要领：保持原地踏步，同时双手平举于体侧，双手摆动交叉于体前，共2个8拍。

| ① | ② | ③ | ④ |

图 6-29　整理运动

第四节　轮椅篮球

一、概述

轮椅篮球是属于残疾人的篮球运动，是残疾人项目中最具观赏性的竞技项目之一。轮椅篮球选手是由下肢截肢、小儿麻痹症或脊柱损伤运动员组成，1960年第一届罗马残奥会轮椅篮球被列为正式比赛项目。中国轮椅篮球运动始于 1984 年。轮椅篮球被列为第一届全国残疾人运动会表演项目。1995 年,北京队代表国家队参加了在日本举行的奥运会预选赛。这是轮椅篮球所参加过的最早国际轮椅篮球联合会的国际比赛。2000 年和 2003 年中国轮椅篮球队分别在日本和澳大利亚参加了残奥会预选赛,但因实力悬殊没能取得残奥会参赛资格。轮椅篮球与健全人篮球一样,设男子和女子两个项目。

轮椅篮球作为一种针对残疾人特有的运动项目,备受残疾人欢迎,尤其是下肢行动不便的残疾人,它是根据残疾人的特点,专门设计的意向集体性的群类运动项目。近些年随着国内残疾人体育事业的发展,轮椅篮球也开始被越来越多的肢体残疾人所接受。轮椅篮球的运动员大多是患有脊髓疾病、接受截肢手术或者是其他原因造成的残疾人,该项运动的本身便为这些人提供了一个运动的平台,让他们在锻炼过程中,增强个体的体魄,愉悦身心,同时可以为这些本身就缺乏运动的群体提供交际的场所。

二、轮椅篮球基本特点和比赛规则

(一)轮椅篮球运动的基本特点

轮椅篮球是运动员在轮椅上完成的,轮椅篮球技术中最重要、最常用的是运球、传接球和投篮技术。受残疾程度不同影响,这些技术与普通篮球有相似之处又有不同地方。轮椅篮球运球没有二次运球,规则规定运动员在驱动轮椅的同时拍按篮球,或者交替推动轮椅、拍按篮球,轮椅被驱动时,球必须放在膝上,不能用双膝夹住球。当球放在膝盖上时,最多驱动轮椅两次,然后必须将球击地一次,两个动作交替作用才为合法运球。轮椅篮球的传接球技术与普通篮球并无太大差异,但受运动员身体条件的影响,传球接球技术对运动员的挑战更大,若在平时注重传接球基本技术的练习,会对其他技术、战术的实施创造很好的条件。

轮椅篮球中的投篮技术和普通篮球差不多,主要包括单手、双手投篮,勾手投篮和低手上篮,不同之处在于,运动员是坐在轮椅上完成这些动作技术,使得出手时球的高度、发力要比常人花费更大的努力。

轮椅篮球的战术有别于普通篮球,主要是根据残疾人特点而设计的,进攻战术主要包括一对一进攻、二对二的进攻,传切配合、突破分球、快攻等;防守战术主要有一防一、二防二、盯人防守等。根据实践经验,现代多将分值好的队员安排中锋和前锋,分值低的一般安排后卫位置。尽量同等水平的放在一起训练有效。

此外,轮椅篮球对运动员所用的轮椅也有特殊要求:

轮椅作为代替传统步伐的工具,要求运动员在运动中要熟练地掌握快速前进、急停和转弯等,操控轮椅运行自如,尽可能地达到人椅一体化。由于在比赛过程中,有 10 辆轮椅在场上运动,对抗会相对激烈,节奏快速,故运动员一般是被固定在轮椅上的,以免运动过程中发生伤害事故。轮椅篮球所用的轮椅与普通轮椅不同,均为专用轮椅,对运动者本身的保护比较全面。由于轮椅篮球运动的不断发展,比赛日益激烈,轮椅也得到了迅速的发展,运动本身对轮椅的要求也不断提高,轮椅性能的提高又进一步促进运动技术的提高。

(二)轮椅篮球的比赛规则

1.球场尺寸及区域划分

国际轮椅篮球联合会规定的正式比赛场地称为标准场地,场地的规格是长 28 米、宽 15 米,表面为平坦、结实、无障碍的长方形,线、区和圈的规格名称与普通篮球的场地相似。

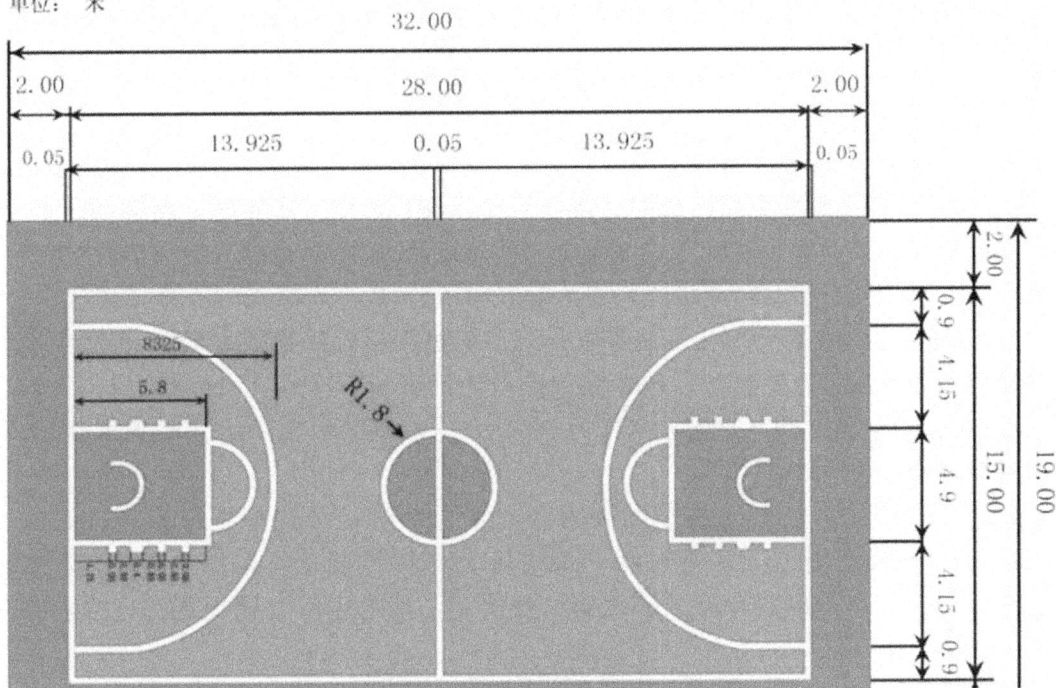

图 6-30 轮椅篮球比赛场地

2.篮球

使用国际篮球联合会规定的用球:重量不少于 567 克,不多于 650 克,充气后将球从 1.8 米高的高度坠下,反弹起来的高度不得低于 1.2 米,且不高于 1.4 米。

3.轮椅

轮椅作为运动员比赛中的重要工具,被视为运动员的一部分,选择轮椅是应该符合国际轮椅联合会的相应规定,如图 6-31。

轮椅应该由 3～4 个轮子组成,后侧有两个大轮,前侧有 1 或 2 个小轮子。大轮子的直径最大为 69 厘米。每个轮子上面必须有手制动轮,其他装置不可有。轮椅上面的扶手和其他附属装置不能超过队员自然姿势腿和躯干的位置。不同等级的运动员,轮椅作为上的坐垫厚度也不同,一般是根据运动员的不同得分,差异得分高的运动员坐垫高度一般要求低一些。

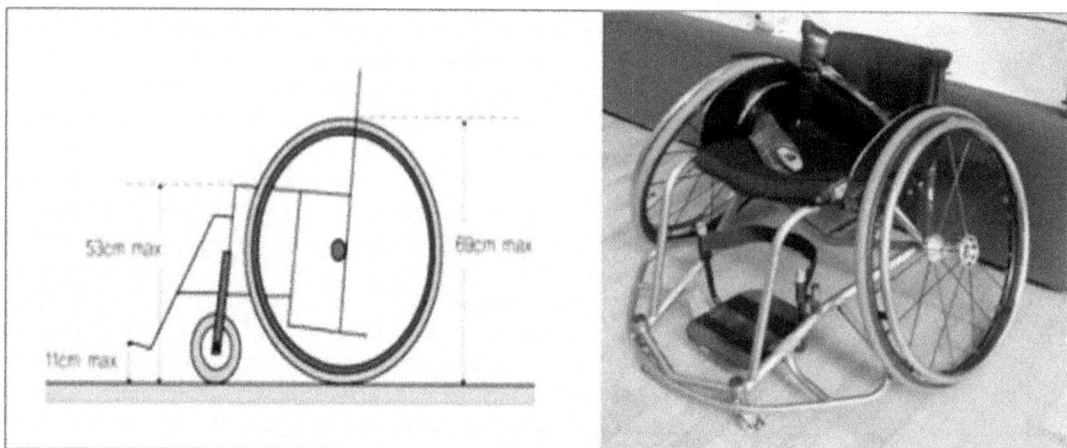

图 6-31　符合比赛规定的轮椅

4.常用违例及判罚原则

(1)出界。队员出界是指队员的身体任何部分或其轮椅的任何部分接触界线上、界线上方或者界线外的除队员以外的地面或者任何物体;轮椅比赛中,如果将球故意掷向对方运动员,球弹出界外,则会将球判罚给对方运动员,这一点有别于普通篮球。

(2)运球。运球是指当场上获得控制活球的队员推动轮椅并同时运球(单手控制轮椅并使用另外一只手臂拍按球),或者交替地推动轮椅和运球(双手推动轮椅一次或者两次后拍按球)。超出以上的规定则视为非法运球,但是队员在场上偶然丢失球后,而后恢复对球的控制除外。

(3)走步(三次推车)。轮椅篮球要求在球场上队员持球时连续推车不得超过两次,其中任何的旋转都视为是驱动的一部分,不运球时不能连续地推车超过 2 次。用手刹住轮子时没有向前或者向后的运动不是推车。凡是违反上述规定的行为均视为违例。

(4)球回后场。控制球的球员不能在前场将球回后场,判断球回后场需要满足三个必备条件:第一,必须是控制球球队才能出现回场违例;第二,必须是控制球球队球员使球从前场进入后场;第三,控制球球队的队员在后场首先触碰到球。

(5)升起和两后轮离开地板。升起是指队员提高臀部的动作,使臀部两侧不再与轮椅的坐垫相接触,获得了一个不公平的利益。比赛过程中,队员不得从轮椅上升起投篮和抢篮板或者传球,如果队员违反则被判罚为一次技术犯规。

两后轮同时飞离地面主要是比赛开始是双方跳球;队员手臂前伸获得地板上的球;身体与轮椅捆住的情况下,向上举起投篮、抢篮板、传球,试图抢断时;摆脱轮椅,进行跳跃等情况,当以上情况发生时被视作违例或者犯规。

三、基本技术

轮椅篮球基本技术与健全人篮球许多技术是相同的,在规则上有改变,但是又有很明显的差异:轮椅篮球的技术必须是在轮椅上完成的。下肢残疾的残疾人,要比健全人付出更多的努力，才能达到较高的水平。以下主要介绍轮椅篮球的移动、运球、传接球和投篮等基本技术。

（一）移动技术

轮椅篮球的移动技术是指参与者在轮椅上完成在球场上的运动，一般包括起动、急停、行进间变向、单手推动轮椅、转身等。移动技术也是轮椅篮球中最基本的技术，是学习其他技术动作，以及战术的组合的基础，初学者应该增强最基本的移动技术的练习。

1. 起动

起动指的是运动员移动轮椅脱离原有静止状态，快速起动能够帮助运动员迅速摆脱对方的防守，取得有利位置。运动员从静止开始，身体重心靠前，重心往前移动，手指微屈，拇指向前，其余各指向后，紧握手轮前上方，随时准备起动。起动的方向一般是根据需要来控制两只手臂之间的距离，一般是先变向，再做起动。

2. 急停

急停，又称为刹车，是轮椅运动员在快速移动中突然停止自己的运动状态，摆脱防守运动员，为下一步的技术动作做准备。一般要求运动员重心靠后，紧贴轮椅靠背，双手紧握手轮。

3. 行进间变向

行进间变向是指运动员在运动的过程中通过轮椅的改变方向来摆脱防守运动员而采取的一种移动技术，一般要求参与者控制住重心，向变向的反方向的手轮上施加更大的推力，变化后注意恢复自己的重心。

4. 单手推动轮椅

单手推动轮椅是轮椅篮球运动中用得比较多的一项基本技术，它是指运动员利用单侧的手臂推动轮椅前进的技术动作，运动员在行进过程中，身体前倾，躯干贴近膝关节，交替使用自己的双手各推动两侧的手轮多次，在此过程，根据身体及技术动的需要，辅助单手推动轮椅，来辅助移动，为其他单手的技术做准备。需要注意的是在推动的过程中要交替使用不同侧的手，防止轮椅移动过分偏离方向。

5. 转身

转身是指运动运动员运用一只手臂操作轮椅的手轮，用另外一侧的手臂驱动另外一只手轮，以达到改变身体方向的作用，摆脱防守，获得有利的位置。一般分为原地转身和行进间转身，行进间转身对运动员控制轮椅的要求要更高一些。

（二）运球技术

持球队员在原地用单手连续拍按借助地面反弹起来的球或在驱动轮椅时同时拍按球或交替驱动轮椅和拍按球的技术叫运球。与健全人不同的是，轮椅篮球在运球过程中，当轮椅被推动时，篮球必须放置在双腿上，不能将球夹在膝盖中间。当篮球放置在膝上时，轮椅最多可以推动两次，然后必须将球在地面上拍按。这两个动作可以交替使用。

运动可以帮助进攻队员快速地控球推进、摆脱等,为传球、突破等技术奠定基础,也是组织进攻、防守等战术的有效手段。

轮椅篮球的运球动作以侧身运球为主,包括高运球和低运球。行进间运球有两种方法,一是弧线前抛球,双手驱动轮椅后接球继续推进;另一种方法是将球抛至轮椅前侧方,双手驱动轮椅后,一手驱动轮椅,一手运球。

1. 高运球(如图 6-32)

持球运动员,高重心,便于观察场上的情况,以肩关节为轴,上下按拍球,手触球部位要正确。行进间运球时,手臂动作和推动轮椅要协调配合。

2. 低运球(如图 6-33)

低运球多用于进攻中躲避对方的抢断,从而达到保护球和摆脱对方的目的,要求降低重心,上体前倾,手拍球要短促有力。

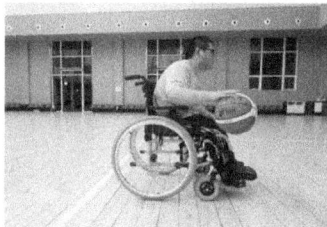 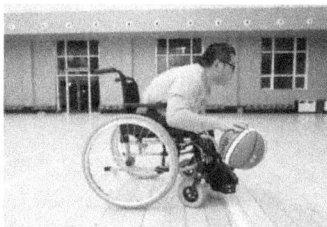 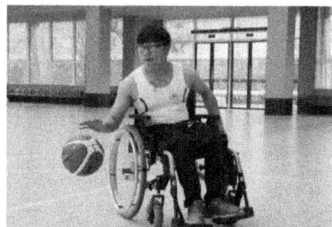

图 6-32 图 6-33 图 6-34

3. 运球急停、急起(如图 6-34)

在运球推进时,进攻队员通常采用速度的变化来摆脱防守者,以达到保护球或制造最佳进攻机会的目的。急停是控球者将球反弹至与肩同高的位置,双手快速置于手轮的上方,将轮椅停下后,单手控球。起动时,运动员将球抛至前进方向的适当位置,上体前倾,双臂紧张用力快速驱动轮椅,然后用单手拍按球的后上方。要根据需要,调整好自己的重心,来控制平衡。

4. 行进间运球

行进间运球是技术战术的衔接,它可以与其他的战术相配合,从而形成新的技战术。一般有两种方法,一种是前抛式即将球线向前进的方向抛出一段距离,移动轮椅,接球后将球置于腿上(不能夹在两膝之间),然后双手驱动轮椅一次或两次;注意,每推动轮椅一次或两次,就要运球一次或多次。另一种方法是,将球抛至轮椅侧前方很近的地方,短距离的单手运球,然后一手驱动轮椅,一手运球。在实际的比赛中,两种方法是交替使用的。

(三)传接球技术

传接球是指持球方通过相互之间的传递来达到控制球的技术。它是轮椅篮球重要的技术动作之一,是进攻队员相互之间的纽带。

1.传球技术

轮椅篮球运动要求运动员在比赛中运用传球技术应做到及时、准确、隐蔽、多变。无论采用那一种传球技术动作,从整个传球过程来看,都包括以下几个部分。在学习传球前要明确一下几个基本的要求:持球、传球用力和球的飞行轨迹。

(1)持球手法。持球手法是指手握球的方法,包括双手持球和单手持球两种形式。

双手高手持球:双手手指自然张开,大拇指成"八"字,用指根以上部位握球的两侧后下方,掌心空出,两臂屈肘,自然下垂,置球于胸腹之间。双手低手持球是指两手手指自然张开,小指相对成"八"字,用指根以上部位握球的两侧,其他动作与双手高手持球相同。

单手高手持球:五指自然张开,球置于手上,以指根以上部位接触球,掌心向前并空出。持球部位可以在肩上,也可以位于头上或体侧。

单手低手持球基本动作方法与单手高手持球相同,只是掌心朝上。

(2)传球用力。双手持球时,运动员首先要控制身体和轮椅的平衡,然后肩带肌配合腰腹肌协调用力(腰腹运动较强的队员完成),借助手臂手腕和手指拨球的力量将球传出。

单手传球时,运动员可以一只手臂控制轮椅,借助手臂和轮椅控制身体平衡,传球手臂、肩带肌及腰腹肌协调用力,借助手臂手腕和手指拨球的力量将球传出。

(3)球的飞行轨迹。根据传球的方向、距离等情况不同,传球者选择不同的传球轨迹,一般可通过持球方式不同、手腕作用于球的部位和力量不同,以及球的落点不同等来达到传球的目的。

①双手胸前传球(如图 6-35)。双手胸前传球是一种最为常见的传球方法,传球者将球放在胸腹前,双肘自然下垂靠在体侧,目视前方目标,传球时,利用肩带肌和腰腹肌协调用力控制好身体的稳定性,同时,上体重心稍微靠前,双臂前伸,手腕随之内旋,用食指和中指将球拨出,将球传出后,掌心向下,略外翻,大拇指指向地面。

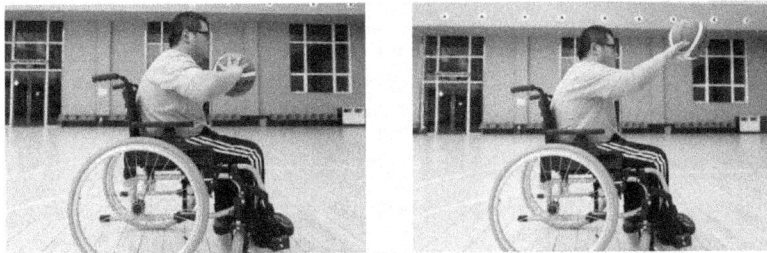

图 6-35　双手胸前传球

②双手头上传球(如图 6-36)。双手头上传球的方法是将双手从头上传或者高吊给自己的队友,该种方法出手点比较高,具有易于保护球等优点,多在中短距离的传球,同样在传球是要准备保持好身体的平衡,观察好自己的传球对象,上肢及肩带肌、腹肌等协调用力,利用好小臂前摆,手腕旋内并前屈手指拨球,将球传出。

③双手低手传球。双手低手传球一般是用于短距离的传球,多为反弹球,持球者将

球置于腹前或者轮椅的两侧,用中指和无名指拨球。传球的过程中需要注意保护好球,尽量背对着防守队员。

图 6-36　双手头上传球

④单手传球:胸前、体侧、肩上(如图 6-37)。单手传球多用于短距离的传球,便于和运球,突破和投篮等技术相结合,具有快速、灵活、多变、隐蔽等特点。持球者主要靠一只手持球,另外一只手辅助,根据实际情况的需要,选择不同体位的单手传球,其中胸前传球和肩上传球主要靠手臂的推送力量,体侧传球主要靠手臂转动,带动手腕,最后靠屈腕拨指的方法将球传出。

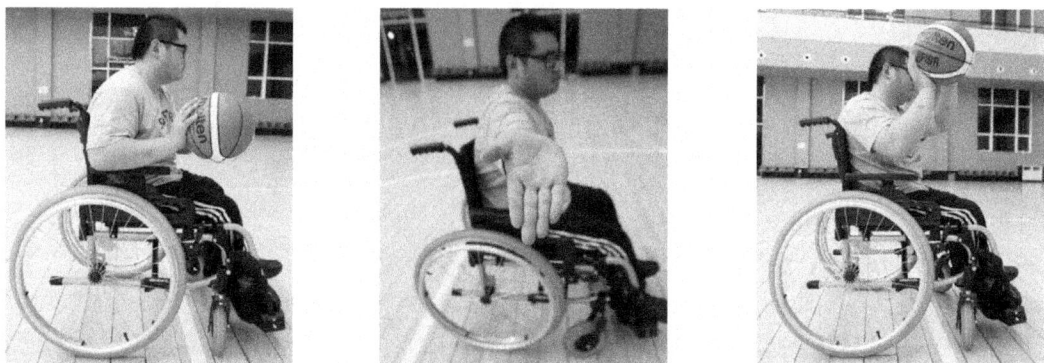

图 6-37　单手传球

2.接球技术

接球技术是配合传球技术而产生的技术,接传球时,个体应该做好接球的准备,一般包括双手接球和单手接球,两者之间的差异就在于,双手接球更稳,单手接球虽然不稳,但是可控制的范围比双手接传球要多一点。

双手接球的技术动作要求与传球前的持球姿势基本相似,顺序相反,即接传球的人判断来球的方向与速度,做好接球准备,碰球瞬间,将球缓冲至腹前保护好。

单手接球一般是在情况比较复杂时,接球的人没办法双手接传球,只能利用一只手对来球进行接管,触球后要进行缓冲,以便控制好来球。

(四)投篮技术

投篮技术是指持球队员将球从篮圈的上方将球投入篮圈中的各种动作方法,也是轮椅篮球运动中唯一得分手段。一般可以分为单手投篮与双手投篮。投篮是一项比较复杂的技术动作,一般包括持球方法、力量运用、出手角度与速度、球的旋转以及抛物线等因素,不同的投篮技术要求的技术细节是不同的。

1.持球方法

持球方法的正确与否直接影响到投篮的准确性,一般持球的方法包括单手和双手持球两种。单手持球时,投篮手五指自然分开,由指根以上的部位持球的后下方,将掌心空出,手腕略向后仰,肘关节自然下垂,置于同侧肩的前上方(如图 6-38)。双手持球与胸前传球的持球方法一样,要求持球者双手自然分开,拇指相对呈"八"字,用指根以上部位持球的两侧后下方,掌心空出,两臂自然弯曲,放在略高于胸的位置。

图 6-38 单手持球

2.力量运用

投篮者出手用力是身体各部位综合、协调用力的过程。投篮都是要靠肩关节、肘、腕和指关节协调用力来实现的。出手投篮时的出手角度和速度,很大程度上决定了命中率,一般性的投篮角度要高于普通篮球运动员投篮时的角度;而速度就决定了投篮的最后结果,即在某种程度上讲由出手时对球力量所决定。

3.原地单手肩上投篮(图 6-39)

原地上手肩上投篮是轮椅篮球中基础动作,它具有出手点高,便于结合转换其他进攻动作以及不同位置和距离都可以应用的特点。以右手为例,投篮者将球放在右手上,右手五指分开,掌心空出,用指根以上部位持球的后下方,左手扶在球的左侧,右臂屈肘,肘关节自然下垂,投篮时腹直肌协调用力,右臂向前上方伸直,手腕前屈,食指、中指用力拨球,球经指段拨出,做好随进动作。

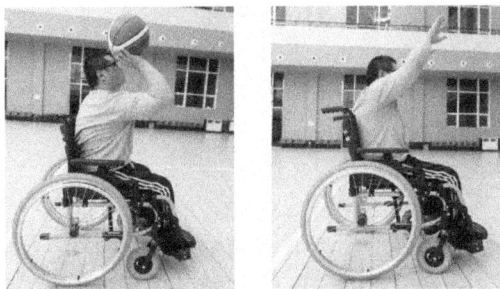

上投篮

图 6-39 原地单手肩上投篮

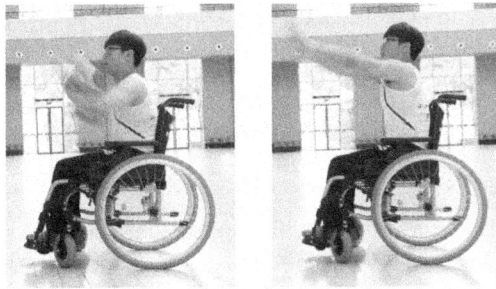

前投篮

图 6-40 原地双手胸前投篮

4.原地双手胸前投篮(图 6-40)

原地双手胸前投篮时具有出手速度快,便于结合其他技术的特点,一般多为女性运动员或者是力量稍弱的运动员使用。投篮时,准备动作与胸前双手传球相似,即通过腹直肌和肩带肌协调用力,双臂向前上方伸出,两手腕旋内,使球经拇指、食指和中指投出,其他手指用于控制方向。

5.行进间投篮

行进间投篮是比赛中运用最为广泛的得分技术,多用于组织快攻或者是持球突破时所采用的技术。一般包括行进间单手肩上投篮和行进间单手低手上篮。

行进间单手肩上投篮要求运动员在完成最后一次运球后,利用好身体的惯性以及协调身体各部分的肌肉,利用身体重心控制轮椅的稳定性,举球伸臂、屈腕拨指等一系列动作,最终将球投入篮筐。

以右手为例,运动员在行进间运一次球后,右手将球引至右肩前上方,持球手五指自然分开,手掌心向上,投篮时,身体要协调用力,左手控制轮椅,右手手臂向斜上方伸展,用屈腕、挑指的动作,将球经由食指、中指向前上方柔和的投入。

四、基本战术

轮椅篮球战术是比赛时队员之间有策略、有组织、有意识地协同配合,合理运用技术进行攻防对抗的行动。战术是建立在运动员的身体、技术、心理等方面长期有效的训练基础上的,比赛时,根据具体的情况进行综合运用,使得整体的战术得到实施,并最终得分,或者阻止对方得分。根据比赛时的需要,轮椅篮球的战术通常包括三大体系:进攻战术、防守战术和攻防转换。

(一)进攻战术

进攻战术是在比赛中通过基本配合,队员两三人之间摆脱防守,创造进攻机会,合理运用轮椅篮球技术,有目的有组织,相互协调的配合方法,常用的配合包括传切、掩护、突分和策应等方法。

1.传切配合(如图6-41)

进攻队员白色4号队员持球,将球传给己方球员5号队员,并在5号球员的掩护下,摆脱防守方黑色4号球员切入篮下,接住己方5号球员的来球进行上篮得分。

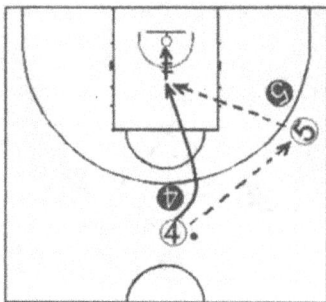

图 6-41 传切配合   图 6-42 掩护配合

2.掩护配合(如图6-42)

掩护配合是队员利用同伴的防守的轮椅,摆脱防守队员,以此创造进攻机会,如图6-42,白色方4号球员欲将球传给己方6号球员,此时6号被对方6号球员盯防,白色方5号球员跑到黑色方球员前,帮助己方6号获得接传球的机会。

3.突分配合(如图 6-43)

突分配合是指轮椅篮球运动时,持球运动员突破对手或应变地利用传球和同伴配合进行进攻的方法,如图 6-43,白色方 4 号在运球突破了黑色方 4 号球员后,遭到黑色方 5 号球员的补防,此时极易造成白色 5 号球员无人防守,4 号可将球传给无人盯防的5 号进行上篮得分。

图 6-43　突分配合　　　　　　**图 6-44　策应配合**

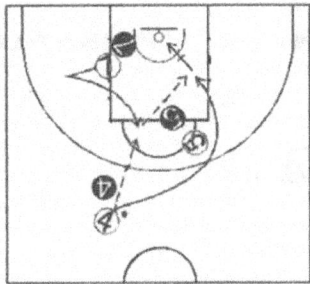

4.策应配合(如图 6-44)

白色方 4 号球员将球传给摆脱防守后的己方 7 号球员,此时号球员掩护 7 号球员进行传接球,并将球再次会传给迅速下插至篮下的 4 号球员,4 号球员的球后上篮得分。

(二)防守战术

防守战术是指队员两人个人一组利用合理的技术、协调的配合,以达到破坏对方进攻的简单配合主要包括了穿过、绕过、关门、夹击补防等技术。受到轮椅篮球运动本身的影响,关门、夹击和交换等技术使用较为频繁。

1.关门配合(如图 6-45)

关门配合是指一名防守队员及同伴向一名突破队员进行靠拢,即封锁其行进路线,迫使其放弃突破或选择传球的技术,如图 6-45 所示:白色方 6 号队员将球传给己方 5 号球员,由 5 号带球进行运球突破,此时黑色方 4 号和 5 号球员逐渐靠拢,围堵白色方 5 号队员的进攻。

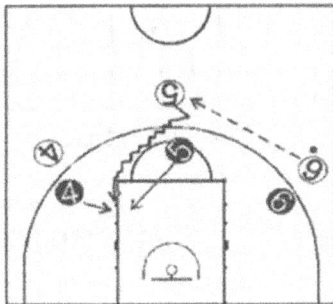

图 6-45　关门配合　　　　　　**图 6-46　夹击配合**

2.夹击配合(如图 6-46)

夹击配合是指在比赛过程中,当对方持球队员处于边角或者不便运球时,两名防守队员,紧逼使其采取行动。如图6-46,白色方5号球员在突破时,被黑色方4号5号队员夹击,使其不得不将球分出给外线球员。

3.交换配合(如图6-47)

交换防守配合是指在攻方队员迅速的突破过程中,防守队员在盯防过程中无法迅速跟进时,由己方队友暂时性的交换防守任务或位置的方法,如图6-47。白色方5号球员在运球突破时,在己方4号球员的掩护下突破了黑色方5号球员的防守,但黑色方5号球员被前来当差的4号球员阻挡无法迅速跟防,此时,黑色方4号球员迅速顶替5号队员与他换防。

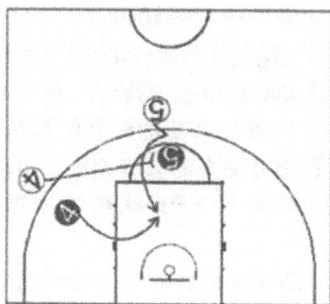

图 6-47 交换配合

4.补防

补防配合是指比赛中防守队员在漏防时,去补防攻击者的一种方法,方法与交换配合相似。

(三)攻防转换

攻防转换是指运动员在比赛过程中,由于攻防频繁,双方攻防角色转换比较快,而要做好准备的方法。常见的攻防转换战术包括快攻、防守快攻两种。

1.快攻

快攻是指轮椅篮球在比赛过程中,由守转攻时常用战术,它要求以最快的速度进行推进,争取在对方尚未形成防守防线前取得得分的方法。快攻主要有两种形式:一种是长传快攻,另外一种是短传与运球结合的快攻,比赛中也因为轮椅挪动的速度、角度、安全等因素,限制了轮椅篮球的发展,故在提高快攻的成功率时,轮椅篮球主要采用的是短运球与短传球的方法。

2.防守快攻

防守快攻是轮椅篮球比赛中,防守方由攻转守时,及时组织防守阵型,在各个环节上主动阻止和破坏对方阻止的快攻的战术。

第五节 坐式排球

一、概述

据相关资料记载,20 世纪 50 年代,荷兰军队伤员协会为了增加伤残人员体育活动的项目,发明了一项适合伤残人员进行的项目,即坐式排球(Sitting Volleyball),而在随后的 20 年里,坐式排球也逐渐发展成为一个国际性的比赛项目。1978 年,在荷兰的哈维举办了第一次比较正式的国际性的比赛,1980 年该项目被正式列为残疾人奥运会比赛项目,从早期的 7 支男队参加奥运会,至 2016 年里约残奥会,已经发展到 18 支男队与 14 支女队。

1994 年,北京举行了第六届远东和南太平洋地区残疾人运动会,在此次运动会中,坐式排球被列入比赛项目。上海队也组建了男子、女子坐式排球队代表国家队参加了此次比赛,最终女子队获得冠军,男子队获得亚军。在随后的几年里,由于坐式排球并未受到各级的重视,加之训练不系统、后备力量不足等诸多原因,坐式排球在国内的发展受到了影响。直到新世纪开始,2000 年 5 月,上海举办了第五届全国残疾人运动会,坐式排球被正式列为赛事的比赛项目,也因此被大众所熟识。主办方通过激励的方式来提高各个参赛省份的积极性,在此特殊手段的推动下,本次比赛共有 11 支男队、8 支女队参加。

除了全国残疾人运动会,在 2000 年后,中国残疾人体育协会在 2001 年明确提出,除了全国残疾人运动会外,每年还要举办一次全国锦标赛。在随后的 10 多年,我国也先后举办了很多关于坐式排球的比赛和裁判培训。这样在一定程度上推动了该项运动在国内的普及与发展。

二、坐式排球的运动特点和竞赛规则

(一)坐式排球的运动作用及特点

生命在于运动,这一点对于残疾人来说更是如此。肢体的残疾会影响到一个人的身体活动,但是如果缺乏适当的运动,这对已经有肢体残疾的人来说,更会是一种影响健康的重要因素。有人认为,残疾人应该多静养,不应该参与体育活动,因为体育活动可能会给他们本身就残疾的身体带来更多的伤害。但是他们往往忽略了,长期的静养,不仅可能会影响残疾人的身体功能的维持,而且会因此失去一个与他人交流沟通的机会,在一定程度上,影响到心理健康。

"用进废退"这一观念深入人心,合理的体育锻炼不仅可以使本身残疾的部位保持其原有的外形,重要的是防止其功能的衰退,乃至局部坏死。坐式排球,根据肢体残疾程度,为下肢残疾的人提供一个锻炼的机会,为他们创造一个平等的运动竞技平台,同时可以帮助他们扩大交际空间,更能够为他们提供团队合作、交流等人际交往的各种体验,同时通过艰苦的身体训练、激烈的对抗竞争,提高他们吃苦耐劳和奋斗的精神。

坐式排球除了具有传统排球运动的技术要求的全面性、技巧的准确性、严密的集体性、激烈的对抗性、良好的观赏性外,还有坐式排球的特殊性,首先它是为特殊群体设置的体育运动项目,从事对象主要为肢体残疾人(尤其是下肢残疾人);其次,运动中要求运动员是坐在比赛场地中,运动中,参与者主要是靠身体的双臂支撑身体,并在场地上进行移动,同时要完成各种技战术动作的组合。

(二)坐式排球的竞赛方法与特殊规则

1.竞赛方法

坐式排球竞赛的方法与健全人室内 6 人排球的方法相似:比赛双方各 6 人,可以配备后排自由防守队员。比赛一般采用五局三胜制,每球均得分,先得 25 分者获胜,过 25 分后需要领先 2 分才可获胜,若打到决胜局第五局先得 15 分者获胜,过 15 分后,先领先 2 分者获胜。在比赛的过程中,所有队员必须采取坐姿,运用发球、传球、垫球、拦网、扣球等技术进行集体性的对抗。

2.坐式排球比赛的特殊规则

坐式排球与普通排球主要有以下几个方面差异:

(1)场地设施。坐式排球的场地一般包括两个部分:无障碍区和比赛场区。比赛场地为长 10 米、宽 6 米,由中线分为两个长 5 米、宽 6 米的相等场区,两个场区的进攻线距离中线各 2 米,球网长 6.5~7 米;网高 1.15 米,女子为 1.05 米。如图 6-48 所示。

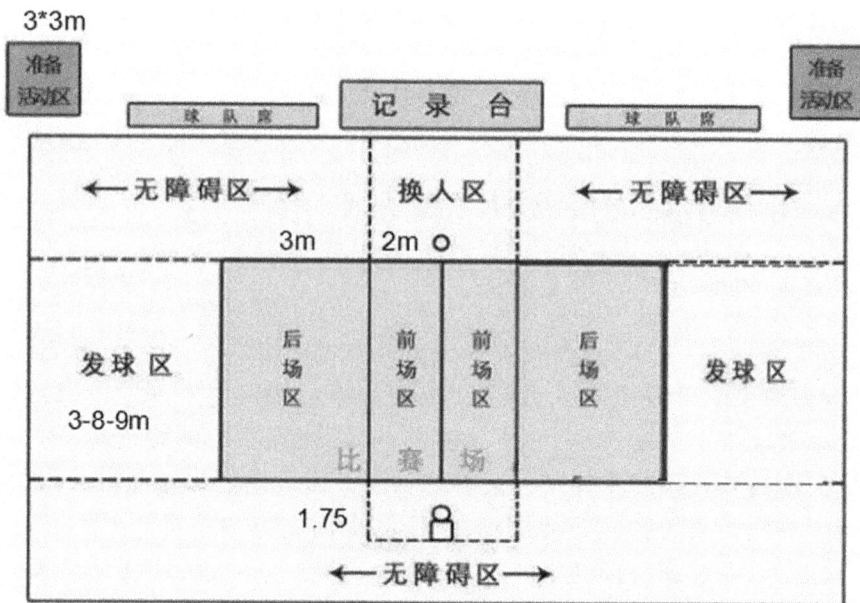

图 6-48　坐式排球赛场平面图

（2）参赛资格与阵容。所有参赛运动员必须符合国际残疾人运动手册中的最低伤残标准,同时须持有竞赛医务部门分级合格后所颁发的伤残等级证书,每支队伍由 12 名队员组成,两个队各自派 6 名队员站球网两边进行比赛。各队可以包括最多两名"最低限度残疾"的队员,但只允许至多 1 名运动员在球场比赛。

（3）比赛服装。坐式排球队场上队员的比赛服装有严格规定:允许运动员穿短裤或者长裤,但不可以穿加厚材料特质的短裤或长裤,不允许佩戴可能会造成损伤及加力物品。

（4）臀部规定。坐式排球,顾名思义要求运动员在场上比赛的时候必须采取臀部坐式,臀部的范围包括了从肩部到臀部的整个躯干,比赛的过程中不可以站立、抬起身体或者用脚来移动,除非在死球、暂停或者换人的时候;队员在拦截发球时,臀部的某一个部位必须触地,否则判为"抬离犯规",此外球员在场上的前后位置是以臀部着地为判断依据。

（5）拦发球。坐式排球与普通排球运动的另外一个区别在于,接发球方可以在发球方进行发球时进行拦网,这在一定程度上增加了这一运动的对抗性。

三、基本技术

（一）准备姿势

准备姿势是排球运动唯一一个无球技术,是指身体在移动和击球前所采用的合理动作姿势,其目的主要是为了是身体快速启动和快速移动,达到合适的位置,为完成击球技术做准备。

根据身体前倾的幅度可以将准备姿势分为身体稍微前倾、身体中度前倾和身体深度前倾,三个动作的示范分别如图 6-49、6-50、6-51 所示。身体稍微前倾的姿势要求采取坐姿,上体稍微前倾,两手放在身体两侧的地面,目视前方两球,注意力相对比较分散;身体中度前倾的姿势要求上体向前倾 45°左右,双手放在体侧,目视来球方向,身体保持适度紧张;身体深度前倾的姿势要求上体向前倾 60°左右,双手放在提前,身体重心靠前,注意力高度集中,作所示启动的准备。

图 6-49 稍微前倾　　　　图 6-50 中度前倾　　　　图 6-51 深度前倾

（二）移 动

移动技术是坐式排球运动中非常重要的、不可忽视的基础技术,也是该项目体能训练的主要内容。在一定的意义上说,缺少快速移动的技术,其他各项技术、战术都很难实现。与普通排球运动不同的是,坐式排球主要是靠手臂和身体的协调配合来实现的。影响运动员移动的因素主要有移动的距离、个体手臂力量、身体的灵活性、反应能力以及运动员的残疾程度。根据移动的方向,可以将移动分为左右、前后和侧向移动。

1. 左右移动(图 6-52)

根据运动的需要,将手臂放在身体两侧,移动时,靠近移动方向的手臂先向外伸出一个肩左右的位置,同时另外一只手用力往移动方向推送,重心尽可能保持在体侧。

图 6-52

图 6-53

图 6-54

2. 前后移动(图 6-53)

移动时身体与移动方向垂直,将手臂伸直移动方向一个肩的位置,两只手臂同时用力,向前进方向推送,适当的时候可以借用脚蹬送未加快速度。

3. 侧向移动(图 6-54)

身体单侧对准前进方向,双手依次往前进方向伸出,身体重心随之前移,可以适当借用腿,三种方法均要保证在移动的过程中,臀部必要不能离开地面。

(三)发球

发球一般是指由发球方后排一号位的队员在发球区将球持在手中,抛起或者持球撒手后,在球落地前,用一只手的手掌或者手臂部位的任何一个部分将球击打出去而进入比赛的行动,称为发球。发球是比赛的开始,同时也是进攻的开始。一个好的发球不仅可以直接得分,还可以为接下来的技术战术做好准备。常见的发球方法有正面上手发球、正面下手发球、侧面下手发球、侧面上手发球。

1. 正面上手发球(图 6-55、6-56)

准备姿势:面对球网,臀部坐在端线后方,腿脚放在场地内,双手持球与胸前。

抛起:左手将球在右肩的前上方垂直抛起,高度适当,用眼睛的余光看球。

挥臂击球:抛球的同时,右臂抬起,屈肘后引,上体稍微向左转动,抬头挺胸,手掌自然张开;当球下落至额头前上方适当位置时,上体向左侧转动带动手臂转动,击球点也在额的前上方位置,击球部位为球的后中部偏下一点部位,张开手掌时,手掌与手指与触球部位相吻合,随后做鞭打动作,将球推压出手;击球完毕后迅速回场地内。

图 6-55　正面上手发球正面　　　　　图 6-56　正面上手发球侧面

2.正面下手发球(图 6-57、6-58)

准备姿势:面对球网,臀部坐在端线后方,腿脚放在场地内,双手持球与胸前。

抛起:左手将球在右肩的前上方垂直抛起,高度适当,用眼睛的余光看球。

挥臂击球:抛球的同时,右臂下放,伸肘后引,抬头挺胸,手掌自然张开;当球下落至右手前上方适当位置时,大臂带动前臂转动,击球点也在额的后下方位置,击球要干脆利落;击球完毕后迅速回场地内。

图 6-57　正面下手发球正面　　　　　图 6-58　正面下手发球侧面

3.侧面下手发球(图 6-59、6-60)

准备姿势:侧对球网,臀部坐在端线后方,腿脚放在场地内,双手持球与胸前。

抛起:左手将球在右肩的前上方垂直抛起,高度适当,用眼睛的余光看球。

挥臂击球:抛球的同时,右臂下放,伸肘后引,抬头挺胸,手掌自然张开;当球下落至右手前上方适当位置时,大臂带动前臂转动,击球点也在额的后下方位置,击球要干脆利落;击球完毕后迅速回场地内。此法适合初学者。

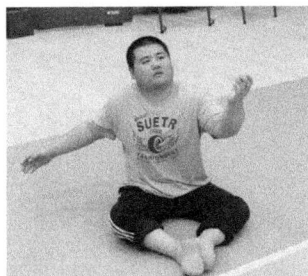

图 6-59　侧面下手发球引臂　　　　　图 6-60　侧面下手发球挥臂

4.侧面上手发球(勾球)(图 6-61、6-62)

准备姿势:左肩对着球网,臀部在端线外,上体微前倾。

图 6-61　侧面下手发球引臂

图 6-62　侧面下手发球挥臂

抛起：左手将球在右肩的前上方垂直抛起，高度适当，用眼睛的余光看球。

挥臂击球：运用腰腹肌肉及挺胸转体的发力动作，将重心有右侧移到左侧并带动右臂摆动，挥至最高点时，用全手掌去击球的中后部，触球瞬间，手腕与手掌做向前推压动作；击球完毕后迅速回场地内。

（四）传球

传球是指利用身体协调力量并运用双手、单手的手指、手腕的弹力以及手臂等部位，将来球传、垫到一定目标的击球动作统称为传球。传球技术是排球运动中一个非常重要的技术，它可以为其他技战术的实施创造更好的机会，在坐式排球中，传球不仅仅用于二传手，还较多的运用于在一传和防守上，这一点也要比普通排球中多些。

坐式排球的种类有很多，除了没有传统排球中的跳传，常见的主要有正面传球、侧向传球、背向传球。

1. 正面双手传球（图 6-63、6-64、6-65、6-66）

双手正面传球主要被运用在二传组织战术以及接发、接扣球、接吊球等击球动作中，也是比赛中最为常见的击球技术。动作方法主要包括以下几个方面：

准备姿势：快速移动到最佳位置，身体正对来球，上体挺直仰头正视来球。双肘屈于体前，双手自然放松，放在脸前。

击球手型与动作发力：触球时手腕稍微后仰，两拇指相对呈"八"字，十指自然张开成半球状，用拇指的内侧，食指全部，中指的二、三指关节触球的后下部，无名指和小指在球两侧辅助控制回球方向；击球点约在额头的前上一个球的位置，触球瞬间，手腕与手指向前屈迎来球，同时各关节也随之继续伸展，最后用手腕和手指将球弹出去。

图 6-63　准备

图 6-64　触球正面

图 6-65　触球侧面

图 6-66　传球最终发力　　　　　图 6-67　单手正面传球

2.单手正面传球（图 6-67）

单手正面传球主要应用于在无法进行扣球或者是双手传球时，被迫采用单只手触球的方法将球弹击出去。

3.侧向传球（图 6-68）

侧向传球是在身体侧对来球，不转动身体，用手臂将球传向侧方目标的传球动作，其手型和发力等技术与正面双手传球技术相似，不同是击球点要偏向单侧，这便要求运动员在传球时身体要协调配合，动作要更大些才能将力量发出。在坐式排球的比赛中，运动员为了抢救球，很难准确快速的移动到合理位置，这时运用侧倒技术，不仅可以增加防守的方位，同时也弥补了身体活动不便的缺陷。动作要领是，快速移动身体到球的落点附近位置，降低重心，身体倒插入球下，以单手或者双手将球击起，击球点仍然在额头前上方。

图 6-68　侧向传球　　　　　　图 6-69　背向传球

4.背向传球（图 6-69）

背向传球是身体背对着目标的传球，用双手或单手进行背向传球是基本的传球技术，这一技术在比赛中也比较常用。其动作方法主要包括：

准备姿势：上体比正面传球稍后仰，双手自然抬到脸前。

击球手型与动作：手型与正面传球相同，但是触球时手腕要稍微后仰，掌心向上，拇指在球下，当球飞到头的上方偏后时，向后展体，挺胸、抬手，对准球。

用力方法：当伸肘在右上方触球时，要运用上体后仰和手腕、手指弹力的协调，将球向后上方传出。

（五）垫球

在比赛中,垫球主要是应用在接发球,接扣球,接拦回球以及防守和处理各种困难球。接好发球是组织进攻的基础。垫球技术容易学习,排球运动中可以运动身体的任何部位进行垫球,这样适应了各种各样的难度的来球。坐式排球的垫球与普通排球垫球技术的不同在于,坐式排球的运动员是坐在地上,在接垫重球时,手臂的缓冲距离较小,也则加大了垫球的难度。常见的垫球技术主要包括:正面垫球、侧面垫球、背面垫球和其他方式垫球。

1. 正面垫球(图 6-70)

正面双手垫球时,运动员用双手在腹前将球垫起的动作方法包括以下几个部分:

准备姿势:迅速移动,面对来球,两手撑地。

垫球手型和动作:两手张根相靠,手掌互握,两手指重叠,两拇指平行向前,手腕下压,两臂外翻形成平面,当球飞至腹前一臂左右的距离时,双臂夹紧正对来球,同时配合提肩、顶肘、压手腕、抬手臂的全身协调动作,迎向来球并插到球的下方,身体重心随击球方向移动。

击球部位:击球点保持在腹部前适当高度,用两臂手腕关节以上 10 厘米左右的两小臂桡骨内侧构成的平面击球的后下部,击球后,手臂放开放松,恢复到准备姿势。

需要注意是在垫不同速度的来球时,垫球的发力有差异,主要体现在要根据来球的速度,进行减速缓冲,速度越快,降速缓冲的距离就越长些。

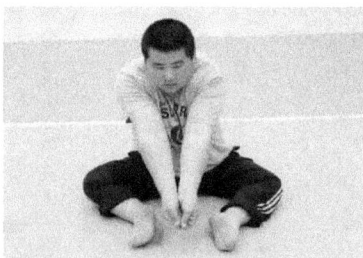

图 6-70　正面垫球

图 6-71　侧面垫球

2. 体侧垫球(图 6-71)

在身体侧面用前臂击球称之为体侧垫球,在来球速度较快,运动员无法及时做好正面垫球的准备,此时通过调整手臂来完成侧面的击球,一般情况下,侧面垫球的方位要大一些,但是准确性没有正面垫球的高。动作方法包括以下部分:

准备姿势:在确定来球方向时,身体转向来球方向一侧。

手型与动作:手型与正手垫球同,将来球侧的肩膀抬起,另外一只手与该侧手臂做好垫球准备。

发力:击球时用转体收腹的动作,配合提肩抬臂的在身体的侧面位置迎击来球的后下部。

3.背向垫球(图 6-72)

背向垫球是背对着目标,经体前将球垫回身体后方的球,当个体在球场上无法及时转回正对来球时,只能靠背向垫球时采取的被迫垫球方法,此法击球点要高于其他垫球方法,因背对着网,故准确性较差。背向垫球的方法:准备过程中要判断好来球的方向、距离,快速移动到球的落点附近,背对着垫出方向,两臂夹紧伸直;击球时,抬头、挺胸、展腹,用上体后仰的方法带动双臂向后上方摆动抬送,在肩的前上方用前臂触球的前下方,将球向后上方击出。

图 6-72　触球侧面

4.其他垫球方式

垫球的方法除了上述的三种方法外,还有很多,如单手垫球、侧倒垫球、挡球、鱼跃垫球,甚至可以有脚去踢球,这些都是运动员在比赛的过程中,根据来球情况及技战术的需要,随时采取的应变措施。

(六)扣球

扣球是排球运动中最主要的得分手段,也是进攻中最积极有效的武器,健全人的排球运动对扣球技术的发展已经比较成熟,但在坐式排球运动中,受比赛规则的限制,运动员必须坐着进行击球,臀部不得离开地面,故适当的移位便取代了传统排球中的步法起跳等技术,这也使得运动员很难把握击球点。

扣球方法主要包括正面扣球和侧面勾手扣球两种,但是从这两种方法衍生出的扣球方法又有多种。

1.正面扣球(图 6-73)

正面扣球是面向球网做进攻性的击球,因为正对着网,便于观察对方场区的状况,可以控制球的方向和落点,且准确性比较高。动作方法包括以下:

(1)准备姿势:身体自然的置于身体两侧,做好向球的落点位置移动准备。

(2)移动:确定好球方向和落点后,迅速的移动身体,同时大致观察对方场区的情况,寻找防守空当。

图 6-73　正手扣球

(3)击球:移动到位后,身体向右侧转动,抬头目视球的运动轨迹,挺胸右臂向后上方抬起,身体呈反弓形;待球下落时,身体转动,收腹动作发力,以此带动肩部、大臂、前臂、腕、手的挥动,在手臂伸直到最高点的前上方击打球的后中部。击球时,五指微张,以掌心为主,五指包满球。同时用力屈手腕手指向前推压,使扣球上旋飞出。

2.勾手扣球(以右手为例,图 6-74)

勾手扣球是身体侧对着网,右臂从身体右侧通过转体动作发力,向头前上做轮摆式挥动扣球方法,这种方法

图 6-74　勾手扣球

多适用于远网的扣球,或者有后排调整过的斜对网的球。动作原理与勾手发球的动作相似,击球时身体向左转动,当右臂挥动到最高点,用拳掌击球的后中下部,手腕作压弯推送的动作。

(七)拦网

前排队员,将手伸向高于网的位置阻挡对方来球的行动,成为拦网,它是排球比赛中反手战术的第一道防线,同时也是反守为攻的好时机。与正常人拦网不一样,坐式排球中运动员首先要将自己的下肢摆放收到最佳位置,即便于在移动中能快速有效的取得最佳位置与高度,但受规则的限制,下肢摆放的时候既不能影响到队友,不能影响到对方的进攻,根据拦网人数,可以将拦网技术分为单人拦网和双人拦网技术。

1.单人拦网技术(图 6-75、6-76)

单人拦网技术包括单人双手拦网和单人单手拦网技术,一般情况下,单人双手拦网技术要求运动员先根据来球的方位,快速移动到最佳位置后,目视来球,双手伸臂至面前,两手自然张开并屈指成半球状罩着来球,当球来时,手臂突然紧张,用力,手腕下压拦击球的前上方,封死来球;当然,有些队员在移动到适宜位置时,一只手高举,另外一只手放在体侧用于平衡,这样也便于拦网变成反扣球,转守围攻,这种方法也容易造成双方持球的现象。

图 6-75　　　　　　　　图 6-76　　　　　　　　图 6-77

2.双人拦网技术(图 6-77)

前排两个队员互相靠近组成的拦网,成为双人拦网。它是比赛中最常用的一种拦网动作,主要在对方大力扣球时采用。双人拦网是集体拦网的一种形式,准备动作、伸臂等技术动作与单人双手拦网相同。注意手臂上举时,保证间距适中,不可太大也不可太小,以防止漏球。

四、基本战术

因坐式排球比赛中,队员必须坐在地上,移动中臀部不得离开地面,所以运动员可以活动的范围较健全人排球运动移动要小得多,故战术相对单一。

（一）战术分类

坐式排球的战术,是指运动员在比赛的过程中根据坐式排球的运动规律,比赛双方的具体情况以及临场变化,合理而有效地运动个人本技术和形成集体配合所采用的有目的、有组织的行动。一般分为个人战术和集体战术。

（二）阵容分配

合理的阵容配备和有效的位置轮换是个人战术和集体战术的基础,常见的阵容配备形式有"三三"配备、"四二"配备、"五一"配备,如图 6-78、6-79、6-80 所示。"三三"配备目前运动较少;"四二"队形便于两边进攻队员的进攻,战术配合具有一定的稳定性,缺点就是前排进攻队员进攻位置比较明显,隐蔽性稍差;"五一"配备有五名进攻队员和一名二传队员构成,该阵容配备是目前坐式排球比较实用的阵容,优点在于进攻点多而灵活,便于战术的配合。

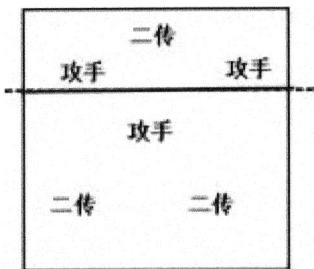

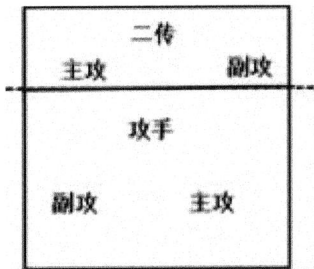

图 6-78 "三三"配备　　　　图 6-79 "四二"配备　　　　图 6-80 "五一"配备

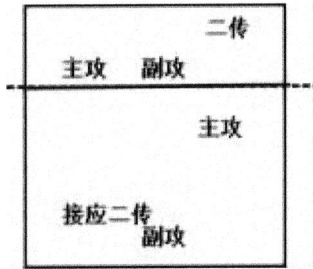

（三）位置轮换

位置轮换,也是战术配合的重要影响因素,有利于调动队员的优势,从而组织合理有效的战术。竞赛规则规定,在发球后,允许队员在本方厂区内任意交换位置。常见的位置轮换的方法包括前排队员之间的换位,后排队员之间的换位。

第六节　轮椅太极拳

一、概述

太极拳是中国武术的一部分。经常进行适当的太极拳锻炼可以使练习者身体舒适,气血通畅,心旷神怡。本套轮椅太极拳又称为坐式太极,是专门为下肢活动不便或下肢伤残者创编的太极拳。本套共有 16 个动作,选取杨式太极拳的动作为主,同时增加了一个陈式太极拳的发力动作"掩手肱捶",可以增加练习者的发力练习。本套太极拳不仅可以在轮椅上练习,还可以在板凳、床榻及地板上演练。通过重复练习法多练几遍的形式进行练习,可以达到体育锻炼的效果。残疾人练习太极拳,主要开展的是群众性体育锻炼,多以健身健心为主要目的。本章节主要介绍轮椅太极拳的基本技术动作。

二、基本技术

预备势:身体自然直立坐于轮椅上,两腿分开,两脚放于轮椅脚踏板处(无脚或一只脚者相应调整),头颈正直,下下颌内收,胸腹放松,肩臂松垂,两手轻放于大腿上侧;精神集中,眼向前平视,呼吸保持自然。

(一)起势

动作要领:

(1)下肢不动,两手慢慢向前平举,手指微屈,手心向下,举至与肩同高,两臂距离约同肩宽,肘微下垂。

(2)上体保持正直,两掌轻轻下按,落至腹前,手心向下,掌膝相对。

要点:沉肩、垂肘、松腰;手指自然微屈,两臂下落要缓缓进行。

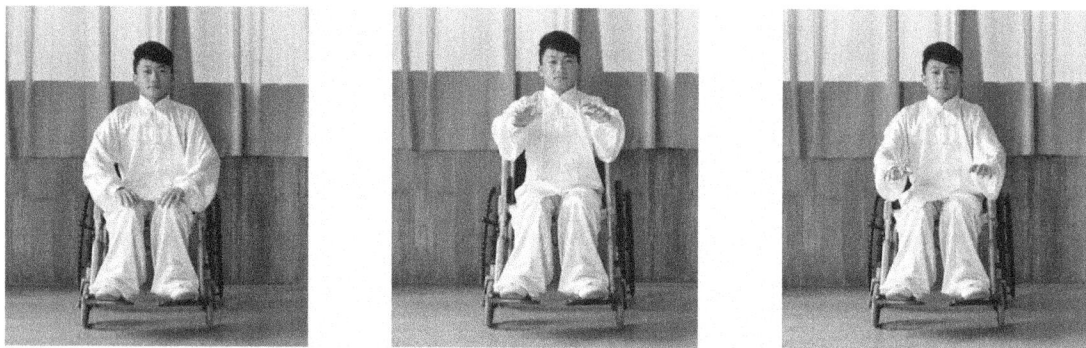

图 6-81　起势

(二)倒卷肱

动作要领:

(1)上体右转,右手翻掌,手心向上、向下经腹前向后上划弧平举,肘微屈,左手随即翻掌使手心向上,眼看右手。

(2)右臂屈肘折向前,右手由耳侧向前推出,掌心向前,手指向上,左臂屈肘后撤,手心向上至左肘外侧,眼看右手。

(3)上体微向左转,同时左手随转体向后上划弧平举,手心向上,右手随即翻转使手心向上,眼看左手。

(4)与(2)相同,唯动作相反。

要点:动作要以腰带动,身体转动要自然。

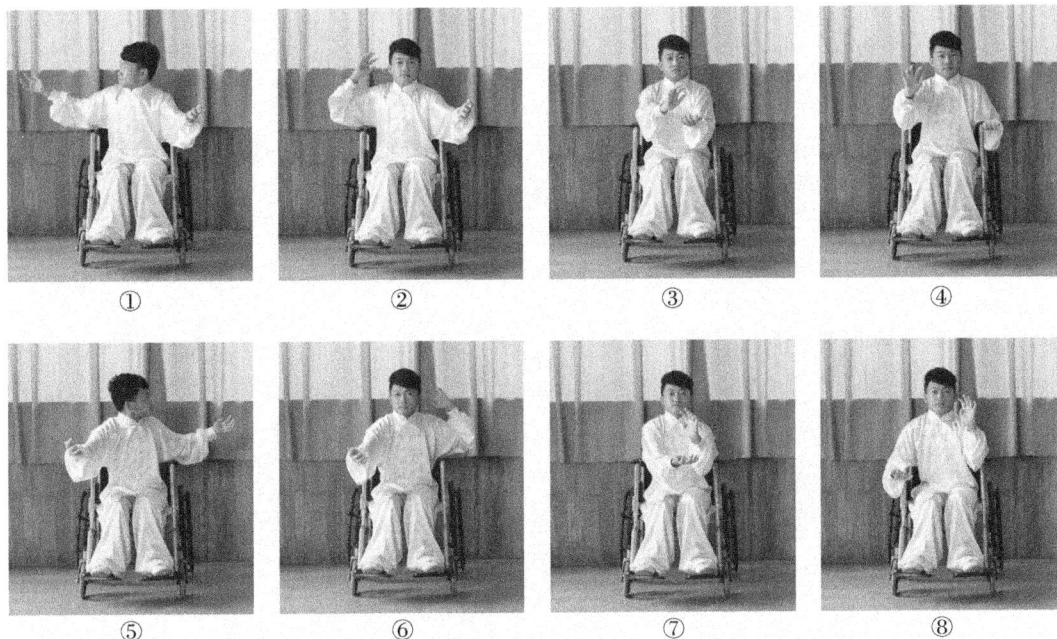

图 6-82　倒卷肱

（三）搂膝拗步

动作要领：

（1）左手向体前下落，再由下向左后方划弧举至左肩外，手与耳同高，手心斜向上；右手由右下向上、向左划弧至左胸前，手心斜向下；同时上体先微向右再向左转，眼看左手（图①）。

（2）上体右转，左手回屈由耳侧向前推出，指尖高与鼻平，右手向下由右膝前搂过落于右胯旁，指尖向前，眼看左手（图②③）。

（3）右手向右右后方摆出，右臂外旋翻掌，右手向右后上方划弧至右肩外侧，肘微屈，手与耳同高，手心斜向上；左手随转体向上、向右下划弧落于右胸前，手心斜向下，眼看右手（图④）。

（4）上体左转，右手回屈由耳侧向前推出，指尖高与鼻平，左手向下由左膝前搂过落于左胯旁，指尖向前，眼看右手（图⑤⑥）。

要点：身体转动时，上体不可前俯后仰，要松腰松胯，推掌时要沉肩垂肘。

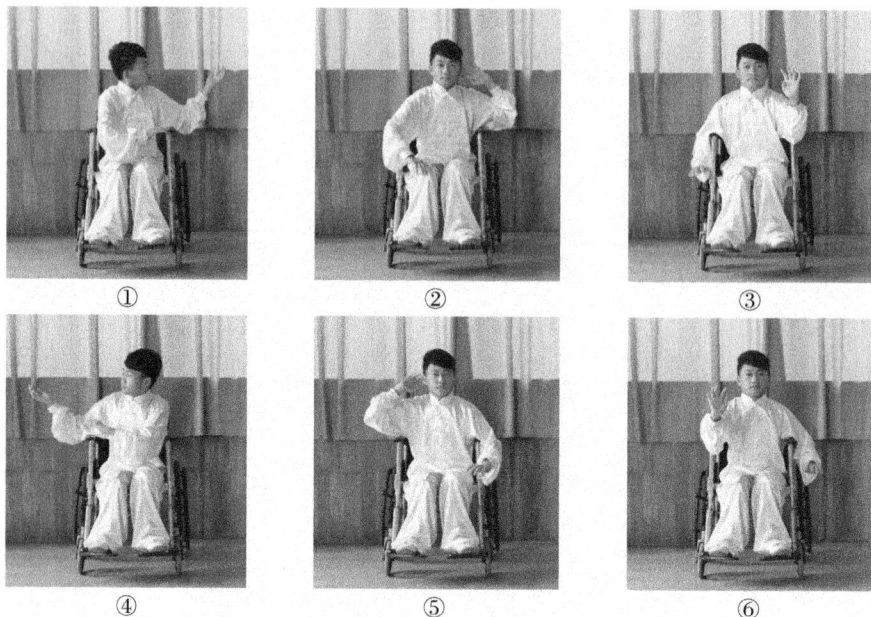

图 6-83　搂膝拗步

(四)手挥琵琶

动作要领:身体微右转,右掌下落随腰微右转,屈肘回带,掌心转下;左掌向上,向前上方划弧挑举,然后两臂松沉屈臂合于胸前,左手成侧立掌停于面前,指尖与眉心相对;右掌也成侧立掌停于左臂内侧,掌心与右肘相对,眼看左掌。

要点:完成合手动作时,两肩要松沉,两臂要有合劲;整个动作身体要保持自然协调。

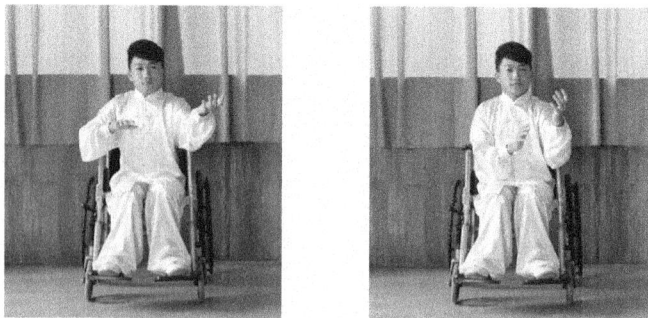

图 6-84　手挥琵琶

(五)野马分鬃

动作要领:

(1)上体微向左转,左臂收于胸前平屈,手心向下;右臂外旋,右手经体前向左划弧合于腹前,手心向上,两手心相对成抱球状,眼看左前方(图①)。

(2)上体微向右转,左右手随转体慢慢分别向左下、右上分开,右手高与眼平,肘微屈,手心斜向上;左手落于左胯旁,肘也微屈,手心向下,指尖向前,眼看右手(图②③)。

（3）身体微右转，右臂内旋于胸前平屈，手心向下，左臂外旋，左手向右上划弧合于腹前，手心向上，两手心相对成抱球状，眼看右手（图④）。

（4）上体左转，同时左右手随转体分别慢慢向左上、右下分开，左手高与眼平，手心斜向上，肘微屈；右手落于右胯旁，肘也微屈，手心向下，指尖向前，眼看左手（图⑤⑥）。

要点：上体不可前俯后仰，身体转动时必须以腰为轴，两臂保持弧形。

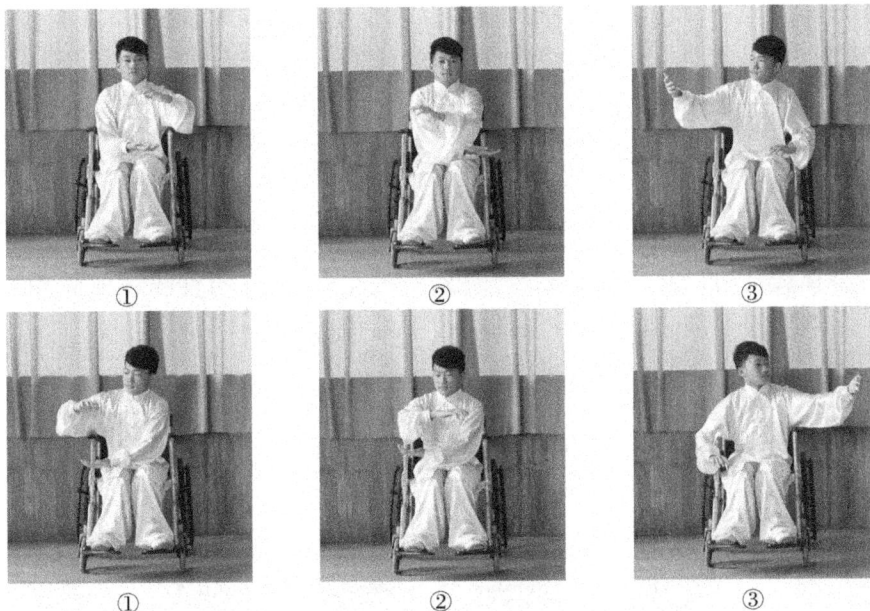

图 6-85　野马分鬃

（六）白鹤亮翅

动作要领：

（1）上体微向左转，左臂内旋，手心向下，平屈于胸前，右臂外旋，右手向左上划弧合于腹前，两掌心上下相对成抱球状，眼看左手（图①）。

（2）上体右转，面向前方，两手相交错，随转体慢慢向右上、左下分开，右手上提停于右额侧前，手心向左，左手落于左胯前，手心向下，指尖向前，眼看前方（图②③④）。

要点：身体重心后移时，左手上提，右手下按要与腰部转动协调一致；完成姿势时，胸部不要挺出，两臂上下都要保持半圆形。

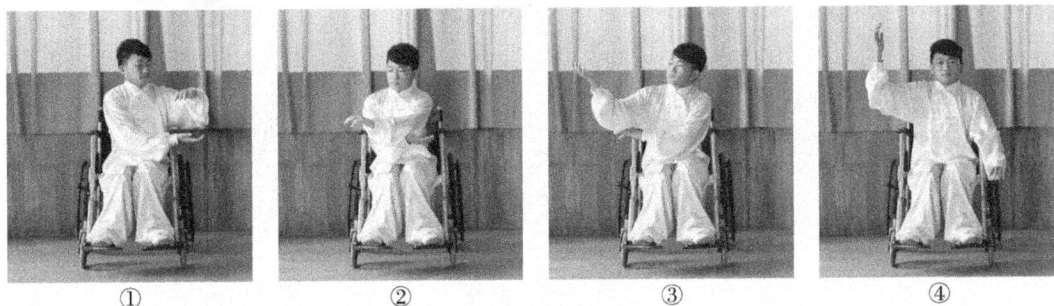

图 6-86　白鹤亮翅

(七)云手

动作要领：

(1)上体右转,右手由上向右、向下划弧至平举,手心斜向下;左手向下经腹前向右上划弧至左肩前,手心斜向内,眼看右手(图①)。

(2)上体慢慢左转,左手经脸前向左侧运转,手心渐渐向左,右手向下经腹前向右上划弧至右肩前,手心斜向内,眼看左手(图②③)。

(3)上体再向右转,同时左手向下经腹前向又上划弧至右肩前,手心斜向内;右手向右侧运转,手心翻转向下,眼看右手(图④⑤)。

(4)同(2)(图⑥⑦)。

(5)同(3)(图⑧⑨)。

要点:身体转动要以腰为轴,腰、胯放松,不可左右摇摆;两臂随腰的转动而运动,要自然圆活,速度要缓慢均匀;眼的视线随左右手而移动。

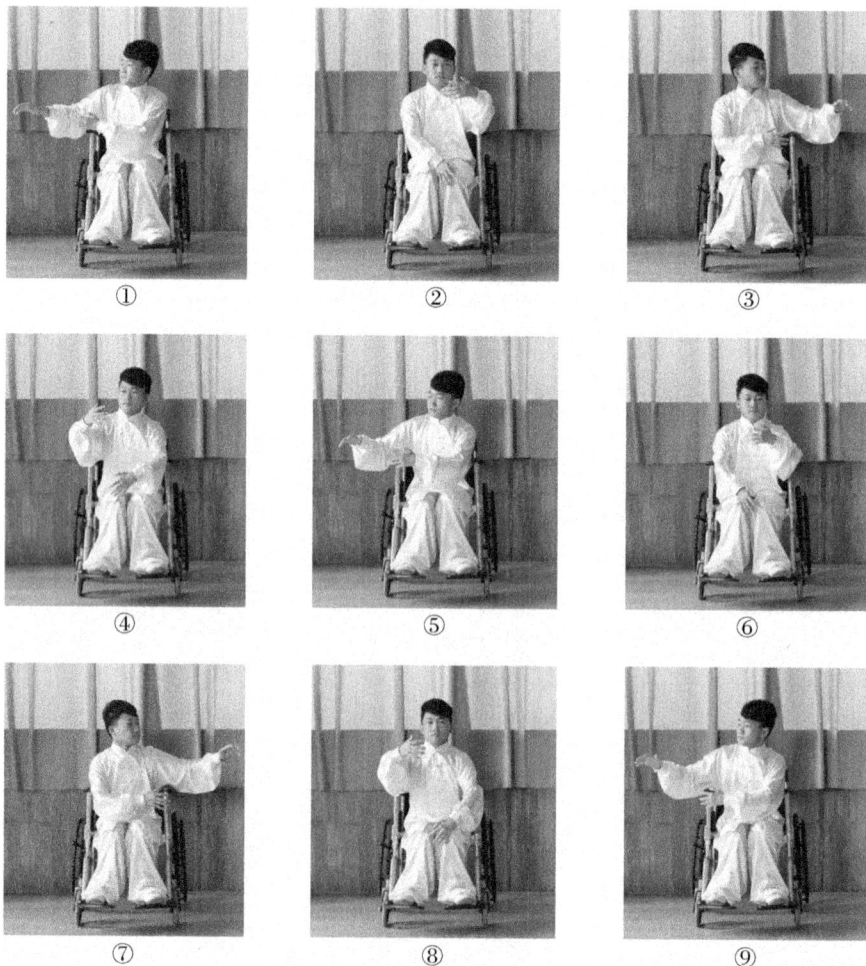

图 6-87　云手

（八）单鞭

动作要领：

（1）身体右转，右掌变成勾手，左手划弧至右肩前，眼看左手（图①）。

（2）上体微向左转，左臂随上体继续左转慢慢内旋，左手翻转向前推出，手心向前，手指与眼齐平，肘微屈，眼看左手（图②③）。

要点：上体保持正直，左手向外翻掌前推时，要与转体动作配合协调一致；完成姿势时，两肩下沉，右臂肘部稍下垂，左肘尖与右膝尖上下相对。

①　　　　②　　　　③

图 6-88　单鞭

（九）掩手肱捶

动作要领：

（1）右手由勾变掌，两手相合于胸前交叉，左手在内，右手在外，目视两掌。随即，两手向下分掌，经两侧向外划弧分开，略于肩平，两掌掌心斜向前，目视前方（图①②③）。

（2）上体微右转，两臂外旋，肘内合，左掌摆至体前，掌心向上，高与肩平，右掌变拳，屈肘合于胸前，拳心向上，目视左掌（图④）。

（3）重心左移，上体左转，转腰顺肩，右拳旋转向前方用力冲打，拳心转向下，左掌后收，掌心贴于左腹部，指尖向右，目视右拳（图⑤）。

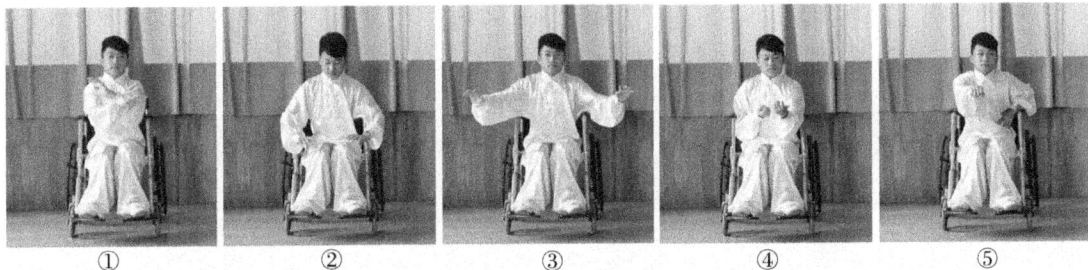

①　　　②　　　③　　　④　　　⑤

图 6-89　掩手肱捶

（十）玉女穿梭

动作要领：

（1）上体左转，身体重心微向左移；同时左臂内旋翻掌向上划弧平屈于做胸前，手心向下;右手向下、向左划弧至腹前,手心向上,两手掌心上下相对成抱球状,眼看左手(图①)。

(2)身体右转,右手向上经脸前翻掌举于右额前,手心斜向上;左手先向下,再经胸前随身体右转向前推出,掌心向前,手指与鼻尖齐平,眼看左手(图②③)。

(3)身体重心略向后移;同时两手左下右上在右胸前成抱球状,眼看右手(图④)。

(4)身体左转,左手向上经脸前翻掌举于左额前,手心斜向上;右手先向右下再经胸前随身体左转向前推出,掌心向前,手指与鼻尖齐平,眼看右手(图⑤⑥)。

要点:完成姿势面向斜前方约 30°,上体不可前俯或左右倾斜;手向上举时要防止引肩上耸;一手上举一手前推要与弓腿松腰一致。

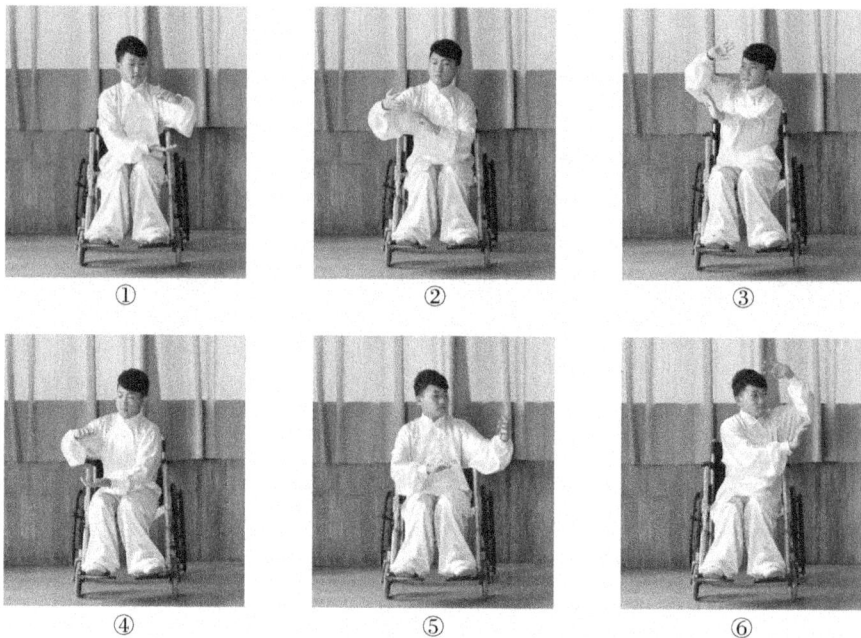

图 6-90　玉女穿梭

(十一)海底针

动作要领:上体微向右转,右手下落经体前向后、向上提抽至右肩上耳旁,再随身体左转,由右耳旁斜向前下方抽出,掌心向左,指尖斜向下;左手向前、向下划弧落于左胯旁,手心向下,指尖向前,眼看前下方。

要点:身体要先右转再左转,上体不可太前倾,避免低头弓腰和臀部凸起。

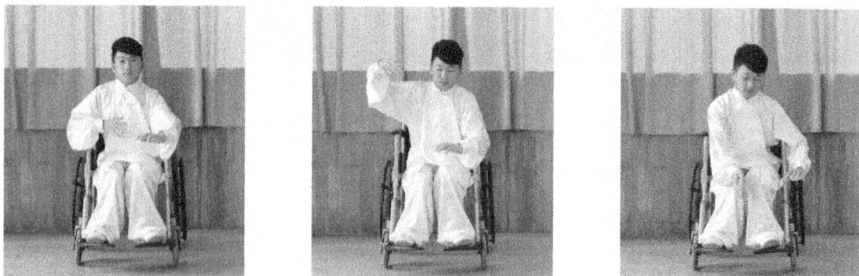

图 6-91　海底针

（十二）开合手

动作要领：

（1）两掌上提翻转掌心相对，指尖向上，屈收至胸前，两掌左右分开，约与头同宽；接着两掌缓缓向外略分开与肩同宽，目视前方（图①②）。

（2）两掌相合，与头同宽，掌心相对，目视两掌中间（图③）。

①　　　　　　②　　　　　　③

图 6-92　开合手

（十三）如封似闭

动作要领：

（1）上体微后坐，重心后移；两掌分开并屈臂内旋，收至胸前，与肩同宽，掌手斜相对（图①）。

（2）两掌翻转向下，落至腹前，目视前方（图②）。

（3）重心前移，两掌向前按出，与肩同宽，掌心向前，腕高与肩平，目视两掌（图③）。

①　　　　　　②　　　　　　③

图 6-93　如封似闭

（十四）揽雀尾

动作要领：

（1）上体微向左转，身体重心微向左移至；同时左臂内旋于胸前平举，右手下落，臂外旋收于腹前，两手心上下相对成抱球状，眼看左手（图①）。

（2）上体微向右转；同时右臂平屈，用前臂外侧和手背由下向前上弧形崩出，高与肩平，虎口向上，手指向左；左手向左下落按于左胯旁，手心向下，指尖向前，眼看右前臂

（图②）。

（3）身体微向右转，右手随即前伸翻掌，手心向下；左手翻掌，手心向上经腹前向上、向前伸至右前臂下方；然后两手下铲，上体左转，双手经腹前向左后上方划弧，直至左手手心向上，高与左肩平；右臂平屈于左胸前，手心向内；同时身体重心微向左移，眼看左手（图③④⑤⑥）。

（4）上体微向右转，左臂屈肘折回，左手附于右手腕里侧，随即上体继续向右转，双手同时向前慢慢挤出，右手心向内，左手心向前，右前臂呈半圆形；同时身体重心逐渐前移，眼看右手腕部（图⑦）。

（5）右手翻掌，手心向下，左手经右腕上方向前、向左伸出，高与右手齐平，手心向下，两手左右分开，与肩同宽；然后身体重心后移；同时两手屈肘经胸下落于腹前，手心均向前下方，眼向前看（图⑧⑨⑩⑪）。

（6）上势不停，身体重心慢慢前移，两手向前、向上弧形按出，掌心向前，手指向上，眼向前平视（⑫）。

（7）上体慢慢后坐，身体重心左后移；然后身体左转，身体重心再向右移；同时右手向左屈臂平举于胸前；左手向左划弧至左侧，再向下、向右划弧至右肋前，使两掌心上下相对成抱球状，眼看右手（图⑬）。

（8）同右揽雀尾（2），唯左右相反。

（9）同右揽雀尾（3），唯左右相反。

（10）同右揽雀尾（4），唯左右相反。

（11）同右揽雀尾（5），唯左右相反。

（12）同右揽雀尾（6），唯左右相反。

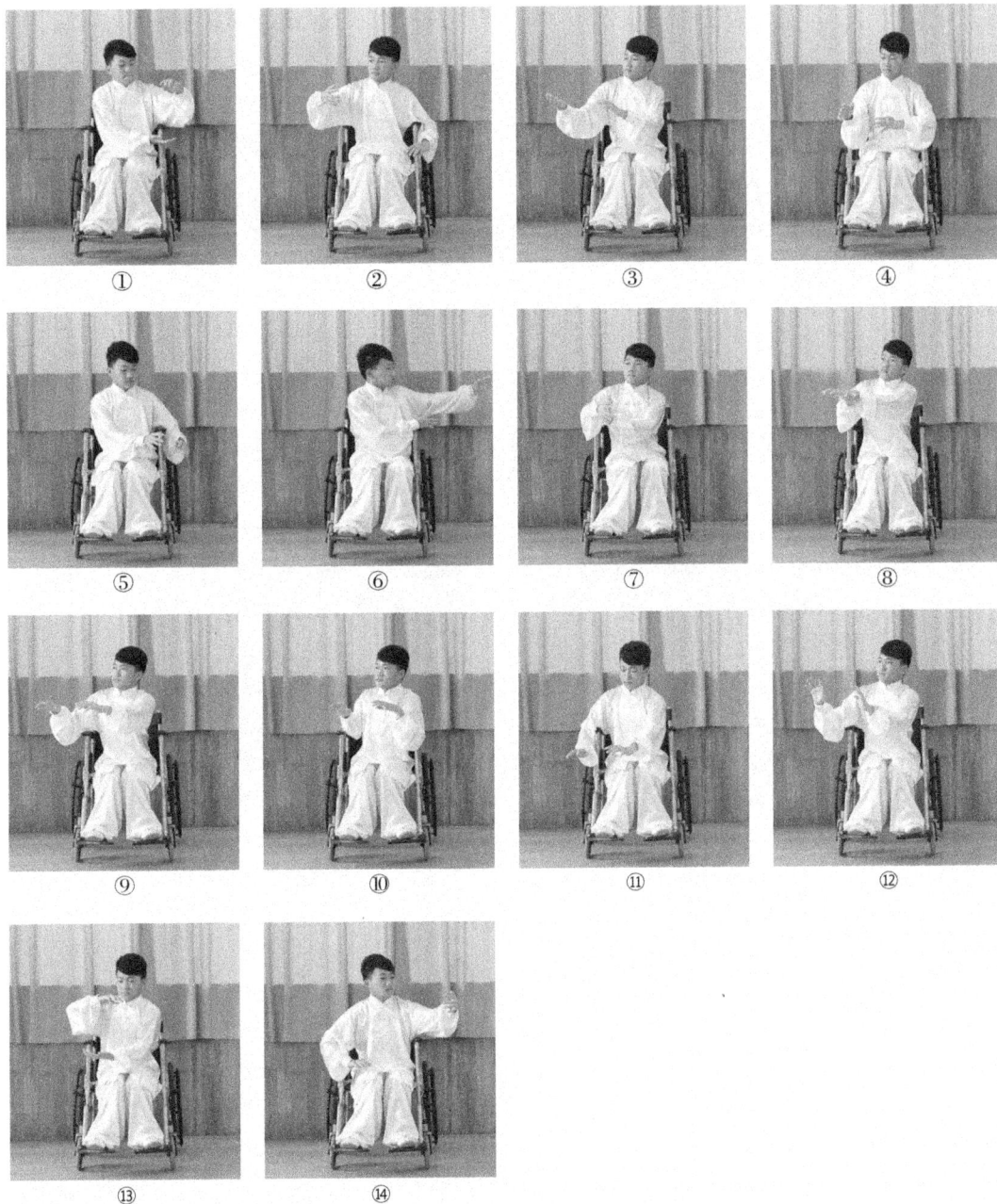

图 6-94 揽雀尾

(十五)十字手

动作要领:

(1)身体重心微向右移,然后再向右转体;右手随转体向右摆划弧,与左手成两臂侧平举,掌心向前,肘部微屈,眼看前方(图①)。

(2)两手向下经腹前向上划弧交叉合抱于胸前,两臂撑圆,腕高与肩平,右手在外,成十字手,两手心均向内,眼看前方(图②③)。

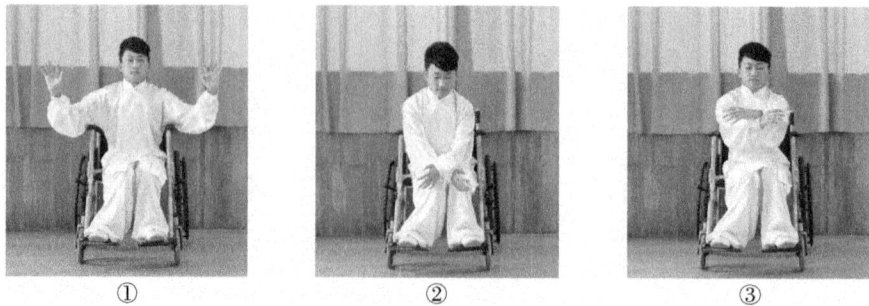

图 6-95 十字手

（十六）收势

动作要领：两手向外翻掌，手心向下，两臂慢慢下落，停放于两膝上方，眼看前方。

要点：两臂左右分开下落时，要注意周身放松，气沉丹田。

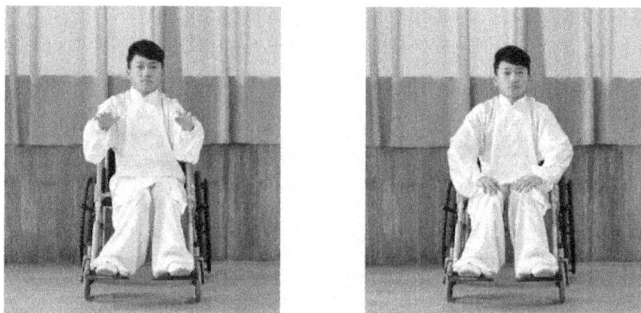

图 6-96 收势

第七节 游 泳

一、概述

游泳是唯一的各种残疾的运动员都可以参加比赛的项目，包括肢体残疾、视力障碍、脊椎损伤、智力障碍等。残疾人运动员游泳分为：S 级（自由泳、仰泳、蝶泳）；SB 级（蛙泳）；SM 级（混合泳）。S 和 SM 各分为 10 个级别，SB 分为 9 个级别。目前，残奥会、世锦赛和其他相关国际性比赛包括以下比赛项目：按功能划分体系鉴定的运动障碍，这肢体残疾的各分级级制至少包括 7 个个人项目和两个接力项目。在 1960 年罗马举行的第一届残奥会上，游泳就被列为正式的比赛项目。2000 年悉尼第 11 届残奥会上，来自 62 个国家和地区的 500 多名运动员参加了游泳比赛。在 2004 年雅典残奥会游泳比赛中，中国男选手何军权夺得了 3 块金牌。我国游泳运动员杨洋在 2012 年伦敦残奥会获得男子 200 米自由泳冠军、男子 50 米仰泳冠军，2016 年里约残奥会夺得第四名。

　　游泳具有很广泛的适应性,所有的残疾人运动员都可以进行练习和锻炼,加快身体康复,体验水中乐趣,增强对生活的信心和热爱。残疾人游泳运动和普通人游泳运动一样,不同的是他们要克服自身的不足,去完成和常人一样的游行。肢体残疾的运动员,在游泳中只能使用单手/单脚,或者只有双手/双脚游行,可以提高他们的身体平衡能力,强化肢体力量。游泳运动不仅是一种水中生存的技能,还是最佳的终身体育项目之一。游泳主要是在水环境中完成的运动,故被称之为"血管体操"。由于游泳运动主要是在水中完成,受重力的影响被水的浮力抵消,故在水中人体的重力影响对身体的影响较小,在技术动作正确的情况下,出现运动损伤的概率也会比较小一些,属于老少皆宜的运动。本章节主要介绍肢体残疾人游泳的基本技术。

二、基本技术

　　肢体残疾的人,因身体的条件的限制,学习游泳时需要付出的努力会更多。常见的泳姿包括蛙泳、自由泳、仰泳和蝶泳。

(一)熟悉水性

1. 韵律呼吸

　　呼吸在游泳运动中是最基础的,也是最重要的技术,没有呼吸,运动本身就无法持续。与陆地上呼吸有所区别,在水中呼吸的方法主要是采用嘴巴吸气,在水中将气吐出。

　　在水中将气均匀地通过嘴巴两侧吐出,当吐得留有一口气时,再浮出水面,嘴巴说"啪",气体尽可能由嘴巴吸进。不管吸气还是吐气,注意都不要过猛,避免呛水。

图 6-97　韵律呼吸

2. 团身漂浮站立

　　在学会韵律呼吸的基础上,站在水中,水面上吸满气后,全身团紧,低头抱膝,膝盖置于胸前,慢慢让身体漂浮在水面,如图 6-98 所示;在水中闭气,闭气快要结束时,身体放松,双腿自然伸直,吐气,双脚着地,双手按水,慢慢站起。水中漂浮站立可以提高初学者水性,降低对水的恐惧,防止呛水。

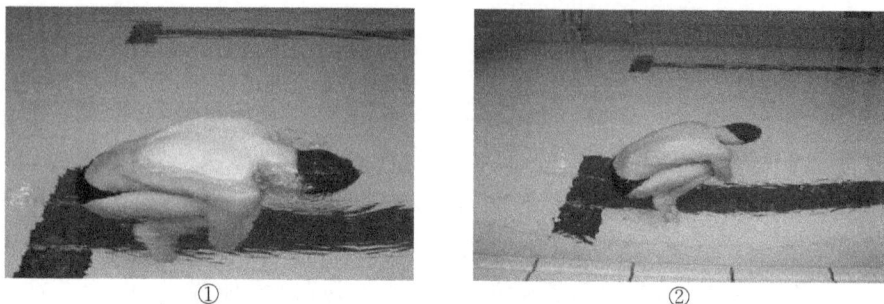

图 6-98　团身漂浮站立

3.漂浮

水中减少阻力最好的办法就是练习在水中漂浮,常见的漂浮的方法有水中徒手蹬壁漂浮,水中持浮板蹬壁漂浮。

(1)水中徒手蹬壁漂浮:个体保持最基本的流线型姿势,站在池边,在明确前进方向的情况下,双臂夹紧耳朵,将上肢沉没在水面,双脚先后触壁,蹬离池壁,让身体自由漂浮滑行(图①)。

(2)水中持浮板蹬壁漂浮:与徒手蹬壁动作相同,学习者单手持浮板,在确定前进方向的基础上,蹬离池壁。需要注意的是,在练习的过程中,需要作保护,以防止呛水。结束后慢慢浮出水面进行换气(图②③)。

图 6-99　漂浮

(二)蛙泳

蛙泳是指模仿青蛙游泳的动作一样的泳姿,也是人类比较早学会的一种泳姿,他的特点就是易学且适合长时间、长距离的游泳。一般而言,学习蛙泳可以分为以下几个步骤:漂浮、呼吸、蛙泳腿、蛙泳腿与划水结合、蛙泳腿与呼吸结合以及完整动作。

1.漂浮滑行

与熟悉水性时的要求一样,初学者在水中先练习流线型的漂浮姿势,再利用蹬壁滑行的距离,掌握在水中漂浮的基本技能。

图 6-100　漂浮滑行

图 6-101　呼吸

2.呼吸

（1）水中原地抱水呼吸法：初学者站在水中，双手上举，贴于耳边，弯腰将头浸没在水中，将腹中气体均匀吐出，持续两秒左右后，依靠双臂合抱于胸前，水对身体的作用力，将头露出水面，进行换气，以此反复练习。注意头部出水与入水要匀速，切莫急促，以防止呛水。

（2）水中移动抱水呼吸法：在初步掌握换气的方法后，初学者可以选择在移动中进行换气，即利用双手合抱的作用力，以及脚步向前走的力量，在移动中尝试换气。

3.蛙泳腿

蛙泳腿是蛙泳姿势前行的主要动力，一般分为收腿、翻脚、蹬夹水和滑行四个阶段。初学者在学习的时候一般包括水上模仿动作和水下练习两个部分。

（1）陆上模仿练习：初学者坐撑在地上、凳子上或者池边，上体稍微后仰，两脚并拢伸直，髋关节展开，做蛙泳腿的收、翻、蹬夹、停四个环节的动作；换成趴在池边或者凳子上做相同的动作，在陆上将基本动作做熟练位置。重点是体会外翻和蹬夹的路线和节奏。

（2）水下练习：初学者可以通过扶着池壁、同伴、浮板等辅助措施练习陆上学习的腿部动作，重点学习完整的腿部动作，感受腿部动作产生的向前的推力。

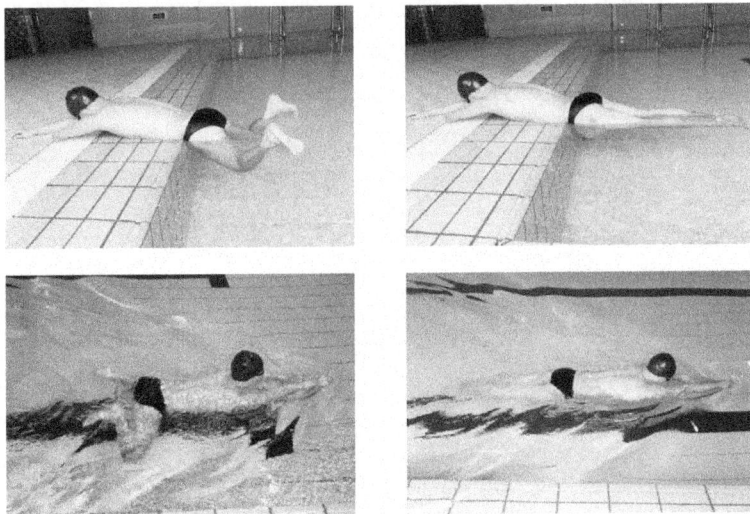

图 6-102　水上模仿动作和水下练习

4. 蛙泳腿结合划水

在上述练习的基础上,过渡到腿与手的配合,注意尝试多次蹬腿一次划水,两次蹬腿一次划水,一次蹬腿一次划水。划水的时候,将头部露出水面进行换气。

图 6-103　蛙泳腿结合划水

5. 完整配合

身体滑行,两臂向前自然充分伸展,掌心向下,双腿并拢;上臂内旋,双手经体侧分开,比肩稍宽,掌心对准斜下方划水,即准备抱水;掌心向内合于胸前,大腿带动小腿往前收,准备抬头换气;收腿结束后,双膝向下,双臂前伸,使掌心向下,短暂闭气;双脚收至臀部后双脚外翻,以足弓及小腿的内侧向后蹬水;双臂继续前伸,开始往外缓慢呼气;双臂向前伸直,两腿也蹬伸直,并夹紧,让身体继续向前滑行。

(三)自由泳

自由泳又称"爬泳",顾名思义是游泳时,人在水中靠双腿交替打水,两臂轮流划水,动作特别像是在爬行,故被称为"爬泳"。自由泳是所有泳姿中速度最快的一种,当然也是最消耗体力的一种,在游泳比赛中如果不限定泳姿,运动员一般会采用这种泳姿。学习自由泳时一般将自由泳分为以下几个部分:腿部、手臂以及配合技术。

1. 腿部技术

在自由泳中,腿部除了提供动力外,还可以用来维持身体平衡,它可以帮助提高身体的协调性,使得双臂划水更有力。腿部练习一般分为陆地模仿练习和水中练习动作。

(1)陆地模仿练习:初学者坐在池边,双腿伸直,脚尖绷直,做交替打水的练习,一般幅度控制在 30~40 厘米;模仿练习的另外一种方法是,学习者俯卧在池边,半陆半水式的打水(图①②)。

(2)水中练习:学习者双手前伸扶着池壁,低头看水池底部,头与躯干成一条直线,做快速打水的动作;在陆上、水中扶池壁打水的学习基础上,学习者可以尝试着扶着浮板打水(图③)。

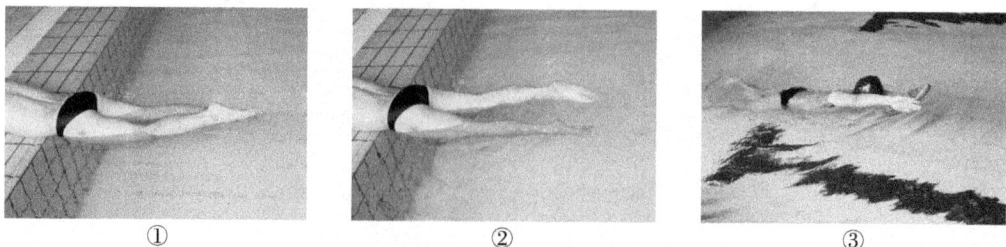

①　　　　　　　　②　　　　　　　　③

图 6-104　自由泳腿部练习

2. 手臂技术

自由泳的手臂是推动身体前行的主要动力。一般可以分为入水、抱水、划推水、出水和空中移动手臂等几个阶段。

练习者一般要在陆地上进行模仿练习,两脚开立,前后站位,上体前倾,模仿自由泳的划臂动作,重点在入水和空中的动作,入水时要求以拇指和食指为先插入水中,双臂交替进行。在陆地上完成模仿练习后,入水蹬壁滑行,手持浮板,先进行短距离感受交替划臂的练习,然后再逐渐增加距离。

图 6-105　自由泳手臂练习

3. 配合技术

(1)自由泳的呼吸与手臂的配合。一般是一次呼吸多次划臂,吸气时,要随着肩膀、身体的纵轴转向异侧,让头在低于水面的波谷中进行吸气,此时同侧手臂正处于出水阶段。移动手臂时,头转向下。

(2)呼吸、手臂和打腿的配合。呼吸、手臂和腿的配合比例一般为 1：2：2,而随着运动技能的提高,可以适当提高打腿的频次。

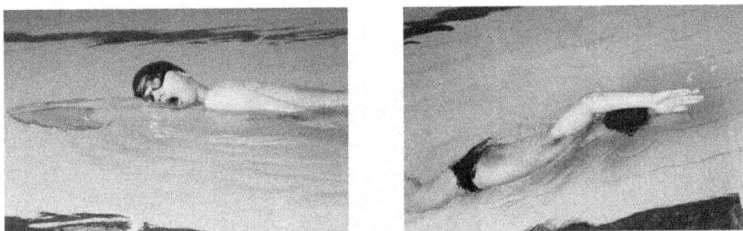

图 6-106　自由泳呼吸、手臂、腿的配合练习

(四)仰泳

仰泳是人体采用仰卧位的一种游泳姿势,它是几个泳姿中最省力的一个。其动作结构与自由泳基本相同,主要分为打腿、划臂、呼吸配合等。

1. 腿部技术

在仰泳技术中,腿部技术主要目的是提供一定的动力和保持身体姿势及移动的方向。腿部动作主要由下压动作和上踢动作组成,即直腿下压和屈腿上踢。初学者一般也是从腿部动作开始学习,采用直腿打水,感受打腿的动作。练习时一般分为陆上模仿练习和水下练习。

(1)陆上模仿练习:池边坐撑打水,与自由泳学习时的动作一样,两腿伸直,脚尖稍微内旋绷直,做大小腿交替打水的姿势,要求要踢出水花。

(2)水中练习:水中练习一般是采取抱浮板进行练习和徒手练习,学习者抱着浮板,贴于腹前,板的下沿稍微压着打腿,防止大腿过于上踢出水面;徒手练习时,仰卧在水中,两臂自然放在身体两侧,两腿做鞭状打水动作,熟悉后再将双手夹头,做打水练习。

图 6-107　仰泳腿部练习

2.手臂技术

仰泳的手臂技术一般包括:出水、空中移臂、入水和划水四个部分,手臂练习也同样可以分为陆地模仿练习和水下练习。

(1)陆地模仿练习:学习者可以平躺在长凳上,五指并拢,小拇指为头,掌心向体侧,经体侧,伸直上举,同时张嘴吸气;当手臂伸直并垂直于地面时,保持打腿动作;手臂伸直,向头后环绕,小拇指先入水,腿部继续打水动作;手臂低于水平面时,做直臂抱水动作,顺势将手臂贴于体侧,周而复始,反复练习。

(2)水中练习:在陆地上将上述几个步骤练熟后,在水中需抱浮板进行过渡练习,在此基础上,徒手、打水进行反复练习。

图 6-108　仰泳手臂练习

3.呼吸及完整配合

动作开始时,左臂伸直贴于耳朵侧面,五指自然并拢小拇指向下,异侧手及右手做向后下方推水的动作;左臂入水后,向前下方滑下,划的过程中肘关节稍微弯曲,便于向后推水,同时右臂以小拇指为先出水面;右侧手臂逐渐做顺时针环绕,左臂做推水动作,右臂逐渐绕至耳朵侧面,左手推完水,移动到打腿侧面,左右交替,动作相同。

由于仰泳是人的身体正面留在水面上的,故呼吸相对要比较简单点,一般是在小拇指出水时,进行吸气,当同侧手抱水时进行呼气,这样同侧手臂一次完整划臂,完成一次呼吸。初学者应将多加练习划臂,控制好每个技术环节肢体的角度。

图 6-109　仰泳完整练习

（五）蝶泳

蝶泳技术是在蛙泳技术动作基础上发展而来的，最初腿部动作是模仿蛙泳的蹬夹水，两臂对称由前向后，经由空中前摆，从外形看，动作像是飞舞的蝴蝶，因此被称为"蝶泳"。蝶泳技术学习一般由手部动作、腿部动作以及完整配合三个部分进行学习。

1. 腿部动作

初学者首先要进行站立模仿，先后进行挺髋、屈膝屈髋提臀伸膝三个主要技术动作；在陆地上对上述动作进行反复练习后，入水后，借用浮板进行练习（图①②），后再利用蝶泳腿加蛙泳手进行练习（图③），从而进行换气练习。

图 6-110　蝶泳腿部练习

2. 手部动作

在学习蝶泳手部动作时，一般也要从陆地上的模仿动作开始，重点是要体会划臂路线、转肩和移臂动作，基本掌握后再加入呼吸动作，一般包括入水、低头、打腿三个部分。在对基本的手臂动作进行学习后，再进行水中练习。练习时注意，站立在水中，身体前倾，屈膝迅速蹬地离开池底，身体向前上方鱼跃，双臂同时向后划水，落水时，双臂快速前移低头入水。

3. 完整配合

双臂微屈向前移动，在同肩宽的地方入水，双腿屈腿向后下方打水，躯干做提臀展胸的动作，此时低头闭气（图①）；双臂入水后，积极前伸，然后向两侧分开，两腿做打水动作，随着腿部向下的打水动作，使臀部上升，准备呼气（图②），双臂划至最大宽度时，转向向后下方划水，肘部上提，准备第二次打水，同时呼气；双臂继续向前向内靠拢，用手掌和手臂内侧向后划水，同时大腿下压，小腿继续向上弯曲，准备抬头吸气（图③）。

当手臂划到下方时，屈肘内划，向身体靠拢。双手加力向后继续划水，同时完成屈膝动作，脚移动到最高点，准备二次打水（图④）；颈部伸展，下颌向前，头部抬起，在手臂完成划水前，开始迅速换气，向下打水和划水结束时同时进行，当手臂开始前移时，完成换气，同时也完成第二次打水（图⑤）；利用移动手臂的惯性，两臂放松经由空中加速前移，然后两手在头前方肩延长线处准备入水。同时，腿继续向上动。这时移动手臂和吸气也结束，并开始低头（图⑥）。

图 6-111　蝶泳完整配合练习

蝶泳是几种泳姿中最漂亮的泳姿，由于蝶泳技术的节奏性要求比较高，双手同时出水移动手臂，对初学者比较困难，因练习掌握蝶泳的基本节奏、双臂空中移动，以及手腿加呼吸的配合。

第七章 智力残疾人体育教育

第一节 概 述

在我国,特殊教育已有近五十年的历程。1958 年在北京西城第二聋哑学校内开设了第一个弱智教育辅读班,其开展的活动是我国智力残疾人体育活动的萌芽。改革开放之前,我国特奥运动的开展是自发的、零星的、局部的、不系统的,没有为社会所重视。改革开放以后,1985 年 6 月 17 日中国弱智人体育协会成立,7 月 6 日加入国际特奥会组织,我国成为国际特奥会的成员。

截至 2005 年底,全国共有 28 个省、市、自治区建立了特奥会;共培养特奥运动员 53 万名,圆满完成了"中国残疾人事业十五计划纲要"的目标。我国的特奥运动走出了一条适合国情的发展道路。中国特奥会成立于 1985 年,到 2005 年,在特奥会的努力下,中国的智障运动员人数超过了 50 万,训练和比赛项目 24 项,主要包括:水上运动、田径、篮球、羽毛球、自行车、足球、体操、排球、速滑、花样滑冰、辊轴溜冰、乒乓球、保龄球和举重等项目。1987 年,首届中国特殊奥运会在深圳举行,此后,北京、广州、上海和天津先后举办了地区性运动会,特奥运动在中国得到了广泛的深入和推广。从 1987 年起,中国的特奥运动员开始活跃在每两年举办一次的夏季和冬季特殊奥运会。1996 年11 月,上海主办了首届亚太特殊奥运会,代表 16 个国家的 1000 多名运动员参加了这次比赛,这是亚太地区特奥运动员的首次聚会,显示了中国对于特奥事业的信心及支持。2005 年,68 名特奥运动员代表中国赴日本长野参加了世界冬季特殊奥林匹克运动会。特殊奥林匹克运动是专门为智力障碍残疾人而设置的"舞台"。

智能障碍是指在智力功能和适应行为方面存在实质性限制的一种障碍,主要表现在概念、社交和实用的适应能力方面。有规律地进行体育健身锻炼,可以增强肌肉力量、耐力,强壮骨骼和关节,提高运动和日常生活中的表现,提高心肺能力,增强柔韧性,调整身体成分,帮助控制体重、减轻压力及增加幸福感。就智力障碍残疾人参与体育健身锻炼而言,其意义不仅仅是促进个体的体质健康发展,更为重要的意义还在于:通过参与体育活动可以帮助其在适应能力和行为方面得到改善。

本章主要介绍以下几项适合在学校体育中开展的智力残疾人体育运动项目:身体功能康复训练、田径、软球操、排舞。

第二节　身体功能康复训练

一、概述

康复训练是康复医学的一个重要手段,主要是通过训练这种方法使病人患肢恢复正常的自理功能,用训练的方法尽可能地使残疾者生理和心理的康复,达到治疗效果。康复训练最主要的目的是恢复或补偿儿患者已丧失的运动功能,进而提高上肢的日常活动能力以及下肢站立和行走功能,争取达到生活自理,早日回归社会。经常训练的内容主要有增强肌力训练、扩大关节活动范围训练,矫形器制作和使用,以及手术后肢体功能恢复训练等等。因智力残疾人身体功能障碍导致许多关节、肌肉退行性退化严重,在体育教学中,因针对性、专门性、有区分的对各类身体功能障碍不一样的智力残疾人进行身体功能康复练习。练习方法有很多,本章节根据轻度智力残疾人残疾情况,有目的的创编的一些康复训练运动,实际训练中可以根据智力残疾人实际情况,可以扩展很多训练动作,在此章节中无法一一列举。下面主要介绍部分康复训练的方法和基本技术。

二、基本技术

(一)身体协调性训练

1. 上肢协调性训练:伸手取物、牵引器、太极柔推器、投掷沙包、拍球等

(1)动作要求:上肢做动作时,保持身体平衡的状态下,尽可能地加大动作幅度,打开肩关节角度,上下取物,要将物品放置较难取到的地方;牵引器适当增加重量;揉推器转圈时,应双手大幅度地推拉转圈;掷沙包应将上肢尽可能地向后拉伸。如拍球动作,向下推球动作要大,并能黏住球,控制好球的上下运动方向。

(2)要点:保持身体的稳定性,身体姿态要正确。

正面

侧面

图 7-1　拍球练习

图 7-2 上肢力量器械练习

图 7-3 前臂力量练习

2.下肢协调性训练：走、站、体育康复器材、自行车等

（1）动作要求：下肢协调性训练主要以走、跑、站以及器械运动为主。应发展直线行走控制身体摆动幅度为主要训练目的，在运动中使得身体能根据运动要求进行适当的肢体运动，控制住行进方向，使上下肢更为协调。

正面   侧面

图 7-4 正踢腿

(2)要点：上肢与下肢的协调配合，收腹。

图 7-5　下肢康复器械练习

3.腰部协调性训练：健身器材扭腰器、仰卧起坐、坐位体前屈等

(1)动作要求：腰腹部运动主要锻炼腰腹肌的能力，核心力量增强，可以有效解决上下肢的协调性，可以减轻在运动中的身体不平衡现象。在做收腹动作时，应靠腹部的收缩来达到锻炼的目的。

(2)要点：屏气收腹，腹部为核心，上体靠近大腿。

正面　　　　　　　　　　　　　　　侧面
图 7-6　仰卧起坐动作

图 7-7　收腹举腿动作

4.腿部小肌肉群的训练：垫上剪刀腿、前踢腿、后踢腿、侧踢腿等

(1)动作要求：腿部动作锻炼是有效增强腿部肌肉能力的重要练习方法。在做此类动作时，应全身肌肉绷紧，身体成一直线，绷脚尖，上下运动时，应控制住脚上下速度，慢起慢落。

（2）要点：收腹立腰挺胸，肌肉适当紧张。

图 7-8　侧踢腿动作

图 7-9　垫上剪刀腿动作

（二）身体平衡性练习

1. 直线行走

（1）动作要求：沿着 100 米跑道进行直线行走，双手放在体侧，保持身体平衡，沿着跑道做直线行走练习。

（2）要点：双手自然摆臂，保持身体平衡，眼平视。

正面：

侧面：

图 7-10　直线行走

2.高抬腿直线行走

（1）动作要求：沿着跑道线屈膝高抬腿行走，尽量使大腿靠近胸部。如身体摇摆严重的，可以给予帮助。

（2）要点：抬高腿，向前跨出去。

正面　　　　　　　　　　　　　　　　　　　　侧面

图 7-11　高抬腿直线行走

3.弓箭步走

（1）动作要求：右脚向前跨一步屈膝 90 度，左脚以脚尖支撑伸直，上体直立面向行进方向。

（2）要点：上体保持直立，不能前倾，前腿成 90 度，后腿尽量不要弯曲。

正面　　　　　　　　　　　　　　　　　　　　侧面

图 7-12　弓箭步走

4.跨步直线行走

（1）动作要求：双手自然摆臂，右脚向前跨一大步，比直线行走步伐稍大即可。沿跑道线行走，上体保持平衡。

正面　　　　　　　　　　　　　　　　　　　　侧面

图 7-13　跨步直线行走

（2）要点：步伐要大于肩宽。

5.直线慢跑

（1）动作要求：双手自然前后摆臂，沿跑道线慢速跑步前进，注意保持身体的平衡，尽量不要跑道别的道里。

（2）要点：上体稍前倾，眼看前方。

正面　　　　　　　　　　　　　　　　　　侧面

图 7-14　直线慢跑

6.平衡支撑

（1）动作要求：双脚踩在平衡垫上，双手侧平举，尽量保持身体的平衡，减少身体左右、前后的摇晃。也可以单腿支撑，如燕式平衡等平衡动作。

（2）要点：双手侧平举，保持身体稳定。

正面(他人帮助下)　　　　　　　　　侧面

图 7-15　平衡支撑

7.变方向行走：蛇形走、S曲线行走、螺旋形行走等

（1）动作要求：双手前后自然摆臂，以快步走或慢跑的姿势进行蛇形走、S形曲线行走、螺旋形行走。需要注意的是，在转换方向时，可以适当减慢速度，保持身体平衡。在直线走和慢跑的基础上进行相应变化。

（2）要点：变向时，身体主动变换方向并保持平衡。

8.变节奏走：先慢后快的走、抬腿走、正步走等

（1）动作要求：根据要求，将几种练习方法结合起来进行练习，以此来练习智力残疾人上下肢功能的康复。

（2）要点：走步时，双手臂摆动幅度要大，注意不要左右晃动。

（三）前庭觉训练

1.旋转练习：身体左右扭转、健身器材设备的旋转盘上的扭转等

（1）动作要求：旋转时，应以腰部为支点，左右转动或摆动，上体保持直立，下肢不能屈膝，抬头挺胸，保持身体平衡，切记前俯后仰等不正确动作。

（2）要点：身体保持直立，抬头挺胸。

2.滚动练习：卧位地面滚、前滚翻、后滚翻、身体侧翻滚等

（1）动作要求：滚动时，应将身体尽可能低头、屈颈、含胸、双手抱腿成球形状进行练习，切忌抬头挺胸，以免颈部受损。（如图7-16）

（2）要点：用头顶着地，双手置于耳侧，团紧身体，以头后部、肩部、背部、腰部、臀部的顺序滚翻，双手主动撑地推起。

① ② ③ ④

⑤ ⑥ ⑦

图7-16 滚动练习

3.荡摆练习：坐位的前俯后仰、仰卧起坐、背卧起、平衡木的身体摆动等

（1）动作要求：练习中，应将身体平衡点控制到位，利用重心上下左右移动来协调运动中的身体平衡。背卧起动作如图7-17所示。

（2）要点：呼吸调整到位，屏气时抬起上体。

正面 侧面

图7-17 背卧起

4. 起落与震动练习：蹦蹦床的上下蹦跳、健身器材的弹跳球上原地蹦跳等

（1）动作要求：蹦跳时，利用屈膝下蹲降低重心控制身体平衡。如稳定性较差的残疾人，建议在他人帮助的情况下进行适当练习。切记直上直下的进行弹跳练习，注意安全。

（2）要点：下落时注意膝关节的及时弯曲缓冲。

5. 骤起急停练习：起步立定、折返跑、立定跳远等

（1）动作要求：从一端快速跑向另一端的标志物处时快速蹲下并有手触摸标志物，同时迅速起立转身快速跑向对面一端并下端做触摸动作，如此反复来回跑动练习。急起急停练习，是发展快速奔跑能力，以及身体协调性、灵敏性的全面发展。注意控制奔跑方向，不要偏离跑道。

（2）要点：下蹲时，重心要低，同时双手要打开。

正面

侧面

图 7-18　折返跑动作

6. 反射性调整练习

在做运动练习上，突然喊对方名字或轻推其肩，引起练习者的反射保护自己的动作。

7. 组合刺激练习

将以上几种练习穿插在一起组合练习，可以闭眼、睁眼或闭眼/睁眼交替下实施组合练习，可以徒手训练或者在器械上训练。

（四）力量练习

1. 上肢负重训练

哑铃操、棒操、弹力带、拉力绳、拉沙袋训练，增加上肢肌力，扩大关节活动范围，恢复运动功能。举臂摸肩或叉腰挺胸训练，可增加肩关节活动范围，进一步有效控制上肢

功能的康复,提高自理等方面的能力。

(1)动作要求:做拉伸类力量练习时,上肢两侧力量应相等,注意不能一侧用力过大,另一侧过小。

(2)要点:身体保持直立,双手同时用力。

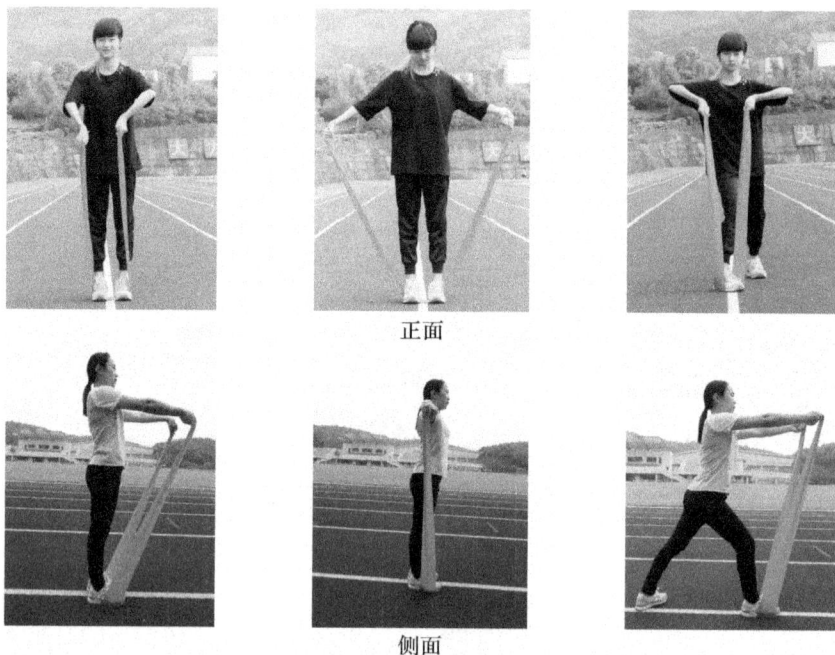

正面

侧面

图 7-19 弹力带练习

正面

侧面

图 7-20 拉力绳练习

2.下肢负重训练

腿绑沙袋行走、负重蛙跳、负重鸭子步,压杠铃训练,增加下肢肌力,扩大关节活动负荷能力,进一步加强下肢功能的康复。

(五)综合能力练习

1.篮球运球、投篮等技术练习

一对一、二对二、三对三篮球教学练习,如行进间运球。

(1)动作要求:沿跑道线做行进间运球,两眼平视前方,如控制球有困难时,可适当用眼睛的余光进行行进方向的控制。

(2)要点:五指张开微微弯曲,用手臂带动手腕上下拍球,行进中球应置于脚的前侧方。

2.足球运球、颠球、传球等技术练习

一对一、二对二、三对三足球教学练习,如带球绕物。

(1)动作要求:用脚内侧轻轻踢足球的外侧,控制球的行进路线,在绕标志物时,双脚应左右灵活互换控制球,使得足球能根据自己的意图,绕过若干个标志物,达到发展下肢的协调性和灵敏性等。

(2)要点:带球时注意不要过于用力,轻触球外侧下方,用脚内侧踢球。

正面　　　　　　　　　　　　　　　侧面

图 7-21　带球绕物练习

3.体育游戏

体育游戏是综合性的活动,能更有效地使智力残疾人在集体活动中提高身体素质。可以组织一些简单有趣的体育活动,如利用羽毛球的"搬运工"游戏等。"大鱼网"捕鱼、"我是一只小青蛙"跳跃游戏等形式的各种游戏。如"大鱼网"捕鱼游戏具体方法,可以要求3～5个人手拉手不能松掉,对固定场地内的人进行围捕,捕到的人加入渔网中,这样慢慢地通过大家的集体力量将所有的鱼抓完。不仅锻炼了智力残疾人的耐力奔跑能力,还可以锻炼在捕鱼过程中的团结互助精神,利于智力残疾人的合作意识的培养。游戏形式和方法有很多种,但是要注意要组织适合智力残疾特点的简单、有趣、安全的游戏。

智力残疾人不仅智力低于健全人,还伴随着身体上的功能障碍。关节功能练习主要是帮助其康复身体障碍功能,强化健全关节功能。上述列举的练习方法,适合智力残疾人练习,也适合肢体残疾人练习,还有许多可以开发的训练内容,并不仅限于本章节所列举的练习方法。可根据智力残疾人残疾程度和身体特点,制订相应的练习方案或锻炼运动处方,进行适当的功能性补偿康复练习,以期达到健身、健体,生活能更高质的目的。

第三节 田 径

一、概述

智力障碍是一种功能限制,不仅取决个人内部状态,而且与环境关系密切;教育训练可改善功能受限状态,也可以通过调节、改善环境实现其相应功能。在身体功能出现障碍时,需要通过运动来补偿身体的缺陷,提高受损机体的能力,达到康复目的。

田径运动是所有运动的基础。它是由走、跑、跳、投等基本的技能构成,这些也是人类社会生存必不可少的技能。田径运动是一种综合力量、速度、耐力和技巧等素质的综合性体育运动。田径项目一般包括跑、跳、投以及全能项目。智力残疾人根据残疾程度的轻重,可以适当地进行田径类项目的练习和比赛,但比赛仅限于特奥会上,和听力残疾人、视力残疾人、肢体残疾人的比赛性质有较大区别,为此智力残疾人在练习方法和要求上需要适当降低要求,仅以练习为主,不作成绩要求。本章节只介绍适合开展的田径跑、跳、投掷部分项目的基本技术。

二、基本技术

智力残疾人根据智力障碍程度的轻重,分为轻度、中度、重度三类,每个类别的智力残疾人适合的田径项目是不一样的。在体育教学中,应根据智力残疾人的身体特点选择教学内容,特别是从智力残疾人身体功能障碍进行相应练习,来补偿性康复教学,使得智力障碍学生在体育课中能得到身体功能最大化康复和锻炼。本章内容是适合具有生活自理能力的智力残疾人练习的教学项目,具体教学可根据要求适当选择。

(一)径赛

田径运动中跑的项目分为短跑、中长跑和长跑。它是要求运动员在最短时间内完成规定距离

1. 短跑

短跑是所有跑的项目中对速度要求最高的项目,通常包括 100 米、200 米和 400 米

跑。短跑一般可以分为：起跑、起跑后加速跑、弯道跑（200 米与 400 米）、途中跑、冲刺跑几个阶段。轻度智力残疾人，能练习短距离项目。

2. 中长跑

中长跑是指 800 米及以上距离的跑，包括 800 米、1500 米、3000 米、5000 米、10000 米以及马拉松跑。一般而言，长距离跑对于机体长时间有氧耐力的要求比较高，是典型的耐力性项目。

中长距离跑的技术与短跑项目的技术基本相同，只是动作细节上稍有差异，步频、步幅相对较小，其技术环节主要包括：起跑、起跑后加速跑、途中跑和终点跑。轻、中度智力残疾人在系统、科学的训练教学下，在长距离项目的练习和锻炼都是能实现突破的。

智力残疾人练习跑的方法，可以参照健全人的跑的练习方法。需要注意的是，智力残疾人在练习时，快速跑的要求要适当降低，周围环境安全要保障，要传授和提醒智力残疾人在运动中出现的身体适应性反应的处理方法，保障智力残疾人在进行短距离项目练习时的安全性和有效性。

练习方法：（1）起跑练习；（2）50 米加速跑、80 米加速跑、120 米加速跑；（3）间歇跑：直道快速跑、弯道慢速跑；（4）长距离跑、越野跑、登山跑。

注意事项：（1）评估学生的身体状况，如有癫痫等内源性疾病，适当进行康复性练习，随时观察；（2）练习场所进行评估，消除安全隐患；（3）练习中需经常性询问学生身体情况，练习后要经常测量脉搏，进行心率监控。

（二）田赛

1. 跳远

跳远的基本技术由助跑、踏跳、腾空和落地四个部分组成。跳远的最终距离主要由跑速度和合理的有力踏跳所决定、腾空落地保证了踏跳所取得的效果。

（1）助跑。助跑的方法一般采用站立式起跑，助跑起始点根据自身要求进行适当定位。助跑中，前半段一般是节奏性八字跑过渡到途中快速跑，再上踏板前三步过渡到倒步跑（即倒小步），这样的助跑有助于有力起跳。

（2）踏跳。一般初学者踩踏点比较难掌握，需要多加练习，智力残疾的学生在学习踩踏动作时，受身体条件的影响，需要增加身体整体的协调性的练习，以此来补偿身体的不协调。当身体重心移至起跳腿的支撑点时，起跳腿迅速用力蹬伸，使踝、膝、髋关节充分伸直，同时摆动腿以膝领先积极向前上方摆起，两臂积极配合腿摆动作用力摆，当双臂肘关节摆至略低于肩或肩同高时，做"突停"动作，这样借助摆臂的惯性提肩、拔腰、挺胸、顶头，帮助身体重心提高，增大起跳效果。

教学中，智力残疾人初步练习时，可对踏跳板的点不做任何要求，只要在沙坑前进行起跳即可。也可以对起跳板的位置不做要求，哪里起跳哪里进行丈量，这样可降低智力残疾人跳远技术动作的难度，促进智力残疾人练习兴趣，提高跳跃能力的培养和进步。

(3)腾空。身体在经过助跑和起跳阶段后,会进入腾空阶段,在没有外力的作用下,身体会遵循抛物线的估计进行飞行,腾空时,身体应该做好充分的落地准备,同时还要保证腾空的时间,经过助跑与起跳,身体便进入腾空阶段。如果没有外力的作用,任何空中动作改变身体重心抛物线的轨迹。腾空动作主要是保持身体平衡,为落地做好准备。腾空后起跳腿留在后面,膝稍屈,在空中形成腾空步。

空中姿势一般有蹲踞式、挺身式和走步式三种。智力残疾人因智力水平较低,理解动作能力较弱,本章节只介绍蹲踞式这种最简单的姿势,挺身式和走步式是技术动作要求较高的两种姿势,在健全人中的教学,能学会的也是较少部分。

蹲踞式:腾空步后,上体仍保持正直,摆动腿继续抬高,两臂向前上方提起与摆动腿并拢,形成空中蹲踞的姿势。随后两腿上收,上体前倾。将要落地时,两臂由前向下、向后摆动同时向前伸小腿落地。蹲踞式跳远的优点:比较简单,容易掌握。缺点:空中屈髋时间太长,容易造成两腿过早地下落。

(4)落地。落地的好坏直接影响到跳远的程度,而且有可能影响身体健康,因此,落地也是跳远技术中的一个重要环节。在完成腾空动作后,两大腿向前提举,腿向前伸,同时臀部向前移动,上体前倾,落地时,双腿膝关节伸直,脚尖勾起,两臂在体后,待脚跟触沙面后,双腿迅速屈膝,双臂积极前摆,借助向前的惯性作用,使身体尽快移过支撑点,避免后坐或后倒。

落地根据随身体姿势自然落地,要求尽可能地前扑或侧倒,尤其要提醒智力残疾人不可以落地后向后退或向后侧方走出沙坑,尽可能地向前走出沙坑,培养规则意识是我们体育教学中的一个重点。

练习方法:①腾空步练习:三步一抬腿;②加速跑练习:20米、30米;③腾空摸高练习;④踏跳板练习:5米助跑、10米助跑;⑤腾空落地练习:跳箱上腾空落地。

注意事项:①评估学生的身体状况,随时观察;②练习场所进行评估,消除安全隐患;③练习中需经常性询问学生身体情况,及时调整练习强度;④准备活动要充分。

2. 实心球

因智力残疾人身体的特殊性,适合智力残疾人开展的投掷项目一般为掷实心球和掷沙包。

掷实心球的动作要领:面对投掷方向,两脚前后开立,身体重心落在右脚(后面那只脚)上,两膝微屈,双手举球至头的后上方,然后利用双脚蹬地,收腹,挥臂的力量将球用力由头后向前上方(斜上方45°)抛出。

(1)投掷实心球的技术。

①握球和持球。握球的方法:两手十指自然分开把球放在两手撑,两手的食指、中指、无名指和小指放在球的两侧将球夹持,(男生两食指接触,女生两食指中间距离为1~2厘米),两大拇指紧扣在球的后上方成"八"字,以保持球的稳定。握球后,两手下垂自然置于身体前下方,这样可以节省力量,在预摆时增大摆动幅度,握球和持球时应注意:a. 球应握稳,两臂肌肉放松;b. 在动作过程中能控制好球并有利于充分发挥两臂、手指和手腕的力量。

②预备姿势：两脚前后开立，前脚掌离起掷线约20～30厘米，前后脚距离约一脚掌，左右脚间距离半脚掌，后脚脚跟稍微离地，两手持球自然，身体肌肉放松，重心落在两脚中间偏前，眼睛看前下方。

③预摆。预摆是为最后用力提高实心球的初速度创造良好条件，预摆次数因人而定，一般是一至二次，当最后一次预摆时，此时球依次是从前下方经过胸前至头后上方，加速球的摆速，此速上体后仰，身体形成反弓形，同时吸气。

④最后用力。最后用力是投掷实心球的主要环节，动作是否正确直接影响球的初速度及抛球角度。最后用力动作是当预摆结束时两手握球用力积极从后上方向前上方前摆，此时的动作特点是蹬腿、送髋、腰腹急震用力，两臂用力前摆并向前拨指和腕，旨在提高手臂的鞭打速度。

也可以根据实心球前抛，进行实心球后抛练习，技术动作相同，方向由前抛变成后抛。

（2）练习方法：①掷纸球练习：单人练习、双人练习、集体游戏。②反弓练习：下桥。③实心球前抛：打高度练习、远度练习。④实心球后抛练习：打高度练习、远度练习。

（3）注意事项：①注意安全教育：练习场地安全、间隔距离安全、服装安全、器材安全等。②练习可以从实心球1kg过渡到实心球2kg的重量练习，逐渐过渡。③做好充分的准备活动。

3.掷沙包

丢沙包是指用碎布及针线缝成、用细沙塞满的沙包做练习器材，沙包在小学阶段健全小学生作为投掷练习的、发展臂力的主要教学项目。因沙包与实心球一样危险性不高，重量较铅球要轻，球有一定的柔软度，适合智力残疾人练习。丢沙包一般采用正面侧向投掷。

动作要领：投掷基本上都是采用侧向投掷，通过蹬地、转体、挥臂、拨指基本动作，实现侧向投掷技术。不能屈肘向前上方投出，往往手握沙包从身体下方经过体后再经过头后直臂甩出去。

（1）丢沙包的技术。

①高举高打，提高出手角度。要投得远，投得准，必须要有一定的高度，将沙包举过头顶，稍靠后。把沙包举高，直接形成"反弓"，扩大张力，扩大了出手角度，提高出手效果。

②提高出手速度。扔沙包要把出手速度放在重要的位置。提高出手速度，才能在游戏中取得制胜的优势。

③提高出手准确度。投掷的准确度不好，也会影响投掷效果。因此必须注意加强投掷中出手准确度控制度的练习。

（2）接沙包的技巧。

①离扔沙包的人远一点。站在接沙包人群的后面，这样，前面的人就被我当成一张结实的"盾"，被"命中"的机会就少得多了。而且距离越远，沙包的速度也越慢，越好接住它。

　　②利用身材优势。如果身高属于偏矮类型的,可以抬头看空中的沙包在掉下来的过程中,这样就会有更多的时间去考虑如何去接住它。

　　③接沙包的方式。看到沙包在自己面前高处落下时,整个身体就要跳起来去迎接沙包,手形要变成"上钩手",去抓沙包;当沙包在自己面前低处落下时,整个身体就要蹲下来,手形要变成"下钩手",去接住沙包。

　　(3)练习方法:①掷纸球练习:单人练习、双人练习、集体游戏。②反弓练习:下桥。③沙包前抛:打高度练习、远度练习。④沙包后抛练习:打高度练习、远度练习。

　　(6)注意事项:①注意安全教育:练习场地安全、间隔距离安全、服装安全、器材安全等。②做好充分的准备活动。

　　智力残疾人因为身体功能协调性较差,在练习投掷类项目时,除了可以通过实心球、沙包来增强上肢力量和身体协调性练习,也可以开展投掷飞镖、打保龄球、木球等体育运动来发展智力残疾人的身体素质。

第四节　软球操

一、概述

　　球操是一项持轻器械或者在器械上完成的有氧运动。配合有节奏轻快的音乐完成一系列的动作,它能很好地锻炼到颈部、肩部、脊椎、腿部等部位,特别对脊椎的矫正有很好的效果。它是适合所有的人锻炼(包括需要康复治疗的人),健身效果良好,球操有很好的损伤恢复和康复功能。软球在锻炼时比较安全,不容易出现损伤。球可以提高人的柔韧、力量、平衡、姿态、心肺功能。智力残疾人的智力明显低于一般人的水平,并显示适应行为障碍。由于神经系统的不稳定性,对物体的控制能力较弱,本体感受器较差。根据智力残疾人身体的功能的不足,结合长期实践教学经验,在难以胜任多数球类活动的前提下,根据软式排球柔软、没有危险性等特点,以软式排球为媒介,特编排一套球操。通过球操的练习,来提高智力残疾人控制球的能力,提高身体各部分的协调配合,完善智力残疾人身体协调能力。在练习球操前首先需要熟悉球感,提高对球体的控制力和把持力。本章重点介绍自编球操的基本技术。

二、基本技术

　　本套操共7节操,包括预备节。在此操中,将上肢运动中各个方向都进行了球操的练习,对智力残疾人上肢肩关节的角度打开和功能训练有很大帮助,同时通过对球的控制,使得手指关节也得到了锻炼,身体协调性也得到了提高。

(一)预备部分

1. 动作要领

第 1 个 8 拍:左手侧平举直臂左右转腕。预备:左手握球,1 腕向右转,2 腕向左转,3～8 同 1～2,如图 7-22。

图 7-22

第 2 个 8 拍:右手侧平举直臂左右转腕。预备:右手握球,1 腕向左转,2 腕向右转,3～8 同 1～2,如图 7-23。

图 7-23

第 3 个 8 拍:左手手臂屈伸运动。预备:左手握球,直臂手心向上,1 向上曲臂,2 还原成直臂,3～8 同 1～2,如图 7-24。

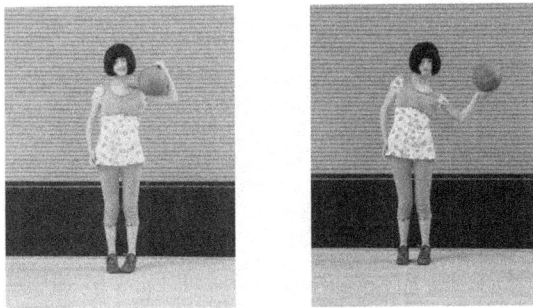

图 7-24

第 4 个 8 拍:右手手臂屈伸运动。预备:右手握球,直臂手心向上,1 向上曲臂,2 还原成直臂,3～8 同 1～2,如图 7-25。

图 7-25

第 5～8 个 8 拍:两手体前曲臂,手背手心夹球旋转,如图 7-26。

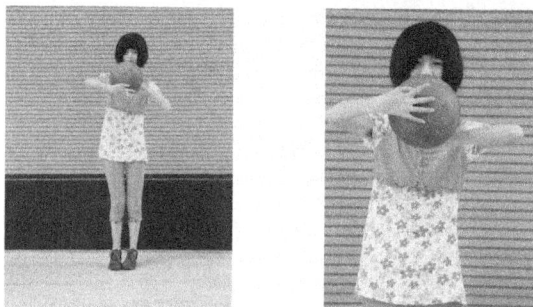

图 7-26

2. 要点

手背手心球旋转应持续旋转一周,手腕灵活转动,身体不要摆动。

(二)球上举

1. 动作要领

第 1 个 8 拍:预备,双脚并立,双手持球置于体前(如图①);1、3 双脚并立,双手持球置于头顶(如图②);2、4 还原成预备;5 左脚向前一步,双手持球置于头顶(如图③);6 还原成预备;7 右脚向前一步,双手持球置于头顶(如图④);8 还原成预备。

①   ②   ③   ④

图 7-27

第 2 个 8 拍:预备,双脚并立,双手持球置于体前;1 左脚向左侧一步,双手持球上举于头顶(如图①);2 双手持球身体左侧屈(如图②);3 还原成 1,4 还原成预备;5 右脚向右侧一步，双手持球上举于头顶（如图③）；6 双手持球身体右侧屈（如图④）；7 还原成 5，8 还原成预备。

图 7-28

第 3、4 个 8 拍重复第 1、2 个 8 拍。

2. 要点

双手：握球两侧，左侧屈右侧屈时，上体侧弯腰双手尽量不要屈肘，脚后跟不能离地。

（三）球平举

1. 动作要领

第 1 个 8 拍：预备，双脚并立，双手持球置于体前；1、3 双脚并立屈膝，双手持球前平举（如图①）；2、4 还原成预备；5 左脚向左侧一步屈膝，双手持球前平举（如图②）；6 还原成预备；7 右脚向右侧一步屈膝，双手持球前平举（如图③）；8 还原成预备。

图 7-29

第 2 个 8 拍：预备，双脚并立，双手持球置于体前；1 左脚向左侧一步，双手持球前平举（如图①）；2 双手持球左侧平举（如图②）；3 双手持球前平举，同 1；4 还原成预备；5 右脚向右侧一步，双手持球前平举（如图③）；6 双手持球右侧平举（如图④）；7 双手持球前平举，同 5；8 还原成预备。

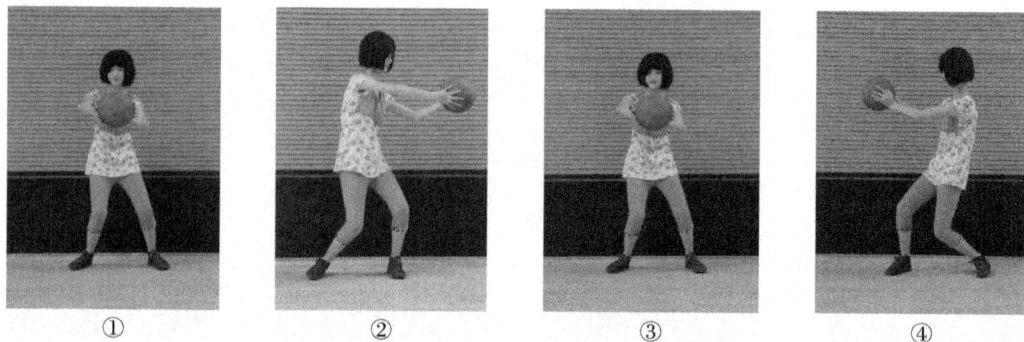

图 7-30

第 3、4 个 8 拍重复第 1、2 个 8 拍。

2. 要点

平举球转体,双手同时持球手臂要伸直,握球两侧。弓步要做到位,左弓步右弓步要明显。

(四)球侧举

1. 动作要领

第 1 个 8 拍:预备,双脚并立,双手持球置于体前;1、2 左脚前点地,右手持球右侧举,左手叉腰(如图①);3、4 右脚前点地,左手持球左侧举,右手叉腰(如图②);5~8 重复 1~4。

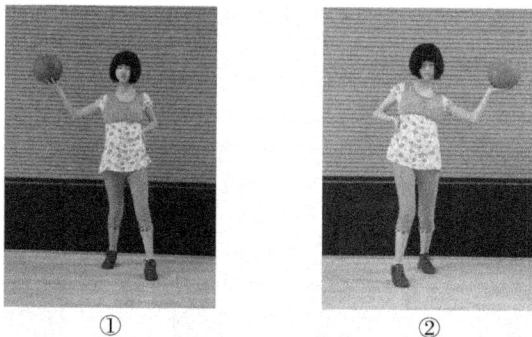

图 7-31

第 2 个 8 拍:预备,双脚并立,双手持球置于体前;1、2 左脚后点地,右手持球右前平举,左手叉腰(如图①);3、4 右脚后点地,左手持球左前平举,右手叉腰(如图②);5~8 重复 1~4。

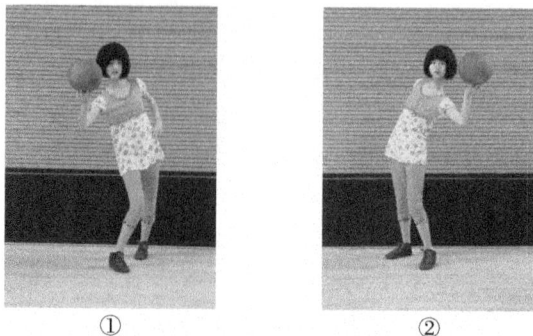

图 7-32

第 3、4 个 8 拍:预备,双手持球置于体前;1、2 左脚左侧点地,右手持球右侧举,左手叉腰(如图①);3、4 右脚右侧点地,左手持球左侧举,右手叉腰(如图②);5～8 重复 1～4。

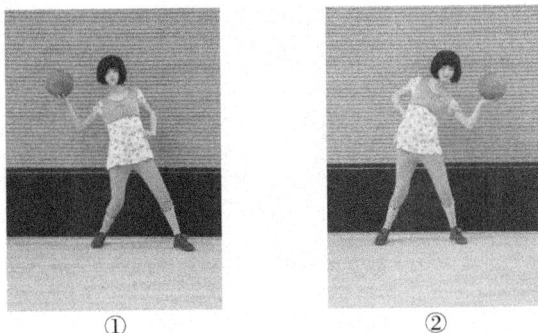

① ②

图 7-33

2. 要点

侧举球时,要五指张开,尽可能大包裹住球,控制住身体,尽量不要倾斜。

(五)球绕环

1. 动作要领

第 1 个 8 拍:身体直立球顺时针腰部绕环,如图 7-34。

图 7-34

第 2 个 8 拍:屈膝摆胯球逆时针腰部绕环一周,如图 7-35。

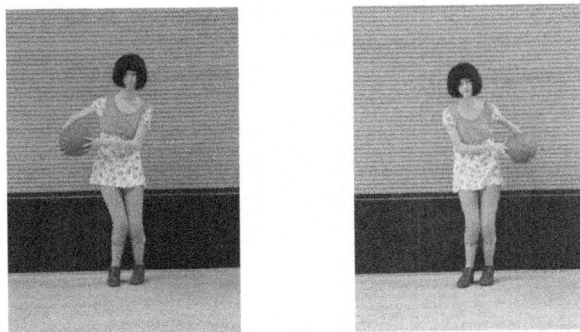

图 7-35

第 3 个 8 拍:双手或单手左腿绕环,如图 7-36。

图 7-36

第 4 个 8 拍:双手或单手右腿绕环,如图 7-37。

图 7-37

2. 要点

绕环时,持球手一定要主动送球,腰部要灵活转动。左右弓步要大,上体前倾,手臂持球送至大腿前下方,另一只手快速接过。

(六)球下拍

1. 动作要领

第 1 个 8 拍:预备,双手持球置于体前,双脚开立,与肩同宽,双手向下拍球 8 次,如图 7-38。

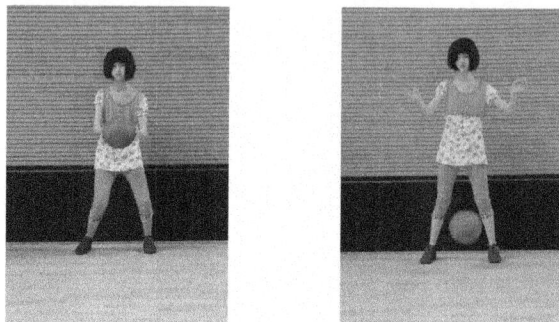

图 7-38

第 2 个 8 拍：预备，双手持球置于体前，双脚开立，与肩同宽；1、2 双手向右侧拍球 2 次；3、4 双手向左侧拍球 2 次；5～8 重复 1～4，如图 7-39。

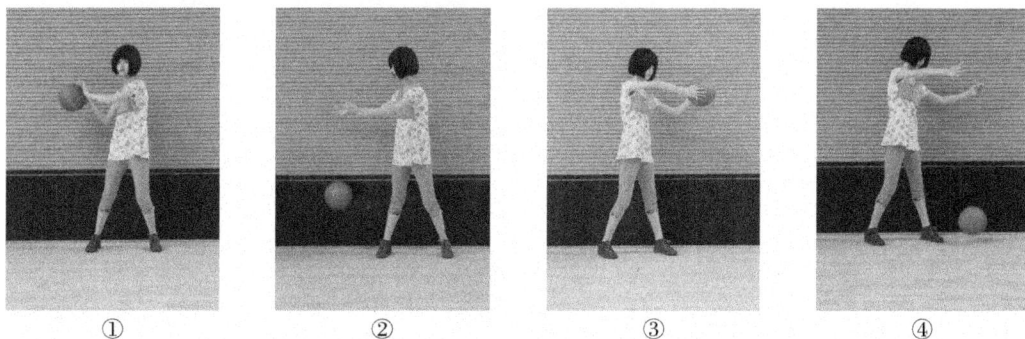

① ② ③ ④

图 7-39

第 3 个 8 拍：左脚弓步，双手或单手右侧拍球 8 次，如图 7-40。
第 4 个 8 拍：右脚弓步，双手或单手左侧拍球 8 次，如图 7-41。

图 7-40　　　　　　　　　　　**图 7-41**

2. 要点

拍球落点要在脚内侧，不能将球落到脚背上。拍球要用手臂向下推送，手腕灵活，五指张开用力。

（七）球上抛

1. 动作要领

第 1 个 8 拍：预备，双手持球置于体前，双脚开立，与肩同宽；1、2 双手向上抛球 1 次，双手体前击掌 2 次接球；3～8 重复 1～2，如图①。

第 2 个 8 拍：预备，双手持球置于体前，双脚开立，与肩同宽；1、2 双手向上抛球 1 次，双手体前交叉拍击双肩 2 次接球；3～8 重复 1～2，如图②。

第 3 个 8 拍：预备，双手持球置于体前，双脚开立，与肩同宽；1、2 双手向上抛球 1 次，双手腹前击掌 2 次接球；3～8 重复 1～2，如图③。

第 4 个 8 拍：预备，双手持球置于体前，双脚开立，与肩同宽；1、2 双手向上抛球 1 次，双手拍击胯部 2 次接球；3～8 重复 1～2，如图④。

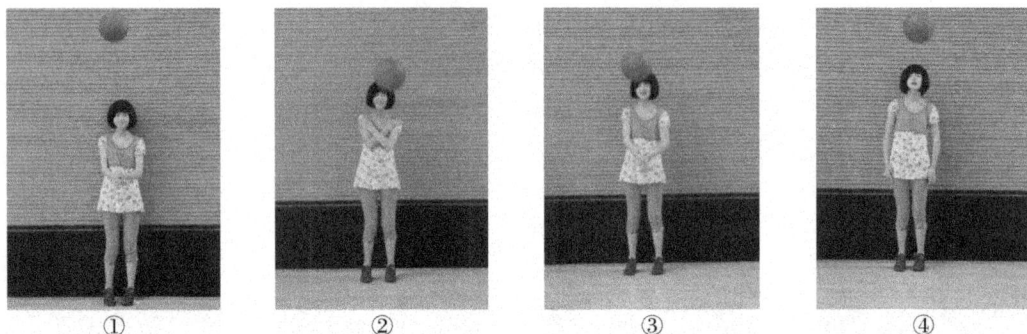

图 7-42

2. 要点

抛球的时候,需要将球笔直向上抛的高一些,在接下来的动作就容易做。双手体前交叉要快,双手拍击肩膀要"哒哒"连拍不停顿。

第五节 排 舞

一、概述

排舞是指站成一排排或者围着圈,在音乐伴奏下,通过自由的表现形式和不断重复规定的舞步组合来愉悦身心的一项健身运动。它以音乐为核心,通过风格各异的舞步组合循环,来展现世界各地民间舞蹈的多元文化魅力。排舞已经风靡世界,受到不同国籍、性别及年龄人们的喜爱。目前,我国许多中小学校已经将排舞列入学校体育教学大纲,成为学生课间操、课余体育锻炼和学校庆典表演的重要内容。它对培养学生的音乐素养,提高学生的身体素质,增进学生对世界文化的了解,培养学生的礼仪行为有着重要的意义。

排舞是一种即可个人独享,又可与团体共乐的舞蹈。每一首舞曲可由 32 拍、48 拍或 64 拍等不同的循环节奏所组成,所以每首曲子的舞步也随着特定的循环节奏而重复。

智力残疾人排舞运动是近年来中国残疾人联合会面向全国进行重点推广的一项体育运动,本教材将此项目纳入进来,是为更好地、有组织地将残疾人排舞逐步学习和推广,是一项将中国残疾人体育事业与学校体育教学的有益尝试。本章节通过规范的排舞教学,使智力残疾人不但从中学到优雅的姿势,纠正身体仪态,还可以放松心情,舒缓紧张的情绪,改善身体协调能力,提高人体中枢神经系统和运动器官的机能,改善心肺功能,增强身体素质。本章节主要介绍智力残疾人排舞的基本技术。

二、基本技术

(一)智力残疾人排舞动作组成

音乐:《小玉米》

前奏:32 拍

拍数:A 段 32 拍　　B 段 32 拍　　C 段 32 拍

排舞顺序:ABCABCABBB

(二)动作要求

1.A 段

第 1 个 8 拍:1 右脚向右跨一步,与肩同宽,同时双手立掌置于体侧(如图②);2 左脚并腿至右脚一侧(如图③④);3、4 动作同前,方向相反,双手保持同样动作;5、6 双腿屈膝下蹲,同时双手握拳屈肘置于胸前(如图⑥⑦);7、8 双腿还原直立姿势,同时双手向前平伸,拳变掌(如图⑧)。

图 7-43

第 2 个 8 拍:1 双手立掌置于体侧,右脚向右侧跑跳转体 90°,右脚支撑(如图①);2 继续向右侧跑跳转体 90°,左脚支撑(如图②);3 继续向右侧跑跳转体 90°,右脚支撑(如图③);4 最后向右侧跑跳转体 90°,回到原位,左脚支撑(如图④);5 双手五指张开,右手伸直成侧平举,左手屈肘置于肩上耳侧,双脚屈膝原地跳一次(如图⑤);6 动作相同,方向相反(如图⑥);7 同 5(如图⑦);8 同 6(如图⑧)。

①　　　　　　②　　　　　　③　　　　　　④

⑤　　　　　　⑥　　　　　　⑦　　　　　　⑧

图 7-44

　　第 3 个 8 拍：1、2 两脚原地跨跳一步屈膝下蹲，双手同时在体前掌心相对做抱球状（如图①）；3、4 双腿直立提脚跟一次，同时左手叉腰，右手指向 9 点钟方向（如图②）；5、6 双脚再提脚后跟一次，右手指向 12 点钟方向（如图③）；7、8 双脚继续提脚后跟一次，右手指向 3 点钟方向（如图④）。

①　　　　　　②　　　　　　③　　　　　　④

图 7-45

　　第 4 个 8 拍：1、2、3、4 原地跑步 4 次，右脚先开始（如图①②③④）；5、6 右脚向右侧跨一步成右弓步，同时双手五指张开，剪刀手交叉一次（如图⑤⑥）；7、8 右脚收回，屈膝收腿，左脚支撑，同时双手五指张开屈肘于肩上（如图⑦）。

①　　　　　　②　　　　　　③　　　　　　④

⑤　　　　　　　　⑥　　　　　　　　⑦

图 7-46

2.B 段

第 1 个 8 拍:1、2 双手立掌置于体侧,右脚侧点一步,左脚屈膝下蹲,头向右侧侧屈(如图①);3、4 右脚收回成直立姿势,双手立掌于体侧(如图②);5、6 动作同 1、2,方向相反(如图③);7、8 同 3、4(如图④)。

①　　　　　　②　　　　　　③　　　　　　④

图 7-47

第 2 个 8 拍:1、2 右脚向右跨一步,同时双手变掌在头上方向右侧摆一次(如图①);3、4 双手在头上方向左侧摆一次(如图②);5、6 同 1、2(如图③),7、8 同 3、4(如图④)。

图 7-48

第 3 个 8 拍：1、2 右脚向前脚后跟点地，双手五指张开屈肘置于肩上（如图①）；3、4 右脚收回还原成直立姿势（如图②）；5、6 左脚向前脚后跟点地，双手五指张开置于肩上（如图③）；7、8 还原成直立姿势（如图④）。

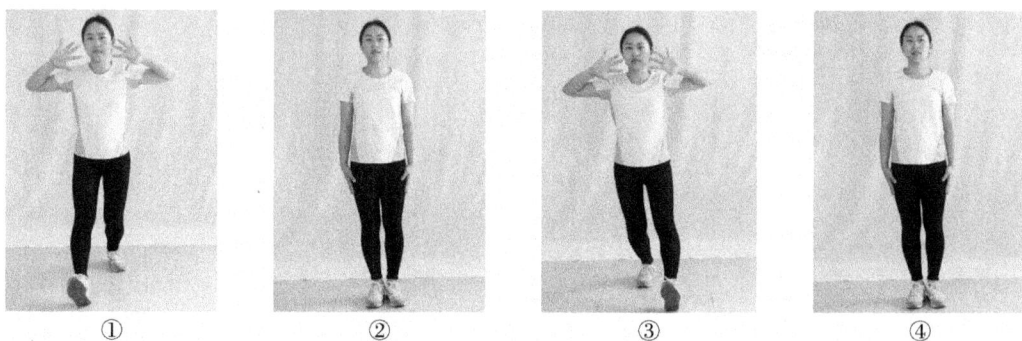

图 7-49

第 4 个 8 拍：1、2、3、4 原地小碎步跑步转一圈（如图①②③④）；5 双脚并拢，双手提前交叉至头上方（如图⑤）；6 双手打开至斜上 45°方向（如图⑥）；7 双手继续向下至侧平举位置（如图⑦）；8 双手置于体侧还原成直立姿势（如图⑧）。

⑤　　　　⑥　　　　⑦　　　　⑧

图 7-50

3.C 段

间奏 4 拍:1、2 双脚并腿轻抬脚后跟,双手立掌置于体侧,同时头向右侧侧点(如图①);3、4 双脚脚后跟再抬一次,同时头向左侧侧点一次,双手立掌于体侧(如图②);最后结束姿势还原成预备姿势(如图③)。

①　　　　　②　　　　　③

图 7-51

4.注意事项

在音乐响起开始前段动作的前奏部分,可以做 C 段动作,具体动作,可以自行改编。A 段动作和 B 段动作,脚的动作不能改,手上动作可做适当改编。音乐中间的间奏做 C 段动作。